【令人不可思議的明王朝】

一讀就停不下來的大明史

……的歷史中，
……到算是一個另類！

……民族英雄嗎？
……想要當將軍的皇帝，卻把命給玩丟了！
……當兒戲，結果一國之君竟然當了俘虜！
……人志士組成的東林黨會受到兩代帝王的打擊？
為什麼屢次打敗倭寇的明軍會屢屢敗在女真人的手裡？

劉觀其——著

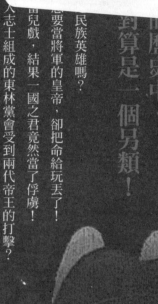

前言

歷史，有時候看起來像一個圈。例如：明朝，它是漢族建立的最後一個王朝，取代了一個少數民族政權，最終又被另一個少數民族政權取代。

元朝末年，農民起義風起雲湧，各路好漢相繼登場。朱元璋趁勢而起，一舉掃平了內部的競爭對手，攻下南京，稱霸南部中國。如果不是天下亂了，作為一個平時連飯都吃不飽的社會底層人民，怎麼可能翻身？

在君主專制的社會，一個國家治理的好壞通常取決於君主的個人能力。朱元璋一定是一個氣場很強，同時又死板缺乏想像力的人，他制定的國家制度不僅應用於他的時代，更要求繼任的統治者也都沿著自己的路線走。所以，明朝的性格在一開始就成型了。

經過七十多年的治理，到仁宗和宣宗在位時期，明朝國力達到巔峰。在後人的印象中，漢唐盛世一直是中國王朝歷史的驕傲，但是我們不應該無視明朝曾經擁有的強大，它不只是存在了二百七十六年、擁有繁榮的社會經濟、創造燦爛的社會文化，還締造了巨大的國家版圖。極盛時期的明朝，其幅員之廣，不僅超過漢朝和唐朝，還被後來的清朝繼承並且發揚光大，就此奠定中國現在的國家版圖。

所以，請對明朝的歷史另眼相看吧！

不過，令人遺憾的是，明朝的皇帝一代不如一代。歷代皇帝中皆有「精品」，有傾盡全國之兵只為博得妃子一笑的，有樂不思蜀的，有大災之年不明白百姓為什麼不喝肉粥的。但是明朝的昏庸皇帝似乎尤其多，而且有「青出於藍而勝於藍」的發展趨勢。

翻開明朝十六位皇帝的簡歷，宣宗以後就難見一個正常的皇帝。英宗皇帝拿戰爭當兒戲，被宦官糊弄到前線親自指揮，結果一國之君竟然當了俘虜；憲宗皇帝陷入深深的戀母情結中無法自拔，和比自己大十七歲的女人成就了一段畸形愛情，置國家於不顧；武宗皇帝本來聰明絕頂，卻貪玩一生，不僅玩出了花樣，還玩丟了自己的性命；世宗皇帝為了修煉成道，把大半輩子的時間都用來鑽研煉丹之術，只可惜這是一條邪門歪道，難成正果；神宗皇帝更是懶得出了名，白白浪費了一個皇帝的名額。

所以，明朝中期以後的形勢就是：皇帝缺位。有的根本不知道皇帝是什麼性質的職位，有的只顧著玩，有的乾脆長年都見不到人，在深宮裡一待就是好幾年。「山中無老虎，猴子稱大王」，皇帝既然不在，誰有能力誰就站出來。

不幸的是，世間多小人，小人永遠是君子的剋星。明朝的太監、奸臣層出不窮，他們輪流專權，把反對他們的正直之臣統統趕盡殺絕，連死人都不放過，弄得明朝的歷史上冤案不斷，鮮血淋淋。

但是，正義的力量還是在夾縫中生存了下來，正是因為他們的存在，讓明朝的歷史旅程中，充滿了一道道迷人的風景。

和歷史上的諸多王朝一樣，明朝最終也沒能逃脫被其他王朝取代的命運。作為後人，我們看到的更多是一種自取滅亡的悲劇。

目錄

第三章：強者居之

第四章：朱棣的文治武功

第五章：仁宣之治

第六章：都是太監惹的禍

第九章：弘治中興

第十章：極品皇帝

第十一章：心學創始人

第十六章：朱常洛的不幸

第十七章：最後一個太監

第十八章：力挽狂瀾孫承宗

第十九章：大廈傾頹，無力回天

第一章：千古勵志第一帝

在中國的皇帝中，朱元璋絕對算是一個另類，他展現給我們的是草根一步步成長為國家領袖的光輝奮鬥史。三分靠天意，七分靠打拚。朱元璋不只是有點小天才，他還用他的經歷告訴我們，磨難對於能夠頂得住的人來說，是一筆寶貴的財富，只要為自己的理想奮鬥，多麼大的願望都可以實現。

幸福就是吃飽飯

和大多數皇帝一樣，為彰顯其是「人中之龍」，朱元璋的降生也被蒙上一層神祕的色彩。據《明史》記載：「母陳氏，方娠，夢神授藥一丸，置掌中有光，吞之，寤，口餘香氣。及產，紅光滿室。自是夜數有光起，鄰里望見，驚以為火，輒奔救，至則無有。比長，姿貌雄傑，奇骨貫頂。志意廓然，人莫能測。」

很顯然，這是瞎編的。實際上，和歷史上無數的「同行」比起來，朱元璋的童年不免黯然失色：他非但沒有顯赫的家世，家庭出身也實在不怎麼好。

朱元璋出生在濠州（今安徽鳳陽縣）一個赤貧的農家，祖上交不起官府的賦稅，在淮河流域過著居無定所、四處躲債的日子。後來，朱元璋的父親想盡辦法，終於在濠州鍾離縣做了佃戶，朱家從此就在這片乾旱又時疫肆虐的土地上札根謀生。

從階級的角度來看，朱元璋可以算是標準的貧下中農子弟。他每天過著吃了上頓就盤算著下頓的日子，由於營養不良，小時候體弱多病，瘦得皮包骨頭。

一個整天忙著填飽肚皮的人，能有什麼雄心壯志？此刻，能有份餓不著的工作就是上天最大的恩賜了。還好，朱元璋找到了一份工作——替地主劉德放牛。不過，就這份工作而言，朱元璋並不是一個盡職的員工。為了填飽肚皮，他和幾個年齡相仿的窮小子在野外把地主劉德的小牛犢宰了分食，飽餐之後，才意識到問題的嚴重性。為了逃脫責罰，他自作聰明地將小牛的皮骨埋了，把牛尾巴插進一條石縫中，騙劉德說是小牛自己鑽進了山洞。朱元璋為自己這種監守自盜的行為付出沉重的代價：地主劉德一眼識破了他的拙劣騙術，把他吊在院落中一頓毒打。

劉德還因此事把朱元璋關進柴房不給飯吃，想以此狠狠地懲戒一下他。飢渴難耐的朱元璋翻箱倒櫃，竟無意中在一個老鼠洞裡發現了些五穀雜糧，就趕緊把這些東西一股腦地倒進鍋裡煮粥來吃。後來，已經是皇帝的朱元璋回憶起這段淒慘的經歷，不由得百感交集，便命宮人重做這昔日的救命之粥，「臘八粥」由此橫空出世。

沒有顯赫的家世，也沒有激昂的壯志，有的只是平淡無奇、索然無味的單調生活。這個名不見經傳的少年，在鳳陽那個破敗的鄉間，整日圍繞著「溫飽」這個實際而迫切的問題四下奔波，就這樣度過了人生最初的十六個年頭。也許，能吃一頓飽飯，就是朱元璋在童年時代的最大夢想。

然而，十七歲那年，即使是這樣的日子對於朱元璋來說也太過奢侈了，也許是上天不允許一個命中註定要雄起的人繼續消沉下去。

西元一三四四年春天，一場旱災蝗災之後，大飢疫接踵而來，不到半個月，朱元璋的父親、母親、兄長先後感染疫病，窮得叮噹響的一家人只能坐等命運的安排。不久，朱家就只剩下朱元璋和二哥相依為命。

痛失考妣的朱元璋，內心沉痛不已；然而為了替父母討一塊下葬的地方，他不得不放棄男兒尊嚴，整日奔波於親朋好友、街坊鄰里之間，表演一場場的哭戲，希望能用一聲聲無盡的苦苦哀求與一次次聲淚俱下的申訴，換得一塊不大的土地來安葬逝去的親人。

幸而朱家鄰居是一個叫劉繼祖的老實人，謙和仁慈的他覺得朱家兩兄弟實在可憐，就善心大發，主動提出可以把朱家二老葬在自家地裡。於是兄弟倆趕忙找出幾件破衣爛衫裹了親人的屍體，抬到墳地草草地埋了。幾經周折，朱五四這位可憐的太上皇，終於算是有塊葬身之地了。

朱元璋雖然飽嘗了人情冷暖、世態炎涼，但他並未大徹大悟地決定奮發圖強，幹一番大事業。當然，彼時就算他有這個覺悟也無從實現：所有的障礙當中，頭一個就是沒有資本——一個初出江湖的毛頭小子，一沒經驗二沒錢，更別提號召力和影響力，哪裡有逐鹿天下的資本呢？

這年秋天，朱元璋來到了鳳陽城西門外的皇覺寺出家做了和尚。

一個相貌醜陋又穿得破破爛爛的人，到哪裡都不會受喜愛的。無依無靠、出身低微的朱元璋就算是做和尚，地位也很低。他在寺裡做的都是些清掃燭台之類的雜活。

儘管皇覺寺的生活並不如意，但朱元璋顯然是樂於接受的，至少是可以忍受的。這也很好理解，畢竟對於無家可歸的他來說，可以遮風避雨、飽餐一頓的皇覺寺，已經是不錯的選擇。

但超凡的忍耐力並不能結束朱元璋的苦難。皇覺寺原是靠收田租過活的，然而大災之年，任憑和尚們使出渾身解數，佃戶也交不出糧食。面對僧多飯少的窘境，寺中的長老無奈地派一些僧人外出乞食。於是，在寺裡待了僅僅兩個月、還沒學會幾句經文的朱元璋，就被迫「出門雲遊」了。

僧人到外乞討，好聽的說法叫做「化緣」，例如《西遊記》中唐僧師徒就是一路化緣去西天取經。但還有一種更現實的說法，叫做「叫花子」，就是披著僧袍的叫花子到處乞食——一個乞丐而已。此時的朱元璋正是如此境遇，他孤身一人浪跡天涯，只為苟活於亂世。

這是何等的落魄和淒涼。在淮西那片貧瘠的土地上，一個孤苦無依、食不果腹的少年，穿城過巷，山棲露宿，放棄自尊，無奈地叩開一戶戶的人家，默默忍受著路人的譏諷和嘲弄……這便是朱元璋的流浪生涯，這樣的生活一過又是三年。朱元璋此時已經二十出頭了。

人生的前二十多年，朱元璋就是這樣度過的，他從一個貧民淪為了一個乞丐，不要奢望在他身上能看到一點做皇帝的影子，這對於一個以食為天的人來說，簡直就是諷刺。不過，這樣的人生歷練也不是每一個做皇帝的人可以承受的，所以說，朱元璋在歷代皇帝排行榜中，應是當之無愧的勵志第一人。

【知識鏈結】

鳳陽位於淮河中游南岸，隸屬於安徽省滁州市。因是大明王朝開國皇帝朱元璋的故里，故有「帝王之鄉」、「明皇故里」的美名。

第一道墊腳石：郭子興的淺池子

元末農民起義風起雲湧之時，朱元璋卻表現得很平淡。三年的流浪生活一過，他又回到皇覺寺當和尚，彷彿世間紛擾與他無關，實則不然。成佛還是舉槍，這對於朱元璋來說從來都不是問題：成佛是暫時的，舉槍則是必然的。朱元璋用二十多年時間練就的一身忍術在這時發揮了作用。

俗話說：「槍打出頭鳥，刀砍地頭蛇。」翻開歷史，我們不難看出，在歷朝歷代的起義中，那些行動最早、呼聲最高、實力最強的往往都是死得最慘的。秦末的陳勝、吳廣，唐末的黃巢，無一不是血的教訓！因此，此時的朱元璋只是需要一個臨時的落腳點，靜待時機。

西元一三五二年閏三月初一這天，一個不錯的機會出現了。濠州城裡駐紮著一支紅巾軍，為首的叫做郭子興，此人已經致力於反元事業多年。此時他的隊伍遇到了麻煩，被元朝軍隊死死咬住不放。正當他愁眉不展之時，忽然走進一個小頭目，稟報說在城門口活捉到一個自稱要來投軍的探子，呼喊著要見大帥，這個人就是朱元璋。郭子興只知道自己被元軍盯上了，卻不知道他此時也已是朱元璋的獵物了。

郭子興質問朱元璋是否是探子，來此地何事，又恐嚇他若敢狡辯，就立即拉出去砍頭。朱元璋起初還有點緊張，但他對此次來投軍的風險早有準備，就索性平靜下來，「都來了，還怕什麼！」他鎮定地回答了大帥的提問。

出乎郭子興意料的是，他從眼前這個人的眼神裡看到的是鎮定，而非驚慌。平時看慣了手下唯唯諾諾的郭子興，突然見了一個不懼威嚴的人，不禁眼前一亮，心裡對他頗為欣賞。

就在這天，二十五歲的朱元璋如願加入了紅巾起義軍，開始了他長達十五年的戰鬥生涯。他和郭子興既是惺惺相惜，又是一見鍾情。朱元璋這個看似魯莽的舉動卻讓他省了不少事，他直接被編入了郭子興的親兵隊伍，郭大帥成了他的直屬上司。

郭子興對朱元璋實屬有意栽培，並且他認識朱元璋越久，就越覺得他身上有種異於同齡民兵的特點：他思路清晰，說話做事有條不紊，交付的事無不辦得妥帖至極；他不浮躁不莽撞，有著超乎尋常的穩重和幹練。同時，朱元璋也能感受得到郭子興對自己的器重，他就如同找到了寄託一般認真肯幹，甚是賣力，於是他在軍營中漸漸嶄露頭角。

朱元璋在沙場上也是英勇無比，在親兵裡可謂出類拔萃。兩個月後，他順理成章地被提拔為九夫長，開始率領九人的隊伍。戰場上他總是身先士卒，所獲的戰利品卻從不中飽私囊，隊伍裡的人都樂意聽他指揮，連職位高他一截的湯和也圍著他轉，小事大事都前來諮詢一番。

郭子興其實是個「草頭王」，地主出身的他全憑自己一手壯大起來的隊伍守衛著濠州城池。他想廣聚天下英才，培養一幫親信，以發展壯大自己的事業。眼前這個朱元璋確實不凡，郭子興有意和他的關係更進一層，於是便與他結親。

郭子興有個義女此時年方二十，姓馬。她的名字不詳，民間習慣稱她為「馬秀英」。生於貧困人家的馬姑娘經歷過艱難困苦，個性堅韌，做事謹慎。她「有智鑑，好書史」，肚子裡有貨，看人自然也準，難怪她對朱元璋也是另眼相看。

成為義軍元帥的女婿後，朱元璋第一次有了地位，前途也越發光明。軍人生涯雖然風險最大，但是收益也高。這是朱元璋生平第一次這樣喜歡軍人生活；他還發現了自己與生俱來的軍事才能，無須軍校培養。

不久，朱元璋從小隊長一路高升，先是鎮撫，很快又升為總兵官。年紀輕輕，資歷又淺，晉升太快的朱元璋難免引來郭子興手下其他總兵官的不服，甚至嫉妒。

終於，朱元璋的聲名威望位列總兵官之首——按理說，頭把交椅自然由他來坐，然而老資格軍官卻為此心懷不滿。流言飛語四處瀰漫，說什麼朱元璋是靠「嬌客」的身分上位的，說什麼「出生入死不如娶個好老婆」……

為了樹立自己的威信，朱元璋首先放下身段，以退為進。古代既是「以右為尊」，他就吩咐在兵官例會前把會議室的椅子換成長凳，開會時各人可以自由挑選座位，各位將領毫不客氣地佔據右邊的位置，而朱元璋有意遲到，二話不說坐在了左邊的位置上。

會議開始，討論軍事問題，從右邊第一人開始發言。然而這些大老粗們吭哧半天，也說不出幾句有水準的話。最後輪到朱元璋發言，他侃侃而談，分析得入情入理，聽得大家頻頻點頭，最後他的意見獲得採納。幾次會議過後，各個兵官自覺把右首的位置留給朱元璋，朱元璋的威信就這樣樹立起來。

此時的朱元璋可以說是在郭子興一人之下了，不過他能夠晉升的空間再大，也只能排第二。不知道此時的朱元璋是不是甘心這樣的位置？但是後來的歷史發展，讓他做出了選擇。

濠州城紅巾軍的統帥除了郭子興，還有一個叫孫德崖的，他們彼此鉤心鬥角，因此紅巾軍內部並不和諧。不久，城裡又湧入了一批士兵，帶頭的兩個將領彭早住和趙君用也都不是省油的燈。

郭子興低估了孫德崖和趙君用的膽量，他走在大街上被這兩個人綁架了，還被打得只剩下一口氣。此時，他的身邊沒有一個人可以指望，兩個親生兒子也嚇得躲了起來。心灰意冷之際，只有朱元璋挺身而出救了他一命。其實，朱元璋自己也處在危險之中，他知道孫德崖和趙君用肯定不會放過自己。但他之所以會冒險救出郭子興，一方面是出於維護自己形象的需要，不想落得一個不義的罵名；另一方面，是他有成功的籌碼，就是利用孫德崖、趙君用和彭早住三人的互相猜忌。

經過了這件事情，郭子興感激他，孫、彭、趙等人開始畏懼他，他也開始重新考慮自己的前途。

朱元璋的考慮一點都不多餘，氣量狹小的郭子興對他逐漸起了猜忌之心。終於有一日，郭子興找了個藉口把朱元璋關了禁閉，雖然只是出於妒忌，並不想殺他，不久又把他放了出來。但這個舉動卻永久地放跑了朱元璋的心，使他下定決定走上了一條自主創業之路。

可是離開了郭子興，朱元璋連個地盤都沒有。

對一個想稱雄天下的人來說，一個穩固、安定、富足的根據地顯然很必要。此時，一塊並不算肥肉的地盤出現了，就是定遠。奪取定遠城在史書上被稱作「南略定遠」，並且只用短短的幾句話概括了一段並不長的歷史。確實，這和朱元璋一生所經歷的歷次大戰相比，激烈和精彩程度都遜色許多，它的重要性也許就在於，這是朱元璋脫離郭子興之後獨自邁出的第一步。

【知識鏈結】

馬秀英（一三三二—一三八二），明朝的開國皇后，朱元璋的結髮之妻，宿州靈壁縣人。因有一雙沒裹腳的天足，被人稱為「馬大腳」，民間也稱大腳皇后。十二歲時為其父好友紅巾軍首領郭子興收養，二十一歲時嫁給朱元璋。洪武十五年八月，積勞成疾在南京病故，被謚為孝慈高皇后。

半個曹操陳友諒

出道之前，陳友諒以打魚為生，生活十分困苦。後來他做了元朝的一個小官吏，生活有所改善。但是，這份工作並不使他滿意。可能是因為曾經有個算命先生經過他家祖墳時，說起過陳家能出貴人，陳友諒的心就不安分起來。

徐壽輝的起義軍經過他的轄區時，他就投敵了。

與朱元璋發跡之路不同的是，陳友諒多少論證了「無毒不丈夫」這句話。

陳友諒的上司是徐壽輝的丞相倪文俊，是他把陳友諒從一個小小的簿掾提拔成為軍中的重要將領。

此人博古通今，文武雙全，因此十分瞧不上小白臉徐壽輝，他打算殺掉徐壽輝，自己稱王。

陳友諒得知以後，二話不說，立刻殺了倪文俊，跑去向徐壽輝邀功。幹掉了二把手，自己就成為二把手。

陳友諒從此掌握了徐壽輝的軍隊，他趁勢一鼓作氣，拿下了諸多城池，成為了江南最強的起義軍首領。而此時的徐壽輝對他來說已經毫無價值可言，相反，看著還礙眼，於是時間不久他又輕而易舉地將徐壽輝除之而後快。

至正二十年（一三六〇）六月十六日，在采石磯的江邊，陳友諒自立為王，改國號為漢，年號——大義。

其實，陳友諒自己做不做一把手，對於朱元璋來說並沒有區別，因為他很早就認定陳友諒才是自己要拔的那顆釘子。

朱元璋佔據的應天位於長江下游，陳友諒的勢力範圍恰好在長江上游，兩軍對壘於江上，是遲早的事。但朱元璋遲遲不肯開戰，因為水上作戰，水軍至為重要，但朱元璋那上千條所謂的戰船，只是一些破爛的漁船，和陳友諒那支真正的艦隊來比，開戰無異於自殺。

然而，戰場形勢瞬息萬變，常常不給人那麼多準備的機會和思考的時間，西元一三五九年，因為一個突發事件，朱元璋不得不馬上採取行動。

這一年十一月，朱元璋的部下常遇春生擒了陳友諒戰俘三千，因貪圖一時手癮，把他們一個都不留地活埋了。陳友諒頓時怒了，朱元璋的麻煩也來了。當陳友諒率領著無敵艦隊，浩浩蕩蕩地兵臨城下時，朱元璋才搞明白陳的意圖。時間是用來做決定的，不是用來給自己留後路的，朱元璋深刻地明白這一點。

這時候，劉基來了。正所謂：「來得早不如來得巧。」朱元璋召集眾謀士商討對策時，「諸將或議降，或議奔據鍾山」，總之一句話，就是放棄應天。劉基一言不發，朱元璋看他臉色陰晴不定，就將劉請入內室。這時的劉基，情緒激昂，他說道：「主降及奔者，可斬也。」朱元璋就問劉基有什麼辦法，劉基分析說，陳友諒為人驕躁，正面衝突肯定不行，只能打伏擊，待敵深入後，一舉拿下。

可是陳友諒畢竟坐擁強大的水軍，怎麼才能誘敵深入呢？又在哪兒伏擊他呢？這時的朱元璋，再次發揮了自己天才的軍事才能：既然水軍不如陳友諒，那就不在水上打，逼陳上岸，在岸上就是朱元璋的天下了。

不得不說，劉基和朱元璋都是深諳兵法的奇才，在敵強我弱的情勢下，他們能夠冷靜判斷局勢，並且做出正確的決斷。雖然以弱對強無異於以卵擊石，可如果換個角度，就能夠將劣勢變為優勢。

朱元璋的部下康茂才原是陳友諒的手下，此刻派他去詐降是最好的人選。聰明一世的陳友諒，此次也和赤壁之戰前的曹操一樣，搞不清楚狀況了，他按照康茂才制定的路線發起了進攻，沒想到關鍵時刻康茂才出了錯，他只好率兵退回到了一個叫做「龍灣」的地方。

陳的大軍剛全部登陸，就進入了伏擊圈。朱元璋立即發起了進攻命令，徐達、常遇春等大將率軍連番攻擊，陳的軍隊倉皇之下根本無法抵擋，只得向戰船奔去，不料幾乎所有戰船全部擱淺，無法行駛。就這樣，陳友諒的無敵水軍硬是被朱元璋拖上岸，狠狠地打了一回合。

這一戰，漢軍損失兩萬餘人，陳友諒敗走江州。朱元璋繳獲不少戰船，充實了水軍，朱元璋大勝。

劉基對陳友諒的評價很準確：驕躁。殺降一事就能使其暴跳如雷，不經思索就匆忙開戰；雖然兵力上佔盡優勢，但背水一戰，勝算又有多大？驕躁的性格使陳友諒沒有仔細辨別康茂才反戈的真假，他的敗走可謂咎由自取，無關他人。

不過陳友諒當然不會這麼輕易被打倒，所謂君子報仇十年不晚，這是對君子而言，陳友諒不算君子，也不需要十年。差不多三年後，他就重建了一支強大的海軍。

西元一三六三年，陳友諒率軍兵臨洪都城下。守城的不是別人，乃是朱元璋的親姪子朱文正，此人一身惡習，看起來像個紈絝子弟，實則不可小覷。陳友諒以為自己撿了個軟柿子，卻不想啃的是一塊硬骨頭。

洪都一戰，朱文正用區區四萬人，牽制陳友諒六十萬大軍長達三月之久，這不能不說是一個奇蹟。陳友諒雖兵力有所損失，但仍強於朱元璋。更何況，陳友諒還有一支引以為傲的無敵艦隊。力量懸殊人所共知。這時候朱元璋親率的二十萬大軍開赴洪都，陳友諒避至鄱陽湖。西元一三六三年七月，鄱陽湖決戰打響了。

陳友諒將戰艦用鐵鎖連接起來，試圖以此對朱元璋造成巨大的壓迫，但這卻讓朱元璋想起了在赤壁之戰中曹操是怎麼失敗的。歷史又一次重演了，鄱陽湖頓時火光一片。就在雙方激戰、難解難分之時，極富戲劇性的一幕發生了：正在船上指揮作戰的陳友諒，突然被一支射來的流箭擊穿了頭顱。一代梟雄，竟然如此隕滅。

陳友諒顯然不敵曹操，不論從個人能力還是運氣來看，他都頂多算半個。除掉了這半個曹操，還有一個袁紹在等待著朱元璋，這個人就是張士誠。

【知識鏈結】

劉基（一三一一—一三七五），字伯溫，青田縣南田鄉（今屬浙江省文成縣）人，也被稱為劉青田。洪武三年（一三七〇）封誠意伯，又稱劉誠意。武宗正德九年（一五一四）追贈太師，諡文成，後人又稱他劉文成、文成公。是輔佐朱元璋成就帝業的傑出軍事家、政治家。在文學史上，與宋濂、高啟並稱「明初詩文三大家」。

一個袁紹張士誠

張士誠走的是一條官逼民反的傳奇之路。他出生於一個「以操舟運鹽為業」的人家，生活十分清貧。為了養家糊口，張士誠與他的兄弟一起幹起了轉售私鹽的生意。可是他們賣私鹽給有錢人家，不但常常沒有錢賺，反而還要受到侮辱，再加上當時的官兵對商人苛扣剝削，日子實在是過不下去了。張士誠一咬牙，加入了造反的行列。

他聯合了十七名鹽民，加上他一共十八個人，挑起扁擔就起義了。他們燒了富人家的房子，把錢財分給眾百姓，一時之間，張士誠的義舉得到了回應，百姓紛紛加入他的隊伍，人數上萬。就這樣，張士誠建立了自己的武裝隊伍。

更神奇的是，這支隊伍一路勢如破竹，還一舉攻下了淮東重鎮泰州。元政府以「萬戶」官爵招降，張士誠堅決不受，他想建立自己的政權。西元一三五三年，這個願望在高郵實現了。

張士誠敬酒不吃吃罰酒，元朝政府對他這種不按套路出牌的行為顯然很惱火，於是火速派兵到高郵進行鎮壓。可是元朝政府臨時更換主帥，犯了兵家大忌，也是張士誠命不該絕，高郵一役令他名氣大振。隨後他乘勝追擊，獲得江蘇省大片土地，直接威脅到駐守南京的朱元璋。

不過，令朱元璋想不通的是，自己是因為實力不夠，不得已在名義上順從小皇帝韓林兒，可是張士誠這樣牛氣沖天的一方諸侯，怎麼後來跑去投降元朝。朱元璋覺得只有四個字可以形容他：沒有遠見。

可就是這麼個沒有遠見的人給朱元璋出了個難題，西元一三六三年二月，張士誠派兵攻打了安豐。一方面，安豐是南京的門戶，唇亡則齒寒；另一方面，韓林兒此時就在安豐。

從內心講，朱元璋自然是不願救駕的，誰願意找個太上皇壓著自己？可不出兵的話，留人一個背信棄義的話柄不說，自己還很危險。

思前想後，朱元璋還是決定發兵。此舉遭到劉基的反對，他覺得前面雖然有隻狼，可是後面還有陳友諒這隻老虎在直盯著南京，而老虎才是朱元璋的最大威脅。此外，這正是除去韓林兒的好時機。不過，劉基最終沒能拽住朱元璋這頭倔驢。這一仗，朱元璋不但損失了一員大將，也沒保住安豐，唯一的成果就是救出了韓林兒，還帶回來一肚子惡氣。

朱元璋畢竟忍術高超，他首先消滅了陳友諒，次年（一三六四）也稱吳王，把張士誠留在最後處理。這一次，朱元璋不再被動迎戰。

西元一三六五年八月，朱元璋開始全力進攻張士誠的勢力範圍。此時的東吳早已經失去當年施行仁政時期的輝煌，張士誠自覺坐穩了天下後，就走向了全面腐敗。不到半年的時間，朱元璋就連續攻下了張士誠佔據的大片區域，甚至包括張士誠曾經死守過的高郵。而張士誠在連續不斷的戰爭中節節敗退，最後退守姑蘇。

在征戰的過程中，發生了一件令朱元璋不解的事：他的親姪子朱文正投向了張士誠。雖然，這次背叛與陰謀無關，只是因為朱文正的戰功沒有得到應有的獎賞，而且也是一次未遂的背叛，但卻給朱元璋沉重的心理打擊，讓他把所有的仇恨都集中在了張士誠身上。

在朱元璋強大的攻勢下，形勢漸趨明朗，張士誠只有平江一個陣地可守了。但是，張士誠最擅長的就是防守，史載，平江城牆堅不可破，朱元璋的人海戰術持續了八月之久仍不見效。

然而被圍困久了，張士誠也有些受不了，整天都要擔心會不會城破，終日惶惶不安，敵人不間斷的進攻更是讓他身心俱疲。無奈之下，張士誠決定突圍。一旦突圍，就預示著他的末日到了。果然，不出一個月，平江就失守了。

眼看著敗局將至，張士誠的妻子也是一個貞烈之人，她用自我了結的方式，斷絕了張士誠的後顧之憂。但她的死也斷絕了張士誠對人生的留戀。隨後，張士誠被生擒，押往應天。史書上記載他的死亡版本有多種，但都說明一點，在朱元璋手裡，他一定不得善終。

朱元璋評價張士誠，說他器小，不能成大事，還是很客觀的。曾經強大一時的張士誠，就如同當年的袁紹一樣咄咄逼人，但最終被證明只是一隻紙老虎。但張士誠依然值得被後世記住。被俘後，他仍然保持著不屈不撓的精神；面對敵人，他依然有著一份傲視天下的自尊。朱元璋確實打敗了他，但卻沒有征服他——不服，正是張士誠對朱元璋最大也是最後的打擊。

【知識鏈結】

韓林兒（？—一三六六），元末大宋紅巾軍的領袖。祖輩多從事白蓮教活動，父親韓山童犧牲後，韓林兒隨母逃往武安。一三五五年，劉福通等攻克安徽等地，迎韓林兒至亳州（今安徽亳州）稱帝，也被稱為小明王。國號大宋，年號龍鳳。被朱元璋沉入江中而死。

還我河山

張士誠死後，形勢漸趨明朗：朱元璋佔據了江南大片的富庶地區，中國北方廣袤的疆土仍屬元朝統治者。一場決鬥是不可避免的了。

但是元朝畢竟是正統的統治者，如果和元朝作戰，勝了還好，一旦敗了，就是無盡的深淵，無一絲生機可言。所以朱元璋只有一個選擇：打敗元朝。要打敗一個統治多年的統治者，需要的是穩紮穩打。朱元璋決定，先進攻山東，打掉元朝面對江南的屏障，然後再一點一點吞掉它周圍的城市，直到元都成為一座孤島，再一舉拿下。因此，山東之戰至關重要。

擴大地盤和收復人心這兩件事，對朱元璋來說是相輔相成、同等重要的。在大軍出發前，朱元璋給所有的士兵立下了嚴格的紀律，要求他們破城之後不要危害老百姓的利益。他還寫了一封檄文發給齊、魯、河、洛、燕、薊、秦、晉等地的人民，歷數了元朝的暴虐，然後表示自己起兵是不忍看生靈塗炭，不得已而為之。宣傳工作做得極其確實。

但是這樣一個重要的省似乎沒有戰鬥力，沒經過幾場戰役，再加上勸降工作得力，山東就被「和平演變」成了朱元璋的地盤。元都也因此失去了最直接的一道屏障。

這些年，朱元璋的統治欲望在漸漸膨脹，但他與其他起義軍領導者有著很大的不同，他的內心十分沉鬱，城府極深，而且有強大的忍耐力。皇帝誰都想做，但即使在取得了巨大的成功後，他也沒有急於享受帝王的生活，因為，時機一直沒到。而此時，當他收復了山東，又攻下開封、平定河南、攻克潼關後，終於可以說勝利在望了。

西元一三六八年正月初四，朱元璋當上了皇帝，定應天為國都，年號洪武，國號大明。

當皇帝這件事情，還有個小插曲。從朱元璋內心講，他肯定想當皇帝想得要死，可是表面上故作清心寡欲，還要他的臣子再三請求，方才「勉強」答應，一副得了便宜又賣乖的模樣。

朱元璋即位後的第一件事，就是把他們家祖宗四代都追封了。第二件事，就是論功行賞。後來還想封官給一些外戚，但是被馬皇后諷言勸阻。

開國以後的朱元璋，一面「無為而治」，一面廣招賢能，一邊制定各種律法，一邊設辦學校，忙得不亦樂乎。作為一個過過苦日子的人，朱元璋明白百姓要的是什麼；他也知道，如果自己不能使天下太平、不能使人民安居樂業，那麼，就會有無數個李元璋、王元璋站起來反他。他不容許自己打來的天下，自己卻守不住。所以他一直在努力，也一直很勤政。朱元璋的勤奮，在中國歷史上的皇帝當中實屬少見，甚至勤奮得有點過頭。無論大小事務，他必定親自過問，每天審閱奏摺不計其數，睡眠時間少得可憐，真正是日理萬機。令人不敢相信的是，他竟然把這種作風一直保持到駕崩之前。這樣的勤政，算得上是帝王的表率了。

此時，元政權還沒有完全土崩瓦解，朱元璋還有很長的路要走。

應該說，自從拿下山東後，局勢對朱元璋極其有利。然而朱元璋並沒有因此而失去判斷力。他看到了自身的不足，那就是南方的士兵，是永遠也不可能在廣袤的北方平原和馬背上長大的民族以騎戰抗衡的。因此，必須制定周密的進軍計畫。然而征戰的過程實在是乏善可陳，明朝大軍所到之處，元軍不是守將棄城而逃，就是率軍來降。這仗，打得一點懸念都沒有，順利得有些枯燥。當明軍進入通州這個消息傳入元都時，嚇壞了元主妥懽貼睦爾。

他竟然帶著老婆孩子連夜棄城，一口氣跑到了元上都，也就是今天的內蒙古自治區錫林郭勒盟正藍旗境內。元帝放棄了首都，也就意味著放棄了國家的統治權。假如他能夠和京城共生死，或許史書上會對他有所褒揚。不過，在他看來，能夠活下去要比留名青史來得實在。

西元一三六八年八月二日，朱元璋僅用了幾個月的時間，就攻破了元大都。從此，他不再是草莽流寇，不再是亂臣賊子。從此，他可以名正言順地統治這片土地，統治他的天下。

此時的元朝，雖在名義上已不復存在，但百足之蟲，死而不僵。元朝尚有一個最後的希望，就是王保保。而與此人的對決，就是朱元璋在此後很長一段時間裡的主要任務。

此時的元順帝，被明軍逼得只能躲在上都。做過皇帝的人自然忍受不了天天風吹日曬的生活，回想起曾經的宮廷享樂，元順帝心裡特別不舒服，他恨不得馬上就回到元都。而此時，他身邊還能用的就只剩下王保保了。於是，他把兵權和所有的希望都一併交給了王保保。

王保保得到了夢寐多時的兵權，自然會竭盡全力，挽救朝廷於危難。如果成功，元朝光復，他王保保也將會永載史冊。而朱元璋這邊當然也不會讓元順帝過得太舒服，他命令徐達、常遇春等人率大軍進攻山西，一舉殲滅王保保。戰場上的王保保確實驍勇善戰，為朱元璋的統一之路製造了很多坎坷，但是他制定的作戰計畫一開始就錯了，因此他的敗局是早就註定了的。王保保率領自己幾乎所有的軍隊離開太原，然後直攻北平。

北平城已有重兵把守，王保保此行不會有多大的收穫。但太原就不同了，元朝已經失勢，一座城池對他們的重要性遠高於明軍，如果失去太原，他們將失去進攻的依託，陷入進退兩難的境地；如果他們選擇撤軍回援，主動權也早已掌握在明軍手裡，那時候，元軍就只有任人宰割的份了。事實上，後來戰爭的結果是王保保最後也對自己失去了信心，他最終棄十萬大軍不顧，自己逃跑了。元朝最後的希望也隨著這十萬大軍的繳械投降而破滅了。

王保保之後，世間再無強將抗衡明朝。就這樣，朱元璋統一了原本就屬於漢族的大好河山，也坐穩了江山。

【知識鏈結】

洪武，指洪大的武功，是明朝開國皇帝朱元璋的年號，用以紀年。由於年號被認為是帝王正統、不再依附於他人的標誌，所以洪武的產生，標誌著朱元璋正式脫離元朝的統治而另立中央政權的開端。洪武年間一系列的改革措施，也奠定了明朝兩百多年的政治基礎。

第二章：開國以後的屠殺與政治

自古以來，好像開國的功臣都沒有什麼好下場。其實，君和臣本來就是一種極其微妙的關係，只不過在開國這個特定的歷史時期更加具有火藥味。朱元璋用他的實際行動告訴別人，他是一個強勢的皇帝，卻不是一個仁慈的皇帝。只是，他的強勢對自己來說，一定是件好事嗎？

兔死狗烹，誰之過？

劉基，字伯溫，堪比漢朝張良，朱元璋也常稱其「吾子房也」。但就是這樣一個傳奇的人物，卻晚年淒涼，不得善終，原因不明地逝去。這一切都發生在洪武年間。

洪武八年（一三七五）一月，劉伯溫患病臥床。明太祖朱元璋知曉後，派丞相胡惟庸帶御醫前去看望。御醫針對劉伯溫的病情開了處方，讓他照單抓藥。劉伯溫吃了御醫開的藥，身體卻更覺不適，肚子裡好像有石頭翻滾，折磨得他生不如死。四月十六，劉伯溫病故。

這段記載於明史的故事為後人留下了無盡的揣測。劉伯溫究竟是怎麼死的？有人認為他是單純的病死，也有人認為他是被胡惟庸害死的，還有人認為他是被朱元璋殺死的。

然而，為什麼劉伯溫的死會與朱元璋聯繫在一起呢？

朱元璋在登上大位後便進行了一系列的「清君側」活動。歷代皇帝對「功高震主」這四個字很敏感，不然也不會有「杯酒釋兵權」等事件發生了。而劉伯溫正是這四個字的犧牲品。他幾次被朱元璋撤官，又幾次被召回，經歷了希望的產生到幻滅的過程，也終於明白了「伴君如伴虎」的道理。於是，他依照朱元璋的意思退隱了，每天喝酒、下棋，當地知縣前來拜訪也不見，與外界的聯繫也基本斷絕。但是，他天生具有的憂患意識使他無法完全將自己置之度外。

洪武五年（一三七二），隱居的劉伯溫得知，在浙江和福建兩州交界處有一個叫做淡洋的地方，處在政府權力的真空地帶，而此處正是朱元璋勁敵方國珍發跡之處，又是鹽梟巢穴。因此，劉伯溫讓其子調查情況後，令其擬奏章呈給明太祖朱元璋。因為此奏章沒有經過胡惟庸之手而是直接進獻給了皇上，引起胡惟庸等人的不滿。於是，胡惟庸等人以此事狀告劉伯溫，說他善觀風水，發現淡洋此處有王氣，想霸佔為自己的家族墓地。這「王氣」二字引發了潛伏在朱元璋心中很久的猜忌之心，於是他不分青紅皂白又將劉伯溫訓斥一番，並令他在南京居留。後來，胡惟庸升上了左丞相的位置，劉伯溫內心的希望已全數熄滅。他憂思成疾，病情加重，原因不明地逝去。試想，如果劉伯溫懂得在開國的時候學張良離去，並當真不再過問朝政，興許還可以頤養天年。可是，他沒有選擇這條路，因此他只能被棄。

另一個咎由自取的是被朱元璋比作漢相蕭何的李善長。洪武三年（一三七〇），朱元璋大封功臣之時，曾賜給了李善長丹書鐵券，可以免去他兩次死罪，其子一次。但是，就是這個在李善長眼裡是莫大賞賜的丹書，卻成為他悲劇晚年的一齣滑稽戲。這個保命良藥不但沒有保住命，反而成了他滿門被斬的劊子手。

實際上，論起李善長的死，並不全是朱元璋導致的，具有關鍵作用的還是他自己。究其原因，就不得不細數李善長為自己挖的坑了。朱元璋之所以能夠在亂世崛起，除了依靠自身的資質能力之外，由他的老鄉組成的淮西幫發揮了巨大的作用，李善長則是這個集團中數一數二的人物。

然而，朱元璋深知「水能載舟，亦能覆舟」的道理，稱帝後他格外地小心這個集團，所以執掌淮西幫大權的李善長，自然不可避免地成為他心中的一根刺。

李善長處在權力巔峰之時，已是一人之下萬人之上了，但他沉迷在榮華富貴中無法自拔，只看到了手中的權力，絲毫沒有給自己留條後路。

同時，李善長的性格也為他挖下了第二個坑。

李善長外表寬宏大量，但內在卻是極其記仇小氣。參議李飲冰、楊希聖二人，只是因為稍微觸犯了李善長的大權，便被黜，他還下令割去李的雙乳，使其慘死，對楊施以劓刑，致其殘。後來，李善長被朱元璋辭去宰相一職，但這絲毫沒有撼動他的弄權之心，他仗持自己的功勳，也依靠他在朝中栽培的大臣，共同奏請立胡惟庸為宰相。後來在胡惟庸被誅時，李善長雖然免遭誅連，卻又為自己挖了一個坑。

洪武二十三年（一三九〇）四月，一批被流放的罪犯中有個李善長的親戚，叫做丁斌，已經離職的李善長不顧國法森嚴，向朱元璋為其求情。朱元璋勃然大怒，派人將丁斌押入牢中，細細拷問，沒想到卻真的拷問出了一件事，那就是李善長參與了胡惟庸的謀逆。

這下糟糕了，朱元璋本來就對胡惟庸一案敏感不已，這正好又把他內心的那把火點燃了。他認為李善長身為朝中重臣，卻隱匿參與謀反，非常可恨。於是，他判決誅殺李善長全家七十餘口，只有其子因為是駙馬的緣故得以倖免。這次，李善長是真的栽倒了，永遠爬不起來了。有免死丹書又能怎樣？

明朝建立後屢立奇功的大將藍玉，也是一個不懂得收斂的人。藍玉大勝後班師回朝，是一件非常值得慶賀的事情。於是，朱元璋對他大加封賞，並賜予其太子太傅的稱號，這個稱號是一般人可望不可得的，本來應該感恩戴德，藍玉非但沒有感激之言反而抱怨累累，朱元璋的賞賜在藍玉這裡卻成了嘲諷。

洪武二十六年（一三九三）二月，藍玉被人狀告夥同他人謀反。

朱元璋聽後十分生氣，便以謀反罪將藍玉逮捕投入監牢中，滅其滿門，牽連三族，殺其黨羽共計一萬五千人左右。

雖然藍玉謀反的事情有待考證，但顯然他諸多的違紀行為已經讓朱元璋對他失去了耐心。所以，他遲早是要遭大禍的。而實際上藍玉這樣的一個粗人，是壓根兒不會有主天下的想法的。但是朱元璋是靠武力征服了天下，在他心目中，武者遠遠比文官威脅更大。加上太子朱標病亡，性情仁厚的孫子朱允炆將會接任，所以他害怕在他死後，他的功臣將會挾太子以令諸侯，當時常遇春、徐達等武將已死，剩下的只有藍玉，所以他要想盡方法除掉他。而藍玉不檢點的行為終於讓他找到了藉口。

在明初，像劉基、李善長這樣的功臣幾乎都被朱元璋趕盡殺絕，但是仍然有一個人榮耀地活著，這個人就是湯和。論功勳，他毫不遜色於旁人。而他的例子正好說明：命運是掌握在自己手裡的。

朱元璋建國後分封功臣，在一堆的公爵中唯獨湯和被分封為侯爵，他沒有怨言。他主動交出兵權，請辭回鄉，遣送家中多餘的人口，過著清心寡欲的生活。

這一點，是上述三個人都沒有做到的。劉基回鄉後還過問朝政，惹來朱元璋的嫌隙；李善長則是歸鄉後大肆鋪張浪費，坐享榮華富貴引起朱元璋的反感；藍玉總覺得自己功高賞低，跟著朱元璋受了委屈。和他們相比，湯和無疑是個絕頂聰明的人，他懂得急流勇退，也懂得約束自己，讓喜歡暗中盯人的錦衣衛抓不到任何把柄，便沒有什麼可以上報給朱元璋的，時間長了，朱元璋自然對他就放寬心，少了戒備。

湯和的精於處世，使得他可以壽終正寢，以七十七歲的高齡謝世，死後又被朱元璋加封為東甌王，諡襄武。

【知識鏈結】

丹書鐵券是封建帝王頒發給功臣、重臣的一種帶有獎賞和盟約性質的憑證，一般有免罪和免死的作用。丹書，指用朱砂寫字；鐵券，指用鐵製的憑證。因把憑證用丹書寫鐵板上，遂得此名。為了取信於人並防止假冒，就將鐵券從中剖開，朝廷和持有者各一半。

一場大屠殺

對於胡惟庸來講，洪武十三年（一三八〇），是個多事之秋。同樣，這一年對於與胡惟庸稍有來往的人而言，也不怎麼太平。

洪武十三年，左丞相胡惟庸忽然上奏明太祖朱元璋，宣稱他的舊宅院裡的一口井忽然湧出來香甜的醴泉。他說這是大明的祥瑞徵兆，所以想請皇上過去觀賞。朱元璋得到消息後非常高興，便攜眾人前去觀賞。不料，當車隊到了西華門的時候，忽然從路旁竄出一個人，攔在車前，阻止通行。護衛人員衝上前去，對他拳打腳踢，可是此人依然非常執著地攔在車前。這時，朱元璋看出此人定有事相稟，於是詢問。原來，此人是西華門的內史宦官雲奇，可是說明身分後他便不再吭聲了，只是一個勁地指著胡惟庸舊宅的方向。朱元璋疑心了，率眾人登上高台，向胡惟庸家的方向眺望，隨即大驚失色。原來，胡惟庸家的亭臺間都隱藏著身披鎧甲、手持刀劍的士兵。朱元璋當即下令逮捕胡惟庸，並立即處死。這便是被後人口口相傳的「雲奇告變」事件。姑且不論這個事件的真偽，胡惟庸被朱元璋所殺是不爭的史實；至於被殺的原因，我們卻得琢磨透了再下結論。畢竟，「雲奇告變」事件的說法過於牽強。

首先，胡惟庸家內的一口井冒出醴泉，就是大明的祥瑞之兆，這個說法恐怕行不通。朱元璋是何許人也，他豈會容忍大明的吉祥之兆產生在臣下的家中？其次，胡惟庸被殺是在這一年，那麼以朱元璋的心計來看，他絕對不會在這時候去胡惟庸家中觀看什麼瑞兆，胡惟庸是隨他打天下的人，即使沒有建樹，他也不會輕易起了殺胡的念頭，殺人，必定要經過深思熟慮的。最後，胡惟庸是極其奸詐之人，徐達「深嫉其奸邪」，劉伯溫也說「奸恣不可用」，這樣一個人豈會把謀逆的士兵放在明顯的地方？總之，用這個不可靠的理由來說胡惟庸的謀反罪是過於牽強的。

所以，我們最好還是從正史出發，來找尋胡被殺的真正原因。

但是，正史似乎也沒有很明確地給出胡惟庸謀反的具體原因，對謀逆的過程也沒做說明。而一場肅清朝野的大屠殺卻開始了。

洪武十二年（一三七九）九月，占城國派使節前來京城進貢，但胡惟庸私扣使節並且沒有把此事上報與朱元璋，朱元璋知道後，勃然大怒，在朝廷上公開審訊此事。但左右丞相胡惟庸汪廣洋將責任推諉於禮部，而禮部內部又在互相推卸責任。朱元璋震怒，當場下令處死汪廣洋的一干人。這為胡惟庸的死敲響了鐘聲。第二年，涂節等人揭發胡惟庸的種種違法作為，稱其有謀反舉動。朱元璋當庭逮捕胡惟庸，並下令處死，同時處死的還有涂節等告發人員。

只是，令人費解的是涂節等人所舉的胡惟庸的劣跡，朱元璋都應清楚，因為，這些是他賦予的特權，但為什麼要在這時來清算？胡惟庸在短短的十年內便躍升至宰相位，這使得他越發驕縱。隨著他權勢的不斷擴大，他可以決定官員的升遷去留，甚至掌握了他們的生殺大權；他可以將對於自己不利的奏章藏起不呈給皇帝，並暗下懲戒反抗他的人；他可以私下賄賂朝中大臣，甚至將手伸進了國防重地。一時之間，各地官員爭相拜訪賄賂他，贈其金銀珍寶數之不盡。這些，朱元璋都看得見也聽得著，但反而越發寵信他。

終於，胡惟庸的勢力越來越大，可正在他如日中天的時候，朱元璋一個巴掌蓋了下來，就像如來佛將孫悟空壓在五指山下一般，將他從高空摔了下來。這個結果的起因就是胡惟庸的兒子在大街上縱馬車奔行，卻從馬車上摔下死了。胡惟庸沒有稟報朱元璋便私自將駕馬車的車夫殺死，朱元璋聽後大怒，命胡做出補償，胡請求以金帛贈與馬夫家，遭到朱元璋的駁斥。自此，朱元璋開始了一系列的整治胡黨行動，而胡惟庸短暫的兩年半丞相任期也宣告結束。如果有人認為胡惟庸是因為日益的驕橫跋扈並且升起了篡謀心理因此被誅殺，我們不妨來看看胡惟庸跋扈的時間有多長，在這麼長的時間內難道朱元璋就一絲都沒有覺察到？顯然不是。那究竟是為了什麼？

我們從在中國延續了數千年的中央集權制度說起，中國古代王朝不斷地完善封建制度，實際上就是不斷地加強中央集權制，而加強中央集權制的條件就是處理皇權與相權之爭。為解決這種問題，中國的歷朝歷代都曾煞費苦心，從西漢武帝內朝制的建立，到東漢劉秀的事歸臺閣，再到隋唐的三省六部制，這些無一不在削弱相權，擴大皇權。朱元璋自然也不會例外，況且在他前面還擺著元末「宰相專權」、「臣操威福」的例子，在這個方面，他怎會掉以輕心，他只是做了「螳螂捕蟬黃雀在後」中的黃雀。他先讓胡惟庸與前宰相鬥，然後透過胡之手剔除了對他而言有較大威脅的徐達、李善長，留下了這個不足為懼的胡惟庸。然後他慢慢培養胡惟庸，讓他越發的成熟，直到他成了一顆爛桃子，於是他決定行動了。透過摘除這顆爛桃子，然後將其生長的根基拔除。因此，他廢了胡惟庸，同時，也廢了延續數千年的宰相制度，並且不准後人再立，若有人提請立丞相，則被處以極刑。

因而，我們說胡惟庸只是個領薪水的，即使再強再厲害也逃不脫朱元璋的手掌心。

【知識鏈結】

胡惟庸（？—一三八〇），濠州定遠縣（今屬安徽）人。早年隨朱元璋起兵，深得賞識。洪武十年（一三七七）任職宰相，是中國歷史上最後一位宰相。後因被懷疑謀反，被朱元璋處死。胡惟庸案為明初一大案，包括韓國公李善長在內的一大批開國功臣同時遭到清洗。

「士」的黑暗時代

朱元璋統治的時代，彷彿以殺人為一大主題。除了殺功臣、殺叛逆者，還殺士人。

朱元璋殺人的名目很多，首先就是懲治貪官汙吏。朱元璋大概是所有帝王裡最為痛恨貪汙的一個，自明朝開國以來，他就不斷誅殺貪官，據統計，因貪汙受賄被殺死的官員高達幾萬人。到洪武十九年（一三八六），從中央到地方的官員，已經很少人能做到任滿，大部分都被殺掉了。

在朱元璋手底下做事，官員們每日如同生活在地獄一般，忍受煎熬。每次上朝之前，總要和妻兒訣別，因為不知道下朝後還能不能安全的回到家裡。如果每天能平安無事下朝，那回到家中必定是要慶賀一番的。這絕不是危言聳聽，朱元璋絕對算得上中國歷史上最為苛刻的皇帝了，他不但讓他的官員做最繁重的工作，還不肯給高工資，而一旦發現哪個官員有一丁點貪汙的痕跡，那鐵定就是殺無赦了。

貪汙的確是應當制止的，但在朱元璋當政時期，許多官員貪汙實屬無奈之舉。朱元璋開的工資已經不能用低來形容了，如果不貪汙，根本就活不下去。

自古以來，都是上有政策，下有對策。朱元璋不漲薪水，官員們只好鑽漏洞撈錢，讓朱元璋越來越不滿，對待貪官的方式也就越來越嚴厲。他規定，只要發現官員貪汙，就要送到京城法辦，就算是老百姓也有扭送的權力，並且一路上的檢查崗必須放行，如果有人膽敢阻攔，不但要砍頭，還要株連九族。

由此可以看出朱元璋反腐倡廉的決心有多麼大，但可惜事與願違，在如此大力道的反貪中，貪汙不但沒有絕跡，反而有愈演愈烈的趨勢。而且因為朱元璋殺掉的官員太多，導致政府部門近乎癱瘓，這樣不得不讓在任的官員身兼數職，就連朱元璋本人也是犧牲了很多休息時間，埋頭苦幹，但即便如此，政事還是忙不完。

於是，朱元璋又發明了一個新制度，便是戴死罪、徒流罪辦事，就是官員犯罪後判了死刑，先拉下去痛打一頓，然後就在官員以為自己要小命不保的時候，突然來人為他的傷口上藥，保證他死不了，再拉出去送到衙門處理公務。

朱元璋絞盡腦汁就是想肅清貪汙腐敗，還大明朝一個清清白白的天下，可效果不佳。應該說是朱元璋的某些政策在制定的時候出現了問題，官員貪汙固然不好，但薪水太低、朱元璋的反貪手法過激也是重要原因之一。

因此，在大明洪武年間的這場轟轟烈烈的反貪運動中，無論是主攻方朱元璋，還是防禦方貪官們，都沒有贏得最終的勝利。

朱元璋殺人的第二個名目就是規範文化市場，文字獄是貫穿洪武一朝的殺人手法。按理說，在國家建設初期，士人應該是朱元璋所倚仗的對象，可重用文臣讓打得天下的那幫武將心裡很不平衡，就向朱元璋說了件事，讓朱元璋的思想一下子轉變了過來。他們說：「張九四（張士誠）一輩子對文人寵愛有加，總是好房子住著，高薪水拿著，真把他們捧上了天。可是在他做了王爺後，要起一個官名，文人便替他起名為士誠。」朱元璋很納悶地說：「這名字挺好啊！」他們反駁道：「不然，張九四是上大當了！《孟子》一書明明白白地寫著：『士，誠小人也。』這句話也可說成：『士誠，小人也。』這是罵他是小人啊，可是他至死也不懂，真是可憐。」朱元璋聽到這裡默不作聲，回去默默地拿出《孟子》一查，果然有此說法，於是對文人產生疑慮，心想，該規範一下這些不老實的文人了。

明文字獄始見於洪武七年（一三七四）。時蘇州知府魏觀將新府衙建於張士誠宮殿舊址，著名詩人高啟為其作的《上梁文》中又有「龍盤虎踞」四字，因此觸犯朱元璋忌諱而被腰斬，可憐了這位明初的名士。「瓊姿只合在瑤臺，誰向江南處處栽。雪滿山中高士臥，月明林下美人來。」這首自比高士的《詠梅》從此也成了高啟的人間絕響。

另一次，浙江杭州府學教授徐一夔（音魁）呈上一份《賀表》，其上寫著「光天之下，天生聖人，為世作則」等語，本是誇讚之言，到皇帝這裡，他讀其表，又悟其裡，終於讀出了弦外之音：「『生』者，『僧』也，以我嘗為僧也。『光』，則薙髮也，『則』字音近『賊』也。」竟敢對面罵朕為僧為賊，豈可留他！」於是，這位老先生也沒有逃脫掉腦袋的命運。

關於朱元璋以文字罪人的案例，其中最精彩的當屬他對「亞聖」孟子的肆意攻擊。眾所周知，孟子的思想是「民為貴，社稷次之，君為輕」，更是把暴君稱為「獨夫民賊」，人人可誅之。看到此處，朱元璋心想，這還得了，不是勸人造反嗎？於是心中大大地惱怒。看來如果孟老夫子生活在朱元璋的時代，也就沒有機會涵養自己的浩然正氣了。朱元璋在惱恨之下，將孟子的牌位從孔廟撤下以作為報復。但是孟子畢竟是「亞聖」，是儒生們心中的聖人，豈容他人玷污，即使是皇帝也不可以。於是他們使了一個心眼，第二天就對朱元璋說，他們夜觀天象，發現文星暗淡、天象有異。皇帝都是迷信天命的，得罪了上天可是一件了不得的大事，朱元璋馬上想到大概是因為孟子的緣故，無可奈何之下恢復了他的牌位，但他還是搞起了另一招：刪書，把《孟子》刪掉了三分之一左右，可視為「思想的腰斬」，其手段不可謂不狠。

後來，朱元璋認為文字獄只是從表面上堵住了文人狂妄的嘴，要想根除他們的錯誤思想還得推行一個更長遠的方法，於是八股文橫空出世了。

朱元璋的一生善於殺人，該殺的、不該殺的，他都殺了。

【知識鏈結】

八股文是明清時期科舉考試的一種特殊文體，又稱「制藝」、「時文」。專講形式，沒有內容，由破題、承題、起講、入手、起股、中股、後股、束股八部分組成，文章的每個段落死守在這個固定的格式裡，字數都有一定的限制。考生只需解釋題目的字義即可成文。

明目張膽的特務組織

杖刑和廷杖是明朝非常有名的兩種處罰方式，名稱看似一樣，但兩者之間有根本區別。杖刑是一種刑罰，執行者為錦衣衛，對象為對皇帝有不滿或者威脅的人。杖刑分輕重緩急，程度不一。對於犯一般錯的犯人，執行官會下令「打著問」，暗示手下輕點打，給點教訓就足夠；對於犯較重罪的人，執行官則會說「著實打著問」，暗示著重懲但不至死；而對於犯了死罪的人（或者上面下令要命的人）則說「好生著實打著問」，這即是下了死令，要將犯人杖罰至死。杖刑是杖責在朝廷上言行惹得皇帝不滿或行為有失的官員，以顯示皇權的至高無上與不可侵犯。

廷杖是一種刑法，執行者為大漢將軍。「創之自明，不衷古制者」（《明史‧刑法志》），這表示廷杖為明朝自創的一種酷刑。一旦有哪位官員惹怒皇帝，被皇帝處以廷杖，此官員就會被當庭扒掉官服，反綁住雙手，押到午門。午門就是行刑地點，司禮監掌印太監和錦衣衛指揮使便待在午門等待受刑者。受刑人被套在一個大布袋裡，一聲喝令下，棍棒就會無情地落在他的屁股和大腿上。

廷杖也是有講究的。如果司禮太監和錦衣衛指揮使的兩腳呈八字形張開，表示可留受刑人一條命；如果這兩個人腳尖向內，則表示受刑人死罪難逃。在廷杖後，受刑人還會被人狠狠拎起，再重重摔下，這樣一來，即使逃脫廷杖也還是難逃一死。廷杖和杖刑雖然大有不同，但兩者還是有很大的關連。因為他們的執行者都一樣，也就是後世常說的「明之亡源於廠衛之亡」的廠衛，即錦衣衛。

錦衣衛雖為朱元璋所設，但這種特務性質的機構並不是他創立的。漢武帝設置的司隸校尉就是特務機構的雛形，東漢末年曹操設置的「校事」等相關機構確立了特務機構的合法性，南北朝的「侯官」及武則天時期的「酷吏政治」等都是錦衣衛的前身。由此可見，錦衣衛這種性質的機構已經在中國延續發展了一千多年，經歷了各個朝代的補充完善，最終在明朝被正式確立為官職，擁有自己的獨立辦事機構和軍事力量。

錦衣衛的總長官被稱為指揮使，一般由皇帝親信擔任，其職能是「掌直駕侍衛、巡察緝捕」，這就將錦衣衛分成兩部分。一部分是與傳統意義的禁衛軍作用相同的大漢將軍，他們主要負責皇帝的出行及安全、傳遞皇令及掌廷杖等事情，其中負責廷杖這個部分只有明朝的錦衣衛有，其他則沒有大的變化。另一部分是負責檢查、逮捕、審訊、判案的南北鎮撫司及負責文書的經歷司。

大漢將軍並不特別，他們唯一駭人的事情便是執行廷杖。因為廷杖既折磨了驕傲文官們的精神又能傷害身體，看著他們在自己手下哭天喊地的樣子比較有成就感，所以大漢將軍對廷杖情有獨鍾。因為他們主要負責皇廷保衛工作，要營造出一種莊嚴肅穆的氛圍，所以在選拔人員時往往比較傾向高大威猛、氣勢雄渾的人。但是，明太祖朱元璋不會特別放權於他們，因為古往今來不缺有禁衛軍首領起義謀反者，北宋太祖趙匡胤乃其中一代表。因此，大漢將軍於明朝就是一種裝飾。

明初時，朱元璋設御用拱衛司，這是為了監督朝中大臣的違法行為，任命自己的親信大臣為首。這是錦衣衛的前身。洪武十五年（一三八二），太祖設立錦衣衛。為了鞏固朱明天下，加強專制統治，朱元璋賦予錦衣衛特權，讓其掌刑獄大權，並可巡察緝捕。而傳統的司法部門則被錦衣衛壓制，如大理寺等。北鎮撫司相當於情報局，監控各個官員及王姓成員，並可進行追捕審訊等行動。南鎮撫司類似軍事法庭，主要檢查軍隊人員的罪行並進行軍事情報和戰鬥工具的研發。它主要負責的是衛、所部隊。明朝軍制的基本單位是「衛」與「所」，每五千人的正規軍為一衛，衛下又設千戶所和百戶所。大漢將軍原就是衛的編制，而經歷司則是專門負責錦衣衛行動的文書工作。

朱元璋設錦衣衛是為了加強自己的統治，排除異己之心，所以洪武年間的幾個大案的製造與錦衣衛密不可分，不計其數的無辜者葬送在錦衣衛手裡，受盡各種酷刑。明朝聞錦衣衛色變不是聳人聽聞，而是一種事實。如果說武則天時期的酷吏制度讓人刻骨銘心，那明朝的錦衣衛機構則會讓人恨不能回籠再造。因為酷吏制度只持續了一個階段，武則天穩定自己統治根基後就廢除了，而錦衣衛制度卻貫穿了整整一個朝代。它就是朱元璋手中會咬人的狗，指哪兒咬哪兒。

有些案件沒有證據，但朱元璋想讓這人死，錦衣衛便會屈打成招，因此對於要肅清道路的朱元璋來說，錦衣衛很有用處。錦衣衛分布於全國上下，稍有官品的人身邊都會有錦衣衛的監察，而且他有可能就是你平常最親近的人，疏忽大意的話便會引來殺身之禍。全國籠罩在恐怖的氣氛下，人心惶惶。

在誅殺盡功臣後，朱元璋終於正視到錦衣衛的弊端，於洪武二十六年（一三九三）下詔「詔內外獄毋得上錦衣衛，大小咸經法司」，削減錦衣衛的權力，但為時已晚。錦衣衛成立時間雖短，但其影響卻深遠。明成祖朱棣登上大位後，又重新恢復了錦衣衛的特殊地位，並一步步加強。此後，錦衣衛一直延續直至明亡。

【知識鏈結】

大漢將軍是指明代的殿廷衛士，初名「天武將軍」，永樂時改稱「大漢將軍」。受錦衣衛統領，共挑選身材高大者一千五百人充任其中，另有紅盔將軍、明甲將軍等，也是殿廷衛士的稱號。每當朝會、皇帝出巡等場合，大漢將軍都要侍從扈行，宿衛則分番輪值。

強權者的悲哀

元至正十五年（一三五五），在太平的陳迪家，一個嬰兒呱呱墜地。他的啼哭，為酣戰中的朱元璋帶來了莫大的欣喜。後朱元璋自立吳王，將這孩子立為世子，一年後，明王朝建立，又隨即被立太子。這個含著銀湯匙出生的孩子，就是懿文太子——朱標。

朱標被立為太子後，便開始和明朝這個新生的政權一起成長。朱元璋為培養出合格的接班人，繼承自己打下的萬里江山，可謂煞費苦心。當時無論是開國元勳還是後起新秀都兼領東宮官職，圍繞太子身邊。朱標生來即享榮華，沒有過戎馬經歷，一旦自己龍駕在外，太子監國時有事發生，朱元璋希望這些人能像當年的周公、召公一樣，輔佐太子左右。朱元璋還設立大本堂，將古今書籍充盈其中，四方名儒輪班為太子及諸王講課，又選才俊之士伴讀太子身邊。朱標就在這樣嚴格而正規的教育中，成長為一名滿腹經綸、恪守禮法的儲君。

朱標二十二歲時，朱元璋下令，今後一切事項可讓朱標處理，然後上報自己。朱元璋告誡朱標，創業之君因諸事親力親為，因此熟悉人情，凡事能處理妥當。而守成之君，因生長富貴，如果不是平日多加歷練，很難有不犯錯的。所以，朱元璋讓朱標與群臣接觸，聽大臣議事，進而獲得治國的訓練。朱元璋給朱標「四字箴言」：仁，明，勤，斷。朱元璋一生勤勉政事，兢兢業業，他希望自己的兒子也能和他一樣，這就是社稷之福了。

朱標沒有辜負他父親的期望，與他父親相比，朱標治國的手段更傾向於懷柔政策。他深受儒家思想影響，事事以「仁」字當先，這與他的父親很不同。洪武二十四年（一三九一），朱元璋派朱標前往陝西視察，一是為了勘察西安是否適合作為都城，二是當時秦王朱樉行事多有過失，朱標此行也要就此調查一番。待朱標還朝後，獻上陝西地圖一份，並竭力為秦王朱樉求情，這才使朱樉被放回屬地。

史書稱朱標天性仁慈，這與他父親的好殺戮成了鮮明的對比。朱元璋生性多疑，明朝建國不久血案不斷，很多開國元勳難逃一劫，舉國上下人心惶惶，當官的朝不保夕，不知哪一天因為什麼原因就命喪黃泉。一個好殺戮的皇帝，給這個國家籠罩上了一片陰霾。其實，朱元璋的初衷是好的，他希望國家長治久安，但他的性格卻使得他採取了錯誤的手段，對權力的熱衷、對功臣的忌憚，讓朱元璋一次一次舉起了屠刀。

朱標對父親的舉措無法認同，在他看來，治國靠的不是殺戮，殺的人應該越少越好。他不止一次為那些被父親判定有罪的人求情，這在別人看來是觸怒龍顏的大忌，但是朱標仍然堅持自己的看法，百折不撓。

有一次，朱元璋又要大開殺戒，朱標再一次站出來說情。第二天朱元璋將一根布滿刺的木棍扔在他面前，讓他撿起來。

朱元璋此舉是要告訴朱標：我現在所做的，就是替你拔去棍子上的刺，我殺的都是壞人，清理掉這些人，再把國家交給你不是更好？但朱標出乎意料地說：「上有堯舜之君，下有堯舜之民。」意思是皇帝你自己不賢明，怎麼能要求下面的臣子賢明呢？這句話就像一顆重磅炸彈在朱元璋的腦子裡炸了膛，這個平日裡待人禮貌有加、對自己孝順恭讓的兒子，怎麼敢如此諷刺自己？朱元璋氣得順手抄起座椅朝朱標砸過去。幸好，朱標身手敏捷，躲了過去。可是朱元璋的這個舉動讓朱標著實嚇得不輕，回去就大病一場。

看起來，朱標表面上都是溫良禮讓的形象，但實際上，朱標內心依然有著堅定的立場和原則，並且很有見地，一句「上有堯舜之君，下有堯舜之民」體現了他獨到的見識。應該說，朱元璋是有眼光的，他也明白，國家經歷過腥風血雨之後，需要一個仁者來安撫天下，因此，他器重朱標，他給自己和國家挑選了一個最適合的接班人。

然而朱元璋的一生太過專斷，以至於他的兒子無時無刻不生活在他強大的氣場中，承受著巨大的壓力。雖然朱元璋給予這個太子諸多關照，但身處權力中心的朱標怎麼可能過著一帆風順、風平浪靜的日子。況且，朱標被立為太子時年紀尚幼，而朱元璋則正值年富力強，這就意味著朱標要在儲君的位置上等待很久。事實上，他等待了二十五年，這二十五年，是隱忍的二十五年，也是被無數雙眼睛覬覦的二十五年。

朱標和他父親接受的是不同的教育——朱元璋是在亂世中找到了屬於自己的路，而朱標接受的是正統的詩書教育，再加上父子倆完全不同的性格，使他們在平日裡不可能沒有分歧，時間久了，自然就會有了嫌隙。朱元璋多疑而殘忍，朱標知道他父親的為人，發生在父子二人之間的衝突，極有可能成為自己的斷頭台。在這樣的情境下，朱標承受著巨大的精神壓力，怎麼可能意氣風發？他只能小心翼翼，惶恐度日，最終，漫長的儲君生活耗掉了自己的生命。

洪武二十五年（一三九二）四月，太子朱標薨，時年三十有七。

朱標的早亡，對朱元璋是一個致命的打擊，以至於他在神思混亂中做出了一個不理智的決定——立朱標的兒子朱允炆為皇長孫，他日繼承大統。對朱標來說，這似乎是最大的寬慰，而對明王朝來說，是福是禍，還是未知數。

【知識鏈結】

朱樉（一三五六—一三九五），明太祖朱元璋次子。洪武三年封秦王，十一年離開京師駐守西安。洪武二十二年，改大宗正院為宗人府，被授為宗人令。洪武二十四年，因其在藩國多過失，被召還京師，後經皇太子解勸，次年放還。洪武二十八年，受父命征洮州，獲勝，受賞賜甚多。

第三章：強者居之

自古以來，皇帝的兒子只要是個正常人，就沒有不想當皇帝的，更何況朱棣這個人中之龍。朱元璋的愛十分不平均，他對一個孩子的愛，就是對其他孩子的傷害。而朱棣和朱元璋一樣，面對傷害通常會更加具有戰鬥力。既然皇位與父子之情無關，那麼就與叔姪之情更無關。

歷練出人才

和他的大哥朱標相比，朱棣（音地）的運氣就太差了，他出生於朱元璋最煩的時候，那時候，陳友諒的無敵艦隊直逼應天，朱元璋正處在存亡之秋。因此，他從一開始就很少關注這個孩子。

從小，朱棣就像沒人管的野孩子，隨便在軍營裡亂跑，跟士兵操練，磕了碰了也不會有人關心。在那個風起雲湧的年代，朱棣跟隨徐達、常遇春這樣的名將成長著。因此，他很小就開始接觸鮮血，見證死亡，在戰火中逐漸成熟並強大起來。也因此，他學會了很多朱標一輩子也學不會的東西，比如作戰、行軍、殺戮。

朱棣逐漸地成為了另一個朱元璋，他們父子倆的相似點越來越多了：都是信奉力量的人，都喜歡用實力說話，而且都很隱忍，在沒能確定自己有十足的把握之前，絕不會率先出擊。

朱元璋很可能已經注意到朱棣的軍事才能了，因此，建國初期分封諸王的時候，就把剛拿下不久的北京交給朱棣鎮守，封他為燕王。

封地邊上，就是老朋友蒙古人。這些蒙古人充分發揚了窮了就搶、搶了就走、走不了就打的優良傳統。朱棣就在跟這些蒙古騎兵的對抗中，實際檢驗了自己以往所學到的一切技能。

「真的猛士，敢於直面慘澹的人生，敢於正視淋漓的鮮血。」在關外的平原上，朱棣看見的是江南看不到的戰場；在震天的嘶吼聲中，他學會了怎樣讓自己保持一個將領應有的冷靜；而在堆積成山的屍體和血流成河的慘烈面前，他明白了生命的脆弱。

強大的人註定是會被賦予重任的，就像朱棣一直以來所期盼的那樣，他的強大不會沒人看見，而這一次，他需要用自己的力量，去完成他生命中最重要的一次亮相。

現在，檢驗成績的時刻到了。

北元，這個朱元璋的老對手，大明朝最不安分的鄰居，被趕出中原這麼多年，依舊沒有刀槍入庫、馬放南山，不時還要出個頭，搗個亂。

朱元璋一直想把這股力量肅清，怎奈建國之初，百廢待興，實在騰不出手來教訓這些人。而現在，燕王朱棣就是最好的人選。

洪武二十三年（一三九〇），朱元璋下令，命燕王朱棣和晉王朱棡分率部隊出征漠北，目標是北元丞相咬住和太尉乃兒不花。

這是一次考試，一次雙重考試。既是朱元璋考察兒子能力的考試，也是他檢驗自己眼光的測驗。他比任何人都希望這兩個兒子能帶回好消息。

同年三月，先頭部隊發回消息，稱在迤都發現了乃兒不花的蹤跡，朱棣帶領著大部隊，正朝那個令他心馳神往的戰場祕密前進。

然而，天公不作美，三月的漠北下起了大雪，彷彿北元下了逐客令。顯然沒人願意在天寒地凍時行軍，然而朱棣明白，如果真的等雪停了再走，暫且不說敵人不會留在原地等他們來打，再想找到敵人的蹤跡，茫茫大漠，談何容易。一時的延誤，帶來的可能是滿盤皆輸。

不能讓敵人如願！朱棣召集所有的部下，向他們解釋了自己的想法。天氣是不好，所以敵人不會想到我們會雪中行軍，也就不會有所提防，這正是我們前去攻擊的最好時機。所以，不要猶豫，大軍全速前進。

暴風雪中，明軍逼近了乃兒不花的營地，敵人卻完全沒有察覺他們的到來。果然，營地沒有什麼嚴密的守衛，乃兒不花壓根沒想到明軍會在如此糟糕的情況下依然堅持前進。當所有人都認為應該趁著這天賜良機，一舉將乃兒不花的軍隊剿滅時，朱棣卻決定對他招降。

乃兒不花被朱棣請到了營中。來之前，乃兒不花做好了充分的心理準備，大雪天讓人家跑了這麼遠，不被打一頓就不錯了，別妄想能講什麼條件。讓乃兒不花吃驚的是，朱棣不但沒有為難他，反而設宴款待他。沒有責罵、輕視，而是好酒好菜的招待，還和顏悅色地安慰他。乃兒不花很高興，覺得投降是明智的，馬上返回營地，帶領所有將士投降朱棣。

不費一兵一卒，朱棣收服了乃兒不花，連他的所有糧草牛羊一併接收。這一仗，朱棣全勝。

聽到這個消息，遠在京城的朱元璋很高興，他興奮地說：「肅清沙漠者，燕王也！」看來這次考試，朱棣得的是優秀。

兵不血刃而大獲全勝，是戰爭的高級層次。年輕的朱棣第一次亮相就技驚四座，這實在讓人驚歎。但最讓人佩服同時也畏懼的，是朱棣在這次出征中所表現出的對局勢的把握和強大的忍耐力。

如果說雪天行軍是兵貴神速的話，那麼看到敵人卻又一槍不發則是讓人膽寒的意志力。幾乎所有人在看到北元的軍隊時，都想衝上去狠狠地打一仗——要不是你們搗亂，用得著我們冒著大雪，千里迢迢行軍嗎？對天氣的抱怨早已轉化成為對敵人的憤怒，每個人都刀槍在手，就等著一聲令下，砍幾個敵人解恨呢！

可是這個時候，他們的主帥卻說，我們不要衝動，我們要勸降。這個情況下，勸降不勸降已經沒有意義，一邊倒的局勢明眼人都看得出來，明軍通紅的雙眼恐怕只有同樣通紅的鮮血能夠洗淨，這樣的戰鬥力意志很可怕，但這樣可怕的戰鬥意志被更可怕的朱棣硬是壓制了下來。

其實，朱棣何嘗不想殺幾個敵人洩洩憤呢？這個乃兒不花害得他和他的軍隊都快成了雪人。可是朱棣明白，這一場考試，他要展現的，不僅是對軍隊的運用，還有他自己的品德。剿滅一支軍隊很容易，但收服一支軍隊很難。朱棣要讓自己的父親看到，他能殺人，也能服人。在戰爭中，他有選擇權。

凱旋的朱棣受到了來自四面八方的讚揚。朱元璋很欣慰，他為江山找到了一個可靠的守護者；朱棣也很欣慰，他總算在老爹面前露了回臉，這下，他就不再是普通的王爺，而是可以擔當大任的王爺。

【知識鏈結】

北元（一三六八—一四〇二），是元朝滅亡後退居蒙古的元朝宗室殘餘政權，因其國號仍稱大元，故稱北元。從一三六八年徐達大軍攻陷元大都後，元順帝妥懽帖睦爾北奔上都開始，到一四〇二年元滑宗被鬼力赤殺死，被韃靼所代替為止，共歷七帝，歷時三十五年。

英雄不居人後

身為皇帝的兒子，有本事、沒本事的，都想當皇帝。朱棣更是如此，否則他怎麼會把姚廣孝留在自己身邊？

這個姚廣孝，本是個六根不淨的和尚，法號道衍，竟又拜了個不務正業的道士為師，兩個人整天鑽研陰陽術數，不亦樂乎。有一次，一個相面的替他卜了一卦，說幫助忽必烈建立元朝的劉秉忠是他的前輩，從此他就自命不凡起來。他一直想證明自己多麼有實力，可是參加科舉考試的專業又不合適，於是他就盯上了朱棣。

洪武十八年（一三八五），有個機會來了。這年是馬皇后去世三周年紀念，朱元璋從民間選拔出了十名僧人，讓他們隨各個藩王到駐地去講經說法，禱念祈福，姚廣孝就混入了其中。十個王爺選擇十個和尚，從排列組合的角度講，有許多種可能的選擇。可是，姚廣孝早就知道他要選誰，而他也知道那人會選他，因為他有一份朱棣最喜歡的大禮送上。這份禮物就是，姚廣孝承諾要送朱棣一頂「白」帽子戴。朱棣本為「王」，頭上再加一個「白」，只要識字的人都知道這倆人在說什麼。

就這樣，這個組合成立了。

但一開始，朱棣覺得自己還不需要處心積慮去謀取什麼，尤其是在洪武二十五年（一三九二），他的太子大哥因病去世以後，他覺得完全可以憑藉自己的赫赫武功贏得朱元璋的青睞，進而順理成章地成為王朝的接班人。

但是，現實太殘酷了。朱標的死，讓悲痛萬分的朱元璋徹底失去了判斷力，他決定立朱標年幼的兒子朱允炆為皇太孫，朱允炆的幾個叔叔瞬間失去機會。

而實際上，朱元璋看似不按常理出牌的行為背後，還是經過了一番考慮的。現在國家看似安定，但外患仍在，不可掉以輕心。他要讓自己的兒子去守衛國土，這樣他的長孫只要安心地坐擁天下，好好善待臣民就可以了。

朱元璋的算盤打得好，可是虎父無犬子，他的兒子都不是等閒之輩，他們個個手握重兵，保江山可以，再打一次江山，也不是不可能的。

朱棣的心一時之間被寒透了，不平的種子在他心裡雖然生了根，但是此時還沒有一抔土壤來提供成長。所以，任憑姚廣孝的造反理論在他耳邊宣揚個不停，他都看似波瀾不驚。因為他知道造反本就是一件成功率極小且代價極大的事，暫且不說要有多強大的力量來支持，就算僥倖獲勝，也會頂上弒君篡位的千古罵名。而一旦失敗，就是身死名滅，什麼富貴、地位，全都不復存在，有的，只是黑暗的地獄。

朱元璋相信自己的兒子，朱允炆卻不相信自己的叔叔。他登基後做的第一件事，就是削藩，一年之內五個王爺都淪為了平民百姓。

事情發展到這一步，傻子都能看出來皇帝要幹什麼。朱棣已經知道，安安靜靜地過好日子，已經是他一廂情願的想法了，他的姪子不允許他在王爺的位置上再坐下去。

這個時候，姚廣孝又來了。他也已經知道了削藩的事情，燕王再不動手，下一個倒楣的就是他了。

但是朱棣很猶豫，因為他擔心民心是否會歸順。古人往往將命運歸結為天意，做什麼事之前都要先問天。

這個時候，道衍苦學多年的專業知識就派上了用場，他本來就是個天文工作者，問天意只需要看星象就可以了。他向朱棣保證說，起兵造反就是符合天意的，所以根本不用擔心民心向背的問題。

打定主意的朱棣並沒有盲目開始行動。他明白，和朝廷比起來，自己不僅沒有絲毫道義上的優勢，就連軍事力量都不值一提。為了擴充軍隊，強大武裝，姚廣孝給朱棣出了不少主意，他要求朱棣馬上召集人馬，充實力量。什麼流民、散兵、游勇之類的，管他身家如何，先找過來再說。這樣一來，朱棣的軍隊，很快就人數充盈起來。

光有人還不行，打仗不能揮著木頭棒子上陣，還要有兵器。可是上哪裡找這麼多兵器？只有自己鍛造了。

可是，現在人人皆知皇帝要削藩，這個時候在家裡鍛造兵器，誰會不知道你想要幹什麼？皇帝馬上就會派人採取行動。為了掩人耳目，給自己足夠的準備時間，姚廣孝此時又發揮他絕佳的聰明才智。

朱棣住的府邸是元宮舊址，非常深邃。姚廣孝把練兵的地點安排在後苑，距離正門有相當的距離，這樣就不會讓練兵的聲音傳出去。然後，又挖了一個很大的地下室，牆壁很厚，屋子四周還排列很多大缸，這似乎有很好的隔音效果。

不過，再隔音，敲打金屬的聲音也不會完全被過濾掉。姚廣孝想了一個絕招，他在地下室的地面部分辦起了副業，養了很多的鵝和鴨。這些家禽叫起來簡直對人的耳朵是種折磨，就這樣，任憑地下的聲音再大，混在叫聲中也不會被人發現。

事情進行得很順利。沒多久，朱棣就擁有了一支足以和朝廷抗衡的軍隊，而且這支軍隊，兵丁彪悍，裝備優良。

不過，在起兵之前，還有很多工作要做，朱允炆也不是聾子，他當然能夠知道朱棣在做些什麼，這場叔姪之間的較量，才剛剛開始。

【知識鏈結】

姚廣孝（一三三五—一四一八），元末明初政治家、高僧。漢族，蘇州長洲縣（今江蘇蘇州）人。元至正十二年（一三五二）出家為僧，法名道衍，字斯道，自號逃虛子。後經人舉薦成為燕王朱棣的重要謀士，是「靖難之役」的主要策劃者。今北京市房山區常樂寺村北存有姚廣孝墓塔。

叔姪「宮心計」

知己知彼，百戰不殆。這是兵法上的箴言，也是人與人爭鬥的共同法則。因此，在真正的戰爭到來之前，資訊戰已經打響，間諜就是雙方主要的籌碼。

朱棣先發制人。他先派了一個叫葛誠的人，此人名義上是來向皇帝報告一些朱棣的消息，可實際上卻是朱棣的探子。可是，朱允炆不是個傻子，他怎麼看不透朱棣的用意以及此人的來意？令朱棣始料未及的是，這個葛誠竟會被朱允炆「秒殺」為叛徒。其實，朱允炆幾乎沒做任何策反，他就是走下來把跪在地上的葛誠攙起來，和藹可親地問了問他的生活狀況，就把葛誠感動得鼻涕眼淚一大把，把朱棣交給他的任務和盤托出了，並當即決定願意幫皇上反潛伏。這樣就能讓一個人叛變，不戰而屈人之兵都達不到這麼高的境界，可見燕王朱棣對待下人有多嚴酷。

其實，至少在一個月前，就有密告朱棣有異心的奏摺送到了朱允炆的手中。他找來大臣黃子澄和齊泰商量對策。

朱棣私自練兵的事，顯然已經不是什麼祕密了。但是朝廷還不清楚他的實力發展到了什麼程度，因此，黃子澄認為不管三七二十一，朝廷該儘快出手了。齊泰出了一個主意，調朱棣去塞外打仗，進而消耗他的軍事力量。但是，此次會議最終決定派張昺和謝貴到朱棣手下當差，祕密注視朱棣的一舉一動。

暗戰，就此開始。

對於這樣兩個堂而皇之來監視的細作，朱棣根本就沒放在眼睛裡。他一如既往地在外行事嚴密謹慎，回到家就馬上操練軍隊，打造兵器。

可是，家賊難防。

其實，說燕王妃是家賊，實在是有點冤枉她。因為她只是出於寂寞無聊，找自己的親哥哥徐輝祖聊了聊天，就把丈夫的日常生活都說了出來。她絲毫不知道，哥哥是皇帝的親信。因此，朱棣的日常活動就處在朱允炆的監控之下。

看起來，朱允炆的地下工作做得非常好。同樣，朱棣也在他的身邊埋了定時炸彈。皇帝能利用他的老婆，他也可以買通皇帝的太監。

這些在宮裡受苦受難的公公們，一下子被金錢沖昏了頭，幾乎是無問不答。有時說的比問的還多。

就這樣，在地下工作這一塊，朱允炆和朱棣打了個平手。朱棣高出一籌的地方在於，他抓住了朱允炆性格上的弱點。這才是他能夠取勝的關鍵。

朱允炆即位的時候，按規定藩王要入京覲見。在這麼重要的場合，朱棣卻出來搗亂了。他走皇帝才能走的路，見到皇帝還不跪拜。這兩條無一不是處以極刑的大罪，朱允炆只需要一句話就能摘得朱棣的項上人頭。

可是不知道此時的朱允炆腦子裡想的是什麼，竟然就這麼算了。

更出人意料的是，同樣的事朱允炆在幾個月後又幹了一次。朱棣算是徹底看清了他的對手朱允炆。他最大的缺點，就是太看重親情，以致優柔寡斷。這個特點，放在誰身上都是良好的品德，但放在一個皇帝身上，就是致命的缺點。

朱棣畢竟不是狂妄之徒。他畢竟繼承了朱元璋善於隱忍的優良基因，偶爾犯錯後僥倖逃脫，也是因為他幸運地碰對了人。此後，他要儘量低調行事了。

但是太低調會讓朱允炆沒有消息可探，反而會在朝廷內部引發不安。他還有十幾萬的軍隊要訓練，糧餉籌措、作戰計畫、行軍路線、情報收集都還處於進行時。因此，他還是要弄出一點動靜，以便暗度陳倉。

裝病本來是很好的辦法，可是已經裝了很多年了。非常之時就要有非常的辦法，於是他索性裝起瘋來。一個王爺，整天在街上大呼小叫，到處搶東西討飯，吃飽喝足了就找個地方窩著睡大覺。看到這幅情景，不明真相的群眾還真以為王爺瘋了。可是，要想騙過朝廷的探子，這肯定不夠。

沒過幾天，張昺和謝貴就到朱棣府中一探究竟了。朱棣早就想好了戲弄此二人的方法。那時正值盛夏時節，二人看到朱棣竟然裹著個棉被，擁著火爐在烤火，邊烤還邊哆嗦著說太冷了！

二人問了幾句病情就馬上離開了，回去就上書朝廷，特別聲明朱棣確實是瘋了。皇帝看了，稍微放下心來。看來這個叔叔，也只是外強中乾。

但是，這卻沒騙得了葛誠。葛誠，人如其名一樣忠誠，他立刻將這個騙局報告了朝廷。

朝廷收到消息以後，覺得事情不妙，立即制定了一個祕密逮捕朱棣的行動計畫。這個計畫步步合理，卻在最關鍵的地方出了差錯：把最終逮捕燕王的任務，交給了一個曾經是朱棣部下的人，此人名叫張信。

張信接到命令後，十分為難。畢竟自己是燕王的部下，按道理應該站在王爺這邊。可是，如果真的把事情告訴朱棣，也就意味著自己拋棄了朝廷，走上了反賊的道路，這個選擇，不好做。好在有一個人替他做了決定，這就是張信的母親。老人家已經被朱棣的輿論宣傳打動，真心認定朱棣才是天命所歸之人。所以當她聽說兒子要去逮捕燕王，用母親的威嚴命令兒子堅決不可。這張信也是個大孝子，母親的話果然比皇帝的聖旨還有權威性。張信於是跑去對朱棣說明了一切，朱棣立刻停止裝瘋賣傻，又把姚廣孝叫來商量對策。

當時，正好天降暴雨，房子上有瓦片掉了下來。朱棣看了，心裡犯起嘀咕，以為是天降凶兆。姚廣孝卻很開心，他說：「祥也，飛龍在天，從以風雨。瓦墮，將易黃也！」他的意思是說，這不但不是凶兆，反而是大吉之兆。這才是專業的解讀，朱棣聽後心情一爽到底。

張信叛變後，本來對朱允炆有利的局勢，開始朝著有利於朱棣的方向發展了。

【知識鏈結】

徐輝祖（一三六八—一四〇七），濠州（安徽鳳陽）人。初名允恭，因避諱皇太孫朱允炆的名號而賜名輝祖。明代大將徐達的長子，父親死後，繼承了爵位。朱棣兵破北京城，其他官吏皆降，只有輝祖獨守父祠不出城迎接，進而得罪了朱棣，被奪去爵位。

大水沖了龍王廟

張信已經叛變，朝廷自然等不到消息了。這下，朱允炆終於要出手了，他派出原來安插在王府的奸細張昺和謝貴，帶著抓捕詔書前往北京。

可是，還沒等這倆人有任何動作，朱棣先翻臉了，就在大堂上，將他們斬首示眾。緊接著，在不到三天的時間裡，朱棣控制了整個北京城。因為事出突然，朝廷駐紮在北京城外的宋忠部隊，此時還沒完全回過神來。

俗話說，名不正則言不順，言不順則事不成。朱棣在造反之前，就想出了一個貌似正當的理由，就是所謂的「清君側」。他還修書一封，告訴朱允炆身邊有小人，他奏請朱允炆趕走這些小人。

所有這些都讓朱允炆措手不及。他好像做了一個夢，夢醒後北京城被佔領，居庸關被攻破，懷來被攻陷，大將宋忠被殺。朱允炆萬萬料想不到朱棣的速度如此之快，萬分驚恐。

叛軍首戰告捷，勢如破竹，氣勢大增，不到二十天，就聚集了好幾萬人。

朱允炆終於回到了現實中。他任用開國元勳耿炳文為大將，率軍三十萬，全權負責對敵作戰。這本是一部好棋，卻又被他下壞了。朱允炆再三提醒耿炳文，不能傷害他的叔叔朱棣，因為他不想背上殺害叔叔的惡名。可是，在戰場上刀劍無眼，耿炳文確實無法立這樣的軍令狀，所以這場戰爭耿炳文根本就放不開手腳去打。

自古皇權爭鬥，傷及親人，甚至是手足或者父母，都是不可避免的事。朱允炆愛惜名譽，過於仁慈，註定幹不成大事，甚至會反受其害。

耿炳文的履歷告訴世人，他是一個善於防守，不會進攻的人。他決定以靜制動，等著朱棣來進攻。他有的是時間，而朱棣卻沒有，因為朱棣的後勤供給不如他，多拖一天對他來說沒什麼，對朱棣的影響可就大了。

可惜，朝中的高官，包括朱允炆本人，都不瞭解戰局。他們只知道堅守不出，有辱中央的聲威。年輕的皇上求勝心切，他竟然撤換了耿炳文。任命李景隆為主帥，軍隊增加到五十萬。

軍隊作戰，講求軍隊的素質，更講求主帥的謀略。與耿炳文相比，李景隆簡直只有三歲小孩的大腦，叫朱棣如何不高興。但五十萬人畢竟不可小覷，朱棣其實早就打定主意要挖寧王朱權的牆腳了。只是，他這次太不客氣了，直接策反了寧王最精銳的朵顏三衛。

事實證明，李景隆確實不值得朱棣給予一點重視，他自己就可以把自己笨死。北平之戰中，他害怕手下人搶了自己的風頭，阻止瞿能進攻北京，進而錯失了一個勝利的機會；失敗後，李景隆不顧大軍自己逃跑了，形象全失，讓朝中保薦他做主帥的黃子澄都覺得沒臉見人，還要想辦法替他在皇上面前隱瞞失敗的消息。

如果明朝的將領都是李景隆這種弱智之人，那朱棣的造反之路就會既省時又省力了，偏偏半路又殺出個程咬金，還險些要了朱棣的性命。這名大將就是平安。他十分瞭解朱棣的戰略戰術，並善長死纏爛打之術，正中朱棣軟肋。此番和平安的較量，朱棣險些落入一蹶不振的境地，不過還是因為李景隆見好就收，又給了朱棣一次喘息的機會。

不過這次瞿能沒有再放過朱棣，此時的朱棣終於成了他案板上的鹹魚，再也翻不了身了。可是就在朱棣遭受夾攻之際，一件無法用科學和理性解釋的事發生了。《明史》載，當時「會旋風起，折景隆旂，王趁風縱火奮擊，斬首數萬，溺死者十餘萬人」。

瞿能看到李景隆大軍被妖風折磨，最終死傷無數，而自己又深陷叛軍的圍困。他毅然決然，轉過頭去，望著兒子，似乎說：天意如此，就讓我們在此為國盡忠！

眼看大勢已去，李景隆又率先逃往濟南了。

既然李景隆只會逃跑，清剿大軍的主帥一職就由盛庸擔任。

為了洗脫自己的罪名，黃子澄聯合御史大夫練子寧和御史葉希賢，奏請朱允炆斬李景隆。但是，朱允炆仁愛有餘，霸氣不足，放了李景隆。

建文二年（一四〇〇）十一月，中央大軍還沒準備好北伐，就傳來朱棣第二次南下的消息。攻破滄州城後，叛軍銳氣當頭，勢如破竹，在幾天內就攻陷德州，接著濟寧等地相繼陷落。

大火就要燒到眉毛了，儘管還沒準備好，盛庸照樣出兵抗擊。兩軍相遇，中央大軍接連敗退。盛庸的表現沒有以前勇敢，朱棣看後，感覺盛庸一定有陰謀。

由於盛庸一再敗退，連曾經令朱棣極為難堪的濟南都被攻陷了。不到一個月的時間，叛軍已經攻到東阿、東平一帶，大軍兵臨東昌。就在東昌，朱棣再一次遭逢了平生的勁敵。

在大明歷史上，盛庸是一個來歷不明的人。連《明史》都沒弄清楚，盛庸生於何時何地，父母是誰。盛庸對付叛軍的方法，也讓朱棣感到摸不著頭腦。突出表現是，朱棣並不知道，叛軍能夠順利進入東昌，全是盛庸的安排。當朱棣發現了盛庸的陰謀時，他已經身陷火器和弓弩的包圍之中了。

東昌一戰，朱棣的軍隊傷亡幾萬人，其慘烈程度前所未有，第一勇將張玉也身首異處，朱棣卻仍撿回了一條命。

戰爭打到這個程度，結果已經很明顯，朱棣是打不死的英雄。朱棣是叛軍的首領，是叛軍的精神寄託。只要朱棣不死，無論環境多麼惡劣，他都能聚集一幫死士進行造反。朱允炆不識大體，過於仁厚，最終的結果是為自己挖掘墳墓。

既然朱允炆沒有殺害朱棣的心意，他的征討大軍中就沒有敢殺朱棣的人。照此推理，「靖難之役」是一場很奇怪的歷史現象。朱棣想搶朱允炆的寶座，朱允炆顧念血緣親情，不忍心殺害朱棣。因此，從一開始，朱允炆的性格特點，就註定他是天生的失敗者。

經過不到一年的休整，建文三年（一四〇一），朱棣第三次率軍南下。這一次，盛庸還是沒讓朱棣佔到多大的便宜。

可是就在雙方對峙，勝負難分之際，突然刮起一陣旋風，飛沙走石。藉此天賜良機，朱棣大驅軍馬，殺得中央大軍哭爹喊娘。翻開《明史》，讀到「靖難之役」這一段，總讓人百思不得其解，為什麼每到關鍵時刻，上天就要刮起風沙，幫助朱棣。

此後，經過道衍點化，朱棣繞開久攻不下的濟南，掉過馬頭，徑直挺向兵力薄弱的徐州。而盛庸等人還在死死守衛濟南。

朱允炆一直把朱棣看做叔叔，可是他好像不明白，一旦雙方開戰，大水就把龍王廟沖垮了。而直到揚州被攻陷，朱允炆才終於知道，朱棣並非善類。

朱允炆開始後悔他對朱棣的寬容了。此時的朱允炆心灰意冷。他在叛軍攻城之前，就在皇宮裡放了一把火。朱棣趕到的時候，朱允炆就好像人間蒸發了一樣，不見了。

【知識鏈結】

清君側指清除君主身旁的佞臣、壞人。本應是正義之舉，但總是成為叛亂發動者反抗中央政府的主要理由。西漢景帝時吳王劉濞發動「七國之亂」、唐代玄宗時節度使安祿山發動安史之亂的藉口都是「清君側」。

揮之不去的陰影

朱棣剛剛登基，就對外宣布了朱允炆已經被燒死的消息。而事實上，這只是朱棣的一個策略，他要根絕任何打著朱允炆的旗號起兵造反的情況出現。而朱棣本人堅信朱允炆還活在這個世界上，或者說在沒有看到朱允炆屍體以前，朱棣都心存這樣一個假定。

其實，朱棣並沒有一定要他的姪子死。只要朱允炆乖乖地宣布退位，並且永不生叛逆之心，朱棣就可以放他一條生路。攻破應天的時候，朱棣也懷念親情，給了朱允炆一次機會。軍隊都打到皇宮了，那時朱允炆還在皇宮，朱棣命軍隊不可隨便攻進去。朱棣這麼做，明擺著不想將朱允炆逼死。可是，朱允炆選擇了一條很折磨人的道路，放一把火燒了皇宮，連他自己也消失得無影無蹤。

不得不說，這叔姪二人就是一輩子的冤家。朱允炆自從年幼登基，就視朱棣為最大的威脅。因為朱棣，朱允炆在位的幾年始終都心懷不安，擔心叔叔勢力一天天壯大威脅到自己。後來朱棣首先撕破臉，「靖難之役」一打就是好幾年，他天天都在盼望著前方勝利的消息，可是等待終成空。而朱棣，自從登上皇位那天起，就在為追查朱允炆的下落而內心糾結。他同樣天天都在盼望著派出去的人能夠帶回來一個消息，是死或者是活都可以，只要有人能明確地告訴他，他才能心安。可是，這一等就是二十多年。在這二十多年中，他還要擔心哪天突然冒出一個朱允炆，起兵反抗他的統治。

為了查到朱允炆的下落，朱棣花費了極大的人力、物力和財力。永樂一朝很多大事件中，也都貫穿著這條線索。比如，鄭和幾次南下西洋，目的之一是尋訪朱允炆。在這整個過程中，有無數的人被冤屈致死，有無數的人被祕密殺害，有無數的人被祕密終身監禁。

隨著時間的流逝，關於朱允炆去向的謠言越來越多。其中的一個是，他被主錄僧溥洽祕密送到某個安全的地方。溥洽自然難逃被監禁的命運，但凡是涉及明朝這段歷史的相關文獻都沒有記載朱棣是怎麼審問溥洽的，也沒有記載溥洽遭到了怎樣的刑法，因為一切都是祕密進行的。可是，溥洽似乎什麼有用的資訊也沒提供。若不是姚廣孝在臨死之前在朱棣面前請求朱棣，溥洽可能就要在牢裡度過一生了。

關於溥洽隱藏朱允炆的傳聞究竟是真是假，後人也不得而知了。不過，姚廣孝曾和溥洽有過祕密對話，但是對話的內容姚廣孝不曾對任何人提起，也包括朱棣。所以朱棣認為有一種可能就是溥洽將朱允炆的下落告訴了姚廣孝，但是從姚廣孝臨死請求釋放溥洽的做法來看，溥洽顯然對自己不會構成威脅，所以他為了顧念和姚廣孝的情義，選擇放了溥洽。

因為溥洽是和尚，所以朱棣推斷朱允炆的藏身之地，有很大的可能是在寺廟裡。朝廷隨即明察暗訪，將天下的寺廟都搜遍了，還是沒有找到朱允炆的下落，朱棣辛苦建立的、監視功能十分完備的東廠也不知道。後來，朱棣請求姚廣孝幫助，表面上修撰《永樂大典》，真正的用意在查訪朱允炆的下落。《永樂大典》中有一部分涉及佛家的著述，如果要寫，必然請天下的有道高僧。朱允炆是皇帝，他的藏身之處必然受到至少一個得道高僧的庇護。如果能請那位得道高僧前來，朱棣一定可以查到朱允炆的下落。可是，《永樂大典》修好了，朱棣仍然沒有見到庇護朱允炆的得道高僧。

被朱棣寄予厚望的還有一個人，就是胡濙（音營）。胡濙本是一個名不見經傳的小人物，卻因為奉命一生都在尋找朱允炆而晚年飛黃騰達，成為五位託孤大臣之一。

可即使到達這樣的榮寵，胡濙的一生卻不值得回味。他大半輩子出差外地，在沒有現代交通工具的情況下，跑遍大半個中國是何等的艱辛。而且，因為長年不在家，多年不曾對母親盡半點孝道，即使在母親去世的時候，也沒時間趕回來參加葬禮。這樣的人生該有多少的遺憾！

皇天不負苦心人，他帶回的消息終於讓朱棣放下了壓在心中二十多年的石頭。在一個漆黑的夜晚，朱棣已經進入了夢鄉。胡濙拿著權杖，走過重重關卡，吵醒了朱棣。此時的朱棣，半是驚訝，半含期待。他知道，胡濙將會投下一顆重磅炸彈。因為，這是多少年來，胡濙第一次主動求見，還是在這樣不恰當的場合。

《明史》記載，朱棣「急起召入」，胡濙「悉以所聞對，漏下四鼓乃出。」「至是疑始釋」。史書上只說到他們說了很長時間，說完後朱棣多年的疑慮消除了，絲毫沒有提到這次談話的內容。

其實，說什麼已經不重要了。或許真如歷史學家所考證的那樣，朱允炆並沒有死。但朱棣不惜一切代價，苦苦找尋朱允炆的下落，最終目的是杜絕有一個朱允炆起兵反抗他的統治。從這個意義上說，朱允炆是生是死，流落在哪裡，根本不重要。對朱棣而言，如果沒有一個叫朱允炆的人起兵反抗，其他的一切都是小事，都容易解決。

顯然，此時他已經確定了這一切。從此，尋找朱允炆下落的行動戛然而止，叔姪兩人的恩怨也從此了結。

此時的朱棣，已經走到了人生的暮年，不久之後，也將死去。

【知識鏈結】

東廠，官署名，即東緝事廠，是明代的特權監察機構、特務機關和祕密員警機關。於明成祖永樂十八年始設立，由親信宦官統領，只對皇帝負責，不經司法機關批准，可隨意監督緝拿臣民。東廠是世界歷史上最早設立的國家特務情報機關，其分支機構遠達朝鮮半島。

第四章：朱棣的文治武功

朱棣的一生，有著用不完的精力和極其堅強的毅力，或許在「明君」的隊伍裡，他不一定能夠排在前列，但是他卻一直走在奮鬥的路上。為了證明自己的英明偉大，很多皇帝都會不計所得地維護自己的面子工程。朱棣也一樣，在他的建設下，明朝作為一個帝國屹立起來了。

解縉和《永樂大典》

在大明歷史上，凡是影響後世的歷史偉績，幾乎都是出自朱棣之手，《永樂大典》的編撰就是傑出代表。

《永樂大典》初名《文獻大成》，是一部大型類書。凡是被收錄進《永樂大典》的著作，都沒有遭到一個字的刪改。到二十一世紀的今天，《永樂大典》已經上升為中華民族寶貴的文化遺產。提到《永樂大典》，就不能不說它的主要編撰者，大才子解縉。卷帙浩繁的《永樂大典》能夠成書，數解縉的功勞最大。

解縉還窩在他的江西老家時，他的才氣就已經馳譽大江南北。洪武二十一年（一三八八），解縉作為應屆生一舉考中進士，名揚全國。據說，在他考試期間，天空出現一顆大星星。深信陰陽術數的朱元璋認為，這是國家昌盛的好兆頭，將會有大賢才輔助他。在朱元璋的大力提拔下，解縉平步青雲，官越來越大。當著眾人的面，朱元璋多次對解縉說：「在名分上，咱倆是君臣關係；在情分上，就是父子。」還說，如果自己有什麼錯漏，解縉應該全部指出。

洪武年間，朱元璋誅殺無數功臣，環境十分恐怖，沒人敢上書勸止，只有解縉不怕。他多次上書，大膽進言，直陳肺腑。那些年，解縉的勇氣和氣節，能和後來的方孝孺相媲美。

但是，常在河邊走，哪有不濕鞋。朱元璋或許後來覺得當年天空出現的星星很可能就是解縉這個掃把星。洪武二十四年（一三九一），朱元璋告訴解縉，大凡高才，都是大器晚成。解縉鋒芒過露，應該先回地方去鍛煉十多年。十年之後，再來京師。原因很簡單，朱元璋沒想到解縉這傢伙這麼耿直，告訴他什麼都可以說，他還真的什麼都敢說。

被貶之後，他天天都盼望著，一盼就是七年。可是春天沒來，朱元璋死了。

七年的等待足夠他反省自己身上的不足了，解縉逐漸知道圓滑權變了。他抓住朱允炆剛剛登基的大好時機，拚命裝孫子，終於回到了京城，在翰林院任職。但是，他的命不好，屁股還沒坐熱，「靖難之役」發生了。作為知識份子，解縉洞察到，朱允炆必敗。

還沒等京城被攻破，解縉就慌忙收拾好鋪蓋，連夜投奔了朱棣。

和解縉相比，方孝孺太不識時務了。此人沒認清形勢趁早投奔朱棣就算了，眼看著就要成為案板上的魚了，尾巴還翹得老高，也難怪朱棣會下狠心，前無古人後無來者地滅了他的十族，連累家人不說，還讓身邊的朋友都遭了殃。回過頭來，朱棣還是要重用知識份子的，解縉一下子就成了朱棣的首選。

人缺什麼，就想彌補什麼。朱棣一直以武功不凡示人，現在他需要昭告天下，他也是個文化人。要建設，就得有看得見的成果，否則拿什麼來證明業績。這時候，《永樂大典》工程就開始了。凡是編書，就需要知識份子。編撰的規模越大，需要的知識份子就越多。為了廣招天下有才之士，朱棣下令，編一部「包括宇宙之廣大，統會古今之異同」，方便檢索的百科全書。透過編書一事，大批知識份子被籠絡到朱棣身邊。

《永樂大典》收錄的古籍達七八千種，上至先秦，下到明初，凡是成文的著作都收集。全書涵蓋經、史、子、集、釋、莊、道、戲劇、平話、工技、農藝、醫卜、文學等內容，無所不包。據統計，全書二二八七七卷，僅是目錄就有六〇卷，裝成一一〇九五冊，約三億七千萬字。如此大規模地修書，在後世都沒有出現過。因此，《永樂大典》是絕無僅有的一套奇書。

《永樂大典》修好後，朱棣就有炫耀的資本了。但是，對解縉這樣一個福星，朱棣一點都不知道珍惜和愛護。當然，解縉後來的悲慘下場也不全怪朱棣一人。

國內局勢剛穩定，朱高熾和朱高煦兩兄弟的奪位大戰就開始了，朝中的官員都不可避免地被捲進去。解縉不考慮朱棣的個人感受，硬是堅持長幼有序的觀念，主張長子朱高熾繼承皇位，如果長子沒辦法繼承，就應該立長孫為皇太孫。朱棣心裡肯定不舒服，因為他本人就是透過反對這種觀念得位的。他或許會想，如果解縉再早些年出生，又剛好在朱元璋手下當差，自己肯定就是解縉反對的對象了。

這一來，解縉不但得罪了皇上，還得罪了皇子朱高煦。皇子一個小報告打上去，就夠他吃不了兜著走了。

捲入奪嫡大戰，已經讓解縉吃不消了，他還不懂得夾起尾巴做人，公然反對朱棣出兵安南（今越南）。要知道朱棣的理想就是做一位開疆拓土的千古一帝，竟然被解縉潑了冷水，讓朱棣如何不怒。朱棣一生氣，後果真的很嚴重，解縉又被貶了。

這次，解縉在地方一待又是四年。有了上次走後門的經驗，在打通人事關係方面，解縉輕車熟路了。後來，他終於有了一次進京彙報工作的機會，足見他對京城的中央政權是多麼地留戀。

到了京城，才知道皇上出去打仗了，只有太子看家。解縉想著自己不能白跑一趟，見不到皇上，就去見見太子吧！這似乎有點吃錯藥的嫌疑，不管是出於什麼原因，就是這次的行為讓他徹底栽了。朱高煦一把抓住這個把柄，狀告他趁老的不在，私自和小的會面，不等老的回來就走了。這下解縉就算渾身是嘴都說不清了。

解縉直接被打入天牢，其實與其說是天牢，不如說是十八層地獄。他這一進去，慢慢地就被朱棣遺忘了。四年後，朱棣偶然間看到他的名字，隨口說了句：「縉猶在耶」，就被手下人誤以為是皇帝要除去他的信號。隨後，解縉就被活埋了。那時候，他才四十七歲。

【知識鏈結】

方孝孺（一三五七—一四〇二），字希直，一字希古，號遜志，浙江寧海人。明初大臣，兼學者、文學家、散文家、思想家。福王時追謚文正。「靖難之役」時，拒絕為篡位的燕王朱棣草擬即位詔書，激怒朱棣，被誅十族，是歷史上唯一一個獲此罪名的人。

遷都北京

朱棣成功進入帝都應天，是一項偉大的成就，但也暴露了大明朝廷的缺陷——沒有燕王朱棣和寧王朱權，北平就沒有安寧的日子。趁「靖難之役」，大明朝廷周邊的藩屬國，紛紛發動叛亂，打獨立戰爭。最為突出的是趁北平空虛，蒙古軍隊屢次南下。

在明太祖朱元璋的安排中，燕王朱棣和寧王朱權負責保衛北方。「靖難之役」爆發後，不僅朱棣的軍隊全部投入南方戰爭，甚至連寧王都被收編。沒有專門對付蒙古騎兵的朵顏三衛，蒙古軍隊一路南下，勢如破竹。

更糟的是，北平守將沈永是個無能之輩，一味聽任蒙古騎兵燒殺搶掠，還隱瞞不報。直到大批難民如潮水般湧向南方，中央才知情。朱棣聽說後，勃然大怒，拖出沈永，一刀砍了。

蒙古大軍南下侵犯一事，促使朱棣做了一個驚天動地的決定。因為朱棣的這個決定，大明朝政治格局從此改變，並且影響後來的清朝，甚至影響今天的中國。

永樂六年（一四〇八），朱棣向群臣宣布，遷都北平。

這項詔令剛剛頒布，朝廷內部即刻分裂為兩派，北方一派舉雙手贊同遷都，南方一派不同意遷都。北方一派以朱棣為首，附和者多是參加「靖難之役」的武將。理由很簡單，他們的家在北平。到了南方後，吃得、住得不習慣，連天氣都適應不了。

朱棣雖然生在應天，可是他的大半生都在戰亂中度過。朱元璋打天下時，非常繁忙，連為朱棣取個名字的時間都沒有。還有，不滿二十一歲，朱棣就被派往風沙肆虐的北平。那時的北平，除了一座破城，就一無所有。

經過若干年的努力，朱棣在北平建立自己的家庭，生了孩子，養了自己的軍隊。北平不僅是朱棣的根基，還是他的家。拿北平與應天相比，朱棣覺得，應天只是皇權的象徵。再說，朱棣的皇權是搶來的。如果將帝都遷到老家北平，不僅可以證明他的合法性，也好開展他的千古帝業。

反對遷都的南派，大多是從小就生長在南方的儒學之士。他們也是習慣了應天懶散的生活，愛好優美的山清水秀的風景。如果到北平，不僅風沙大，連水源供給都不充分，叫人怎麼活。在這批儒學之士心裡，北平只適合當兵的人駐守。

儘管反對派的呼聲很高，意見很大，朱棣還是力排眾議，堅決遷都。朱棣的意思是，遷都北平是命令，只可以實行，沒有商量的餘地。遇見這麼一位英明神武的鐵腕皇帝，南方的反對派不敢再堅持自己的意見。但是，反對派問朱棣，如果遷都北方，糧食問題怎麼處理。

那時的北方還沒開發，一大片接一大片的不毛之地，不適宜種植莊稼。如果全國的重心向北平移動，必定會牽連很多的人。倘若糧食供給不足，必然發生叛亂。再說，如果不安排好相關配套設施，肯定有一大部分人違背詔令，死拖活賴，不肯搬離應天。如此一來，明朝就可能出現兩個政治中心。朱棣遠在北平，就不能控制應天。倘若前朝餘孽在應天發動叛亂，朱棣的皇位就危險了。

面對這個大難題，朱棣從三個方面開始工作。首先，派遣軍隊開鑿從應天到北平的漕運，保持河流通暢。其次，大力修建北平城，無論如何，一定要建得比應天大，比應天富麗。最後，遷移百姓，讓他們去開墾北平周邊的土地。

首先修好的是水利工程。在中國歷史上，開鑿運河的朝代很多，數明朝最成功，因為沒有引發大的叛亂。西元一四二一年，北平城修建工程竣工。朱棣一聲令下，全國遷都。為了修建北平城，前前後後仔細算起來，一共修了十五年，共徵調軍工、民工累計二三十萬人。在這期間，整個大明的重心都向修建北平城這個浩大的工程傾斜。無論是工匠、糧食，還是建築材料，朝廷第一個先滿足修建北平城。

現在的紫禁城，就是朱棣留給後世的傑作。不算護城河與城牆之間的綠化帶，紫禁城佔地面積七十二萬多平方公尺，宮殿佔地面積十六萬多平方公尺。紫禁城內的建築嚴格按照「井」字形布局，規劃得非常整齊。更令人意想不到的是，北平城不僅建造得金碧輝煌，體現皇家的氣派，甚至還建設了下水道系統。

坐在北平城，看著整個大明的版圖，朱棣開始了他夢想的千古帝業。但是，遷都後，發生了無數令人心驚肉跳的天災，全國的很多大城市都發生火災。聯想起朱允炆是自焚而死的，很多反對遷都的南方大臣就借題發揮，指責遷都的過錯。

聽了這幫腐儒的言論後，朱棣勃然大怒，將呼聲最強烈的蕭儀給殺了。殺了蕭儀後，朱棣放出話來，遷都是一項命令，無論如何，必須執行。如果有誰膽敢違背，蕭儀的下場就是他們的榜樣。

如果沒有朱棣的堅持，北平就不會成為大明的國都。朱棣依據北平起家，北平城彷彿被上天註定了，要見證朱棣的永樂盛世。

費正清認為，朱棣遷都北平是「出於政治和軍事的原因，北京優於其他一切地方；它既可以充當對付北方入侵中國的堡壘，又可以作為支持皇帝在北方執行擴張性政策的一切活動的中心」。

從當時的實際情況而論，北平擁有很大的發展潛力。首先，非常廣袤且平坦的肥沃土地，為大批駐紮的軍隊和遷移到北平的百姓提供生活供給。其次，北平一帶處在南方漢族和北方少數民族的交融地帶，非常敏感。控制住了北平一帶，向內可以守衛大明疆土，向外可以進一步擴展。

誠如費正清所說：「遷都北京之舉在軍事和經濟組織方面產生了意義深遠的變化，這些變化與新的行政要求以及邊境各地區的防務有關。」

作為見證永樂盛世的帝都，北平靜靜地等待著，等待朱棣發展他的千古帝業。

【知識鏈結】

紫禁城是明、清兩代二十四個皇帝的皇宮。明朝第三位皇帝朱棣遷都北京後開始營造，至永樂十八年（一四二〇）落成。位居北京城的中軸線上。依照中國古代星象學說，紫微垣（北極星）位於中天，是天帝居住的地方，天人感應，皇帝的居所就被稱為紫禁城。

帝國建設

在朱棣的文治武功中，最令他自己感到自豪的是，他實現了「萬國來朝」的美夢。朱棣的理想，是建設一個國土、人心歸一的龐大帝國。

非常之人，必有非常之舉。永樂一朝，最值得誇耀的一件事，就是鄭和下西洋。朱棣登上皇位後的第三年，鄭和就奉命向海上進發了。他率領的是一支由兩百餘艘船隻組成的龐大隊伍，這樣的規模和技術，在十五世紀的世界上是歎為觀止的。從永樂三年（一四〇五）至宣德八年（一四三三），鄭和七下西洋，訪問了印度洋、阿拉伯、東非各國，航程十萬餘里，最南到爪哇，最北到麥加，最西到非洲東海岸。

英國著名漢學家李約瑟在《中國科學技術史》一書中這樣評價鄭和的這次壯舉：在十五世紀上半葉，在地球的東方，從波濤萬頃的中國海面，直到非洲東岸的遼闊海域，呈現出一幅中國人在海上稱雄的圖景。

這種解讀，明顯地帶有後來世界的眼光。在一個「天圓地方」的國度，海洋的存在其實並沒有絲毫的意義，因此稱雄海上的立足點也就無從談起。相反地，海洋是代表著一種無知，一種因距離中央政權十分遙遠而存在的無知。因此，漂泊在海洋島嶼中的人，就是大明朝提攜並且炫耀的對象。

船隊所到之處，做的第一件事就是「開讀賞賜」——宣讀大明皇帝的敕諭，是為「宣教化」，包括「頒中華正朔，宣敷文教」。老實說，大航海對外傳播了中華文明，輸出了先進的科學技術，為世界文明的進步真的做出了巨大貢獻。同時鄭和遠航，「寶船」帶往各國的，都是華夏文明的瑰寶，無論絲綢、瓷器、藥材，還是工藝品、金屬器物等都十分精良，堪稱極品。這些朝廷的賫賜品帶給沿途的國家，就換來了朝貢的繁榮，當時各國來明使臣絡繹不絕，以求得到明朝的庇護，同時還可以得到豐厚的賞賜。據統計，明成祖在位的二十二年中，與鄭和下西洋有關的亞非國家使節來華共三百一十八次，最多的一次有十幾個國家的朝貢使團同時來華。朱棣一朝，中國真正實現了「萬國來朝」夢想。

那時的大明朝可以說是風光無限。按照當時的慣例，無論哪個國家的使臣，都不能帶武器進入中國。原因很簡單，首先，這是為了體現中國的聲威；其次，只要是出使中國的使臣，無論是山上的盜賊，還是其他國家的軍隊，都不敢阻攔。因此，只要人來就行了，壓根兒用不著帶著沉甸甸的兵器上路。在這個慣例之下，無論是出使中國的使臣，還是中國出使他國的使臣，在廣袤的亞洲，一定暢通無阻。倘若有人膽敢挑戰大明的權威，朱棣一聲令下，大明朝的軍隊就開到對方的門口。

不過，日本人天生就有挑戰中國權威的壞毛病。每次日本使臣來朝，都會有幾個不聽話的異類。他們不僅帶來武器，還公開出售。幾年下來，有些使臣乾脆不回國，留在大明的東南沿海，做起殺人放火的倭寇。朱棣此時已經忍無可忍，但是他沒有出兵鎮壓，只是通知日本統治者，要他們自己管好自己的臣民。

可以說，那時候的亞洲國家，沒有敢公然與大明為敵的。很多國家還自稱是明朝的屬國，比如此時的朝鮮就懾於明朝的權威，冊立太子要事先徵得中國皇帝的同意。明朝也不是坐享其成，它的責任就是保護這些屬國不受他國侵犯，同時協助屬國維護國內治安。

本來一切都應該順理成章地進行，而就在朱棣即位之時，發生了一件不愉快的事情。

安南國陳氏早在朱元璋當政的時候，就接受冊封為王。由於國內政局不穩，陳氏就仿效朝鮮，向大明朝貢。安南國承諾，凡是選立太子，就像朝鮮一樣，事先一定請示中國。

朱棣登基不久，安南國派遣使臣前來朝賀。但是，安南國文書上寫的國王，不姓陳，而姓胡。使者說，姓胡的國王有功於安南國人民，人民擁立他為新國王。安南國此次朝貢的目的之一就是請朱棣同意胡氏國王即位。

朱棣相信了使臣的說辭，因此並沒有干涉。但事情並不是這麼簡單，朱棣後來才搞清楚事情的真相，原來胡氏是非法篡位的，而且還是一個暴君。朱棣自然十分生氣，一個小小的安南國國王，竟然置自己的權威於不顧，對他採取矇騙手段。於是，他告訴胡氏，安南國是陳家的，應該馬上將王位歸還。胡氏表面上答應下來，內心卻做好了反抗的準備，不久就殺害了明朝派去的使者，公然向朱棣挑釁。朱棣是何等驕傲的一個人，眼裡豈能容得進一粒沙子？他當即決定：出兵安南！

此次出兵，明朝總共調集了三十萬軍隊，兵分兩路。第一路軍由老將朱能帶領，從廣西進入安南；第二路軍由沐晟率領，從雲南進攻安南。想到自己有八十萬大軍，胡國王非常猖狂，認為明軍是自尋死路。雖然朱能年老病多，加上不適應廣西的氣候，死於行軍途中，但是接替朱能的年輕將領張輔也不是等閒之輩。

明軍此次進軍南方，難免遇到水土不服的情況，這些都被克服了。唯一的難題，就是安南國使用的一種武器，讓明軍開始不知所措。這種武器就是大象。明軍多生長在北方，不要說見過，連聽都沒聽說過，一個個都跟見了怪物一樣。

多虧張輔的妙計，他請出了百獸之王的獅子來抵擋。當然，不是用真的獅子，而是把獅子畫在畫上，把畫套在馬的頭上，並蒙上馬的眼睛。明軍的火槍一響，不明真相的馬因受到驚嚇，一路狂奔向敵軍的大象。大象突然不知道發生了什麼，掉轉頭向自己人衝過去，一時之間，反而成為明軍的武器。

這次戰役，安南國大敗，從此一蹶不振，戰爭最終以胡氏的投降而告終。

永樂五年（一四〇七），朱棣採納張輔的建議，改安南為交阯，設置布政使司。這意味著，安南成了大明的一部分。

因此，在朱棣的統治下，明朝不僅成為亞洲最受尊敬的國家，而且它的版圖也非常廣袤，東北控制了女真和朝鮮，北達蒙古，西抵西域，西南方的西藏被收服，南方的國土延伸到了安南，也就是今天的越南。

【知識鏈結】

倭寇指元末到明中葉多次侵擾劫掠我國和朝鮮沿海地區的日本海盜。「倭」字表示「身材矮小的人」。倭寇以日本為基地，專門劫掠與其領土接近的沿海城市，因此與我們今天所說的「海盜」不同。

烈士暮年，壯心不已

自明朝開國以來，蒙古就屢屢擾亂大明統治者治理天下的思路。洪武年間，明朝憑藉雄厚的軍事力量，多次出征蒙古，蒙古就此一蹶不振，分裂為韃靼、瓦剌和兀良哈三大部。

蒙古內部出現分裂。明朝充分利用這個機會，對三部均施以援手，目的就是讓他們自相殘殺。後來韃靼逐漸強大，成為蒙古部落中的一枝獨秀。這時候，韃靼逐漸回過神來，看透了明朝的陰謀，在永樂七年（一四〇九）的時候殺害了明朝派去的使節。朱棣立即決定：出兵韃靼！

然而，千挑萬選出來的大將邱福，由於一時輕敵，所率十萬大軍不出一個月全軍覆沒。此時的朱棣，不但忍受著戰敗的羞辱，還面臨著無將可用的局面。然而，他不愧為一代梟雄，決定親率五十萬大軍前赴征討。這年，他四十九歲了。

朱棣親征的消息傳來，韃靼的首領本雅失里和大臣阿魯台第一反應都是逃跑。但因逃亡路線發生分歧，於是分裂為兩支，分別朝不同方向逃去。可見朱棣的威名不是吹出來的。

韃靼的分裂，嚴重削弱了整體勢力，也減輕了朱棣心中的壓力。不出一年，朱棣就繳獲了本雅失里的人頭，也贏得了阿魯台的歸附。

韃靼部被解決後，一直受壓制的瓦剌部這下獲得了發展的機會，它迅速代替韃靼成為蒙古內部的第一大勢力，也向朱棣叫起陣來。朱棣一開始懶得理會，永樂十二年（一四一四）的時候，朱棣終於受不了瓦剌首領馬哈木的囂張氣焰，率領五十萬大軍，又一次踏上了親征的路程。這一年，和上次出征相比，他又老了五歲。

不同的是，這次他帶上了自己的長孫朱瞻基。傻瓜都能看出來，朱棣有可能立這位為繼承人，這次帶他出來是為了歷練他。

瓦剌首領馬哈木仍然採用誘敵深入的戰略，企圖將明軍引入自己早已布置好的包圍圈，然後就像韃靼消滅邱福十萬大軍一樣，一舉掃平朱棣的軍隊。但是，朱棣不是邱福，這點小伎倆對於久經沙場的朱棣來說，只是小菜一碟而已。而且，為了給自己的孫子樹立一個榜樣，朱棣這次帶來了一支特殊的部隊，就是大名鼎鼎的「神機營」。

神機營的特殊之處，在於它的裝備是以火炮和火銃為主的熱兵器。瓦剌軍雖然見過火炮和火銃，也用過，但是沒有見過整支都以此武裝的軍隊，因而他們並不認識。

朱棣假裝進入瓦剌軍的包圍圈。就在瓦剌軍全體出動發起全面進攻之時，朱棣亮出了自己的看家大軍，瓦剌大軍就這樣暴露在火炮之下，除了等死已經無路可選擇了。

隨後神機營退後，三千營騎兵分三路掃蕩，朱棣以五十四歲高齡親率中路軍殺入敵陣，其精神令人欽佩。

這次戰鬥，明軍大獲全勝。唯一的意外，是朱瞻基險些戰死。當朱棣率軍出戰後，朱瞻基也想自我表現一番，卻被敵軍包圍。幸好蒙古人不識貨，不知道此人有可能是大明未來的繼承人，朱瞻基最後被趕來的明軍救了下來。

瓦剌的勢力從此一落千丈。可是蒙古真是陰魂不散，曾經歸降的阿魯台此時又趁機崛起了。經過上次的大敗後，阿魯台學到了經驗。他認為，只要在明朝邊境小打小鬧，幹事不太過分，明軍就不會派遣大軍征討。如此一來，蒙古軍隊既可以搶到所需的用品，又可以逞威風，真是天大的好事。

可是，阿魯台打錯了算盤，朱棣豈容別人騎到自己頭上。當邊關報告被騷擾的文書越來越多時，朱棣再也坐不住了。永樂二十年（一四二二），出乎阿魯台預料，六十二歲的朱棣再一次御駕親征！

令朱棣不爽的是，阿魯台一直在做縮頭烏龜。這次朱棣雖然打了不少勝仗，但是始終沒有和阿魯台正面交鋒，直到軍費花完不得不回京的時候，連阿魯台的影子都沒見著。

此時的大明朝廷，已經變成了一座空架子，國庫極其空虛。而朱棣顯然打仗打上了癮，如果哪天沒有可打的，他無論做什麼都不舒服。永樂二十一年（一四二三），距離上次親征阿魯台才一年的時間，僅僅因為邊關上報一份韃靼有可能入侵的報告，朱棣想都不想，又要親征。永樂二十二年（一四二四），又是不到一年的時間，朱棣又一次親征。這已經是朱棣第五次親征蒙古了，顯然，這時候的他已經變得窮兵黷武了。這兩次出征，都因阿魯台的迴避，而沒有任何戰果，只是白白耗費了無數錢財。遺憾的是，雖然沒有人能夠打敗他，但是這次他自己沒堅持下來。

一路上的顛簸，再加上朱棣年老病多，戰爭還沒真正進行，他就已經是躺在床上只有氣呼出來、沒有氣吸進去的人了。朱棣已經感覺到了死神的降臨，他終於決定班師回朝了。可是，還沒等回到京城，在半路上，朱棣就斷氣了。

朱棣這一生，有功，也有過。對於國家而言，他的功勞很大。朱棣一生英明神武，雄才大略，他率領軍隊開疆拓土，實現了四方賓服、萬國來朝的美夢。在中國歷史上，明朝的版圖，只比元朝的小一點，可見朱棣的貢獻不小。

但是從國家的長遠發展來看，帝國大夢也有貽害。費正清這樣評價它的後果：「永樂帝留給明代後人的君主們一項複雜的遺產。他們繼承了一個對遠方諸國負有義務的帝國、一條沿著北方邊境漫長的防線、一個具有許多非常規形式的、複雜的文官官僚機構和軍事組織、一個需要大規模的漕運體制以供它生存的宏偉的北京。這只有在一個被建立帝國的理想所推動的朝氣蓬勃的領袖領導下才能夠維持，這個領袖不惜一切代價，並願意把權力交給文官，以保持政府的日常職能。」也就是說，如果想要繼續維護大明帝國的統治，後繼者必須擁有朱棣的帝國大夢的內驅力和實現帝國大夢的才能。可是，明朝後來的統治者缺乏朱棣的遠大抱負。後來的皇帝不能滿足國家發展所提出的要求，國家自然就要崩潰。從這個意義上來說，明朝的敗亡，朱棣早就埋下了禍根。

不過，這都是以後的事情，目前最緊要的事情是：誰是繼任者？

【知識鏈結】

三千營，永樂時朱棣建立的京軍三大營（還有五軍營、神機營）之一，以塞外歸降的三千蒙古騎兵為骨幹組成。後來隨著部隊的發展，實際人數已不止三千人。嘉靖中期改名神樞營。雖然這支部隊人數不多，卻是最強悍的騎兵力量，在戰爭中主要擔任突擊的角色。

文武之爭

選誰繼承皇位，朱棣一開始有些糾結。他有兩個選擇：一個是大兒子朱高熾，一個是二兒子朱高煦。按理說，在重視長幼觀念的古代，大兒子本來就是理想的法定繼承人。可是，朱高熾身體條件不行，生下來就是個殘疾人，而且腦袋也不怎麼聰明，和他老爸比起來是樣樣不如。

這也難怪老二會心裡不平衡。朱高煦不論是在相貌、體魄，還是軍事謀略上，都遠勝朱高熾。而且，在「靖難之役」攻打應天時，朱高煦立了很大的戰功，還救了自己老爸一命。

縱觀中國歷朝歷代的皇帝，他們都比較喜歡像自己的人，朱棣也不例外。朱高煦像朱棣一樣孔武有力，有謀略、毅力，簡直就是朱棣第二，叫朱棣如何不喜歡他。相反，朱高熾不僅身體殘疾，甚至連意志都不堅定。更令朱棣不喜歡朱高熾的是，朱高熾很有仁愛之心。進入應天後，朱棣大開殺戒，朱高熾沒考慮時局的需要，硬著頭皮勸朱棣手下留情。朱棣渴望建立千秋大業，需要一位非常強硬的繼承人，朱高熾如此文弱，自然不討朱棣喜歡。可是，皇位一般都要傳給長子。如果處理不好繼承人的問題，朱棣辛辛苦苦搶來的天下，可能又要被別人搶走。

因此，在該立誰為太子的問題上，即使是英明果斷的朱棣，也發愁了。一個人拿不定主意，朱棣就問群臣。但是，關於這個棘手的問題，群臣也分裂為兩派，一派是武將，另一派是文臣。武將這一派中，大多數來自「靖難之役」的功臣。朱高煦在應天一戰中立了大功，這是眾人皆知的事實。再說，如果是一個愛好武功的人繼承皇位，朱棣所施行的「軍事貴族」制就會得到沿襲，甚至被發揚光大。相反，如果讓文弱的朱高熾繼承皇位，他會提升文官的地位，削弱武將在朝廷中的重要性，因為他不喜歡動用武力。

支持朱高熾的文臣以解縉、楊士奇、楊榮和楊溥等人為首，他們的傳統觀念很重，認為自古皇位的繼承人都選立長子。如果長子被拋棄，不僅不合慣例，有時甚至會引發國家內亂。這批文臣大多遭遇過「靖難之役」，他們不想再遇上一次為了皇位的戰亂。而且，朱高熾的仁義之心也正是相對和平的形勢下所需要的，這種難能可貴的品格，不論在朱棣還是朱高煦身上都是極其缺乏的。

朱高熾有文臣支持，朱高煦有武將支持，彼此勢均力敵。長子是兒子，次子也是兒子，手心手背都是肉，很令朱棣為難。

幸好，朱高熾也不是一個一無是處的人。據說，明太祖朱元璋對朱高熾頗為欣賞，認為他性格溫和，對政治也有強烈的興趣，不僅才氣出色，而且行政能力也很突出。而且，在「靖難之役」的時候，朱高熾手下只有一萬士兵，卻巧妙地組織了城防，並挫敗了帝國將領李景隆的一次攻擊。可見，朱高熾並不是一個迂腐的文弱之人。在關鍵時刻，他能擔當重任，也會拿起武器，捍衛國家利益。在「靖難之役」中，朱高煦打的是前鋒，功勞不小；但是，也不能忽略朱高熾這位守禦大後方者的作用。

此外，朱高熾還有一個致勝的籌碼，就是他的兒子朱瞻基。朱瞻基結合了文武雙方的優勢，深得朱棣喜愛。朱棣最終決定立朱高熾為太子，是考慮到將來這位孫子就可以繼承大統，這樣朱高熾或許就可以作為一個過渡。

歷史就是這樣滑稽。朱棣的選擇其實就是朱元璋當年的選擇，不管出於什麼考慮，他們都把皇位傳給自己的大兒子，並以長孫為後備力量。他們的選擇或許都是合理的，但不知道朱棣有沒有考慮過，他的皇位是怎麼來的。

太子之爭塵埃落定了，但是並不代表皇位之爭結束了。朱高煦被安排到雲南駐守邊疆去了，他心裡一直有恨。他是一個自命不凡的人，本以為勝券在握了，可是鴨子又飛走了。後來他在朱棣面前裝可憐，又被調回了京城。這下，他終於有機會施展拳腳興風作浪了。

不可否認，朱高煦整治人的手段很毒辣。經過他周密的連環性策劃，朱高熾幾經陷害，一度還被打入了牢獄。凡是太子黨的人，只有兩條出路可走，第一是跟隨朱高熾被打入大牢；第二是洗心革面，倒向朱高煦。朱高熾最堅定的支持者有解縉、楊士奇、楊榮和楊溥等人，他們不僅是天下文人的榜樣，也是文官的中樞力量。他們也都不是被打入地獄，就是被貶得一文不值。但是他們的精神力量一直都在，容不得朱高煦有半點驕傲感存在。

可是這個朱高煦也不自己照照鏡子，偏偏愛把自己比作李世民。後來朱棣聽到了，感覺這個兒子野心十足，莫非是想學習李世民發動「玄武門兵變」，把自己也幹掉。

永樂十三年（一四一五），朱棣告訴朱高煦，要把他調到青州駐守。朱棣的目的是想試試朱高煦的反應。如果朱高煦高高興興地接受，很快就啟程前去赴任，說明他以李世民自比沒有造反的用心；如果他仍然拖拖拉拉，不肯離開京城，這就暴露了他造反的不軌圖謀。

果不出朱棣所料，只拋出這麼一個小小的試探，朱高煦就上當了。他死乞白賴，打死都不肯離開京城。如此一來，朱棣更懷疑，下定決心，無論如何，必須趕朱高煦出京城，否則後果不堪設想。

為避免一場悲劇的發生，朱棣不顧朱高煦十二萬分的不情願，硬將他分封到樂安州（今山東廣饒）。這次是強行命令，無論朱高煦如何哀求，都必須走。帶著家眷，領著侍衛，朱高煦就像飛往東南方的孔雀一樣，一步一回頭。在朱高煦的眼裡，流露出的是對帝都應天的無比眷念與喜愛。可惜，造化弄人。他處心積慮，費盡心機，最終結果卻是離皇位越來越遠。如果不出現意外，朱高煦的下半生，就只能在樂安州度過。

從地理位置上來看，樂安州離應天遠，離北平近。朱棣這麼安排，主要是調朱高煦遠離他的老巢應天，安排在皇帝的管轄之下。如此安排，即使朱棣百年歸天後，朱高煦也翻不起多大的浪，因為他會受到皇帝的轄制。如果朱高煦真的造反，不到一天的時間，中央的軍隊就開到他的家門前，只消一袋菸的工夫就能清剿叛軍。想當初，朱允炆之所以很難清剿朱棣，因為北平離應天很遠。朱棣吸取朱元璋的教訓，特意將潛在危險份子朱高煦安排得離帝都很近。

朱高煦被貶走後，真相就開始大白於天下。以前對太子的種種中傷，都是朱高煦指使幹的。朱棣順水推舟，大赦了曾因擁護朱高熾而倒大楣的那批文官。這次的皇位繼承權之爭，不知捲進去了多少人的性命，改變了多少人的命運，如今總算有了一個結果。雖然朱高煦仍然沒有死心，但是從後來的歷史發展來看，他的掙扎已經是沒有用了。

只可惜，朱棣當了太久的皇帝，朱高熾也就做了很久的太子，等朱高熾終於上位後，很快就走到了生命的盡頭。

【知識鏈結】

玄武門之變，唐高祖武德九年（六二六），當時的秦王、唐高祖李淵的次子李世民在首都長安城大內皇宮的北宮門（玄武門）附近發動的一次流血政變，他殺死了長兄李建成和四弟李元吉，逼迫李淵立其為新任皇太子，並繼承皇帝位。

第五章：仁宣之治

歷史喜歡埋伏筆給聰明的人，也喜歡和愚笨的人開玩笑。朱棣的二兒子朱高煦就屬於後面的情況。對於他來說，踏踏實實地做一個王，看著自己的哥哥和姪子做出一番成績，或許才是最好的選擇。仁宗和宣宗把國家治理得這麼好，所有的人都看到了，只有朱高煦一個人不服氣。

步步驚心的登基之戰

朱棣剛剛斷氣，就發生了一場靜悄悄的戰爭。近侍馬雲連忙祕密召集楊榮和金幼孜趕來皇帝大營，商議對策。聽說朱棣死了，楊榮等人非常擔心。因為如果朱高煦聽到這個消息，一定會趁朱高熾沒登基，發動兵變。

樂安府離京城不遠，如果朱高煦發動兵變，有很多老將會追隨他。如此一來，掌握軍事大權的朱高煦就可以為所欲為，結果可能不僅僅是朱高熾當不上皇帝那麼簡單，可能連楊榮、楊士奇等凡屬於太子黨的人都要遭到滅頂之災。

為了皇位，朱高煦甚至不惜安插他的兒子朱瞻圻潛伏在京城。朱棣病重的那些日子，來往於京城和樂安府的、為朱高煦父子傳遞消息的騎兵絡繹不絕，就像趕集一樣。安排這麼多騎兵傳遞消息，朱高煦只有一個目的，第一時間知道朱棣的死訊。

敵人的城府如此之深，以楊榮為首的太子黨不得不走一步險棋。經過片刻的交頭接耳，馬雲、楊榮和金幼孜決定，暫時不能宣告朱棣駕崩的消息。封鎖皇帝的死訊是一項很重的罪，如果暴露出來，可能會被滅族。他們三人這麼做，等於連自己的身家性命都押上了。

親征大軍一路南下，朱棣的衣食住行照樣井井有條地進行。如果不是知道內情的人，一定不會發覺朱棣已經死了，因為一切看去都和往常一樣。這期間，整個親征隊伍的管理很嚴格，一律集體行動，不准許個人單獨行動。最突出的一條命令是，如果沒有朱棣的詔令，無論是誰，都不能私自離開軍營。朱棣已經死了，不能頒布詔令。再說，即使有人矯詔離營，也需要掌管印信的楊榮蓋印。如果沒有楊榮蓋印，無論持有什麼樣的詔令，都不能出營。可是，此時的楊榮，已經不在軍營裡了。

制定好密謀後，楊榮就擔任起了最為緊要的通報任務。他騎著快馬，一路上儘量避開人多的地方，飛速朝京城奔去。楊榮等人能夠甘心如此為朱高熾賣命，不是因為朱高熾給了他們什麼好處，而是他們將朱高熾視為理想的賢君，甚至是君子型的朋友。早年的朱高熾把大部分時間都用在了研究儒術上，並虛心請教三楊的學術指導，因此和他們培植了深厚的友誼。

朱棣和朱元璋都很重視子女們的教育，尤其是儒家的教育。因為身體不便，朱高熾就有很多時間陪在皇帝所選拔的士大夫身邊，聽從他們的教導。久而久之，朱高熾不僅養成了儒士的性格特點，也與士大夫們產生了感情。

相比之下，朱高煦的成長環境與朱高熾的截然不同。朱高煦從小尚武，並且經常跟隨朱棣打仗，因此朱棣更偏愛他。

在充滿奸詐的、血與火的戰場，朱高煦和朱高燧養成的是武將的性格。朱棣窮兵黷武，整個國家都被他弄空虛了，士大夫們不希望一個很像朱棣的人繼承皇位。從這個意義上來說，朱高熾能夠當上皇帝，是整個大明朝發展的、各種因素綜合作用後的歷史性必然選擇，而不是人為選擇的結果。

永樂二十二年（一四二四）八月二十五日，朱高熾得知朱棣的死訊。他立即和楊榮、蹇義和楊士奇等人商量，如何順利地繼承皇位，又不激起朱高煦的反抗。經過一番策劃，楊榮等人認為朱高熾應該先登基稱帝，加強京城的治安，並派人到應天鎮守。

自從遷都後，應天的地位一落千丈。但是，百足之蟲，死而不僵，應天在明朝的影響仍然很大。想當初，朱高煦遲遲不肯離開應天，目的之一就是想借開國之都應天的名氣鬧事。朱高熾派去鎮守應天的人，是明朝歷史上很出名的太監，人稱王景弘。將這麼重要的任務交給一個太監，可見太監在明朝的地位不低。朱高熾這個小小的舉動，預示了後來大明朝的發展趨勢之一，太監的地位越來越重要。

朱高熾登基了，朱高煦才知道朱棣的死訊。從表面上看，這次朱高煦的失敗，是因為消息不靈通。其實，從本質上來說，朱高煦的失敗，根源於文官集團的反對。他沒能當上太子，因為解縉和黃淮等人不喜歡他；他陷害朱高熾的陰謀被揭發，因為楊士奇、楊溥和楊榮等人反對他；他想趁朱棣死發動兵變卻沒成功，因為金幼孜和楊榮等人沒給他一次機會。

文官集團不僅輔助朱高熾登基，還為朱高熾的統治出了很大的力。朱高熾身體不好，腦子也不怎麼好用，面臨大事的時候，需要諮詢老練的楊士奇、處變不驚的楊榮和隨遇而安的楊溥。朱棣改組的內閣有七名成員，到朱高熾的時代，內閣成員也有七名，但不是每個人說話的分量都一樣重。因為楊士奇、楊榮和楊溥三人在朱高熾內閣的分量很重，人們將朱高熾時期的內閣稱為「三楊內閣」。

九月七日，朱高熾正式登基稱帝，次年改元洪熙。朱高熾稱帝後，「三楊」不僅被加封官品，甚至還被授予其他部門的職務，例如楊士奇兼任兵部尚書，楊榮兼任工部尚書。如此一來，「三楊」就不僅僅是提供諮詢，還能過問其他在職大臣的行政事務，在必要的時候能對政治施加影響。「三楊」與朱高熾是一條心的，有他們的支持，朱高熾在施行相關政策的時候，就容易多了。

作為一個旁觀者，我們不免要為朱高熾慶幸，同時也為大明朝慶幸，因為明朝開國已經數十年了，從這位仁宗皇帝繼位開始，才有了安心過日子的打算。

【知識鏈結】

儒術指先秦儒家的學說、原則、思想。西漢時經過董仲舒「罷黜百家，獨尊儒術」的倡議後，成為治國安邦的正統思想。四書五經是它的經典典籍。

仁皇帝撥亂反正

剛剛繼位，朱棣屍骨未寒，朱高熾就敢改動他的法令。前面說過，朱高熾監國期間，因為朱棣的很多法令十分嚴苛，不得人心，他就私下改了很多。朱棣發現後，大肆打壓太子黨，將嚴苛的法令給改回去了。現在，朱高熾當上皇帝了，朱棣死了，沒人能夠阻止他更改嚴苛的法令。最值得提起的是，朱高熾告誡司法官要根據法律宣判，如果司法官利用權力幹違法的勾當，後果很嚴重。此外，宣判死刑之前，司法官必須再次複查對犯人的指控。如果不複查，就以失職罪論處。

朱高熾的第二個舉動是為遭受朱棣殺害的人平反。朱高熾是永遠的好人，對朋友很好，對敵人也很好。他為很多遭遇打擊和陷害的太子黨平反，對該加官補償的加官補償，對該發放財物補償損失的發放財物。一句話，凡是因為他而遭到打擊的人，朱高熾都盡力彌補。不僅如此，對那些曾經陷害他的人，朱高熾也不深究。有才能的、能夠為國家貢獻力量的，他儘量留在朝廷；無才無德的無用之輩，朱高熾也是只將他們貶為庶民，逐出朝廷。他下令赦免那些因為「靖難之役」被罰為奴的官員家屬，並且由國家送給他們一定量的土地，既當作國家賠償，也為穩定這些人的生活。如果是被滅族的人，全國政府尤其是相關主管部門，無論多麼困難都要仔細查訪，看有沒有僥倖逃過一劫的人。找到這些僥倖逃過一劫的人，要立即上報，好讓中央撥付賠償。

當年齊泰和黃子澄都被滅族，齊泰有一個年僅六歲的小兒子，因為年齡不夠，特赦殺頭之罪。死罪可免，活罪難饒，被罰去守衛邊疆。朱高熾下詔，再次特赦齊泰的兒子，讓他安安心心回家。黃子澄有一個兒子，全家被滅族時，他更改姓名逃過一劫，朝廷查到他的蹤跡後，朱高熾也下詔赦免。

方孝孺的氣節很令朱高熾感動，儘管他被滅十族，按理說不會有什麼親戚和朋友，朱高熾還是下令找尋方孝孺的親人。懷著儒家的理想人格，朱高熾認為，像方孝孺這樣的忠臣義士，不應該絕種。在他的心裡，方孝孺不僅是天下讀書人的種子，也是天下有氣節的人的種子。

找來找去，終於找到一個與方孝孺沾得上親戚關係的人。方孝孺有一個叔叔名叫方克家，方克家有一個兒子叫方孝復，他被罰去守衛邊疆。聽到這個大好消息，朱高熾即刻下令，接方孝復回家。大難不死，遭受種種困難後，還能回到家鄉是天大的好事。可是，回到家的方孝復發現，親人都死了，家只是一所空空蕩蕩的房子。當此情境，即使是鐵石心腸的人，也會心酸落淚。

緊接著，朱高熾組建了一個調查小組，調查朱棣在位期間的經費開銷。朱棣在位期間確實開創了許多壯舉，但這都是以銀子為代價的。羊毛出在羊身上，這些錢自然是從老百姓那裡搜刮來的。朱高熾此時想知道，國家的財政究竟到了什麼樣的境地。他派遣調查組到幾個主要的地方政府去查納稅負擔，調查出來的結果令朱高熾很心痛，因為百姓的負擔很重。自此，朱高熾頒布了很多減輕人民負擔的法令，免除了受災區的田賦，還免費發給糧食和其他救濟品。

縱觀朱高熾的一生，他是歷史所盛讚的理想性且開明的儒家賢君明主，他以古代賢王為楷模，堅持簡樸之風，廣施仁愛。更為重要的是，他對人很誠懇，沒有城府。只有朱高熾，才做到了既是朝臣的君主，也是朝臣的朋友這一身而二任的事。

從國家發展層次論述，朱高熾大力鞏固明朝和糾正永樂年間的嚴酷和不得人心的經濟、軍事和工程計畫，因而受到一致的讚譽。他的出發點是賢君明主和儒家觀念，他的許多政策和措施都反映了這種對為君之道的理想主義嚮往和儒家思想的認同。

儘管朱高熾的功績沒有朱棣的大，但歷史給他的正面評價很高，甚至高過朱棣所受到的正面評價。但是，朱高煦就非常不諒解朱高熾。即使朱高熾登基稱帝了，朱高煦仍然不甘心。儘管遭到朱高煦的種種陰謀和暗算，朱高熾並沒有記恨他的弟弟，反而是在登基後不久就增加了他的親王俸祿，還給朱高煦的幾個兒子都授予了爵位。儘管如此，朱高煦始終都沒有向哥哥認個錯。

從當時的情況來看，朱高煦仍然這麼猖狂是有道理的，原因很簡單，朱高熾活不長。朱高熾的身體很不好，當上皇帝後，病情越來越惡化，身體一天比一天差。稍微有一點病理常識的人都知道，照這個樣子惡化下去，朱高熾肯定活不過一兩年。上次沒抓住朱棣駕崩的機會，朱高煦很不服，無論如何，這次一定要抓住朱高熾去世的機會，趁機稱帝。朱高煦已經被當皇帝的夢給迷昏了，如果當不上皇帝，他死都不閉眼。

事實證明，朱高煦的感覺是對了，朱高熾活得不長。洪熙元年（一四二五）五月，朱高熾死了。關於他在位的時間，粗略算一下，不到一年。他九月正式登基，到次年新年這段時間，仍然要用他父親永樂的年號，不能用他的洪熙年號。也就是說，儘管朱高熾一四二四年九月登基，也要到一四二五年才算洪熙元年。

關於他的死因，有幾種說法，第一種是被雷擊死，第二種是中毒而死，第三種是過度縱欲而死，但更可信的說法是他死於心臟病發作，因為太胖的緣故。

【知識鏈結】

親王：爵位制度中王爵的第一等。爵位一般分宗室和異姓兩類，親王屬於王室成員。在明代皇嫡長子立為太子，其他諸子年十歲便立為親王，他們有封地，又被稱藩王，親王的正式名稱為王，其封地稱國。

奪位陰謀

朱高熾還躺在病床上的時候，就有兩雙閃閃發光的眼睛緊緊地盯著他的一舉一動：一雙是他的兒子朱瞻基的，另一雙則是他的弟弟朱高煦的。朱瞻基的那雙眼睛炯炯有神，滿含對文治與武功的無限渴望。朱高煦的那一雙眼睛，簡直是一對狗眼：目露凶光，邪意盡現，是一個集陰謀與野心於一身、老了仍然不知足者的眼神。

因為朱高熾太仁厚了，對朱高煦一再縱容。發展到後來，朱高煦的尾巴就翹到天上去了。他認為，朱高熾不懲治他，不是不想，而是不敢。既然皇帝都怕他，朱高煦就認為他是世界第一大。眼見朱高熾就要歸西了，朱高煦馬上策劃第二次奪位陰謀。這次行動，朱高煦的心更黑，下手更狠了，不惜殺害姪子朱瞻基。

在人生的最後一個月，朱高熾有一個偉大的計畫，遷都回應天。為修整好應天，安排相關布置，迎接遷都，朱高熾派太子到應天處理相關工作。太子與皇帝異地分居，朱高煦夾在正中間，而且離京城很近，為他的陰謀提供了可行性。

如果朱高熾死了，太子要從應天趕往京城奔喪，朱高煦便可在途中截殺太子。如果太子死了，朱高煦當皇帝的可能性就很大；如果太子不死，他就沒有一丁點兒當皇帝的可能性。當上皇帝後，朱高煦隨便抓一幫人，說太子就是被他們殺死的，也沒有人懷疑，因為那個時代有不少攔路搶劫的強盜。

朱高煦的想法有很強的可行性，但實現這個陰謀的前提條件是他比太子早知道朱高熾的死訊。如果太子先知道皇帝的死訊，已經跑到京城奔喪了，朱高煦還不知道皇帝死了，怎麼截殺？想當初，朱高熾能夠順順利利地繼位，就是因為朱高煦沒能在他之前先知道皇帝的死訊。

很不巧，類似的事再度重演。朱瞻基已經跑到京城繼位登基了，朱高煦才知道朱高熾死了。接連遭受兩個十分雷同，簡直就是一模一樣的打擊，朱高煦差點沒被氣死。於是他決定起兵造反。

朱高煦這次截殺太子失敗，主要原因還是他太自大了，沒有做好準備工作，也沒有吸取上次失敗的教訓。陪侍在皇帝身邊的人，不是皇帝的心腹就是太子的心腹，他們都支持太子。與太子相比，朱高煦是一個冷門人物。儘管朱高煦曾經立過戰功，但已經是很久以前的事了。朱高熾登基以後，時代就變了，大趨勢是重視文臣，輕視武將。在這樣的大環境下，朱高煦的地位一天天下降，擁護他的人就越來越少。

造反的代價很大，如果沒有把握成功，就會連命都保不住。朱高煦幾次都想造反，但沒有一次成功。那麼多次失敗，好多人已經對他失去信心了。再說，朱瞻基是一個文武兼備的皇帝，不容易對付。

由於朱瞻基既有他父親喜文好儒的性格特點，也有他祖父重視赫赫戰功的思想傾向，他能夠贏得朝中文臣和武將這兩派的好感。從這個意義上說，到了朱瞻基這一代，自明朝開國起就出現文臣與武將的鴻溝才開始彌合。

前幾任皇帝都為大明朝的事業做了突出的貢獻，到了朱瞻基這一代，內憂和外患就沒有那麼嚴重了。與前幾代皇帝的艱辛奮鬥相比，朱瞻基開始從內憂和外患中抽出空隙，削減不必要的財務負擔，關注民生。

《明史》和《明史紀事本末》都記載，朱瞻基常常微服私行，體察民情。一次，朱瞻基在路上看到農民耕種，就拿起農具耕種，可是才弄了三個來回，他就感覺到累了。朱瞻基對百姓生活艱辛的體悟，源自朱棣的教育。永樂七年，朱棣帶著朱瞻基巡遊北京時，帶領他仔細觀看了農民的農具和農民吃的是什麼、穿的是什麼。

基於對農民生活艱辛的體悟，朱瞻基在位時期，屢次下詔減免賦稅，再三告誡官員不能夠隨便干擾農民耕種。關於朱瞻基對農民生活艱辛的體悟，有一段對話常常被當作典型例子。在北京的昌平附近，微服私行的朱瞻基見到幾個農民頂著火辣辣的太陽，任憑汗水滴落，正在勤勞地耕地，他非常感動。

他問農民為什麼頂著火辣辣的太陽辛勤耕種。農民正忙，被打斷工作，心裡有點不高興。他對朱瞻基說，農民春天就要播種，夏天要耕耘，到秋天才能有收穫。在這期間，如果稍微偷一下懶，哪怕是一天的懶，一年的收成就沒了。如果沒有收成，交不起田租和稅不說，甚至連老婆和孩子都養不活。這幾句搶白，弄得朱瞻基非常尷尬。他想，既然春夏秋都忙，冬天大雪紛飛，天寒地凍，總該可以休息了。農民卻說，到了冬天，日子更難過，因為官府的徭役很繁重。看著烈日下辛勤耕耘的農民，朱瞻基對他們生活的艱辛有了更深一層的體悟。

回到皇宮，朱瞻基立刻下了一道詔令，宣導節儉廉政。他發出的感嘆是，農民十分辛苦，僅僅能夠謀生。當官的坐在華麗的屋子裡處理政事，一點都不累，更應該愛惜民力。

相對來說，由於沒有內亂和外來的威脅，帝國得以免去不必要的財政負擔。因此，此時朝廷有力量進行政治和軍事制度的改革，並能夠多次減免賦稅和徭役。

【知識鏈結】

《明史紀事本末》作者是清代學者谷應泰，成書於順治十五年（一六五八），因早於《明史稿》、《明史》，而且屬私人著述，所以頗為當時人重視。紀事始於元至正十二年（一三五二）朱元璋起兵，迄於明崇禎十七年（一六四四）李自成民軍攻入北京，朱由檢自殺。

叔姪大戰

朱高煦是個自命不凡的人，這麼驕傲的他竟然接連錯過了兩次當皇帝的機會，這讓他很沒有面子。於是，就在自己的姪子登基不久，他就等不及要叛亂了。

宣德元年（一四二六），朱高煦派自己的心腹枚青隻身到京，準備暗地聯絡張輔造反。可是，這步棋他下錯了，這時的張輔已經對他失去信心，全面倒向新皇帝這邊了。張輔弄清了枚青來京的目的後，二話不說，就把他扭送到朱瞻基的面前。

與朱高熾一樣，朱瞻基也很有仁愛之心。儘管朱高煦預謀造反，朱瞻基還是給他一次機會，派出使者曉諭，讓他好好反省一下。沒想到，中央使者侯泰來到朱高煦府上，受到的卻是侮辱性的待遇。

據說，朱高煦南面而坐，還強詞奪理。說他在「靖難之役」時立了大功，深受朱棣喜愛。可是，朱棣聽信讒言，分封他到樂安府這個鬼地方。朱高熾當上皇帝後，對他封官賞錢，只是想要收買他。現在這個不懂事的姪子，竟然用皇上的權威壓制他。

朱高煦還讓侯泰去觀賞他的軍事演習，明目張膽地對侯泰說，僅憑參加軍事演習的部隊，他就可以橫行天下。

最後，他讓侯泰轉告朱瞻基，如果把煽動朱瞻基的人捆起來送給他，他願意與朱瞻基和談。可以看出，這裡的和談，不是一般性質的和談，而是讓朱瞻基讓位給他。

朝臣聽說朱高煦如此猖狂，勃然大怒，紛紛奏請征討。這個時候，好久都沒有打仗的張輔再也忍不住了。他保證，只帶兩萬兵馬，一定成功清剿朱高煦。由於張輔的父親張玉和朱高煦的關係極好，張輔又是朱高煦的好戰友，楊榮擔心張輔臨陣倒戈，不放心張輔領軍出征。

以楊榮為首的文官集團認為，朱瞻基親征最好，能夠樹立聲威。武將們反對，他們的理由是，朱高煦老謀深算，如果朱瞻基在戰場上有什麼三長兩短，國家就會大亂。雙方各執一端，越爭越亂。到了最後，朱瞻基終於答應親征。

宣德元年（一四二六）八月，朱瞻基親征朱高煦，行軍十天就到達朱高煦的家門口樂安城。朱高煦的消息很不準確，見到朱瞻基之前，他一直認為征討主帥是薛祿。看到中央軍被皇帝親征鼓舞得鬥志昂揚後，朱高煦就膽怯了，連發布命令的聲音都是顫抖的。首領膽小如鼠，兵將們見了之後，連抵抗中央軍的勇氣都沒了。

見敵軍毫無鬥志，只是懼於朱高煦的淫威才不得不守城，朱瞻基也不想多造殺孽。中央軍調動神機營，出動火銃隊和弓箭隊，一排排的子彈和飛箭紛紛射向守城軍士，威懾力非常大。攻勢太猛了，守城軍士被嚇得魂都沒了，紛紛逃離崗位。

緊接著，朱瞻基就打心理戰。他命弓箭隊將敕令射入安樂城，告訴敵軍，此次征討的目的只在懲罰朱高煦，其他人員如果及時醒悟，棄暗投明，中央軍不會追究。此外，朱瞻基還特別強調，如果生擒或者斬殺朱高煦，中央軍會重重賞賜。本就毫無鬥志的叛軍讀到這個敕令後，不僅毫無鬥志，甚至想造朱高煦的反。尤其是朱高煦的近衛兵，時時都伸手捏著他們的刀，恨不能一刀砍了朱高煦。

眼見軍隊就要發生叛變了，朱高煦不知怎麼想的，突然派人出城告訴朱瞻基，他願意投降。條件是給他一晚上的時間，他要向跟隨他一生的妻兒子女告別。能夠和平解決問題最好，朱瞻基答應給朱高煦一個晚上。

第二天，太陽還沒升起來，朱高煦就想打開城門投降。突然，叛軍大將王斌一把拉住朱高煦，他告訴朱高煦，作為軍人，戰死光榮，投降恥辱。朱高煦突然豪氣大作，表示寧可戰死，絕不投降。

召集起叛軍，朱高煦往高處一站，發表了一通驚天地、泣鬼神的誓與安樂城生死共存的豪言壯語。本來毫無鬥志，甚至想殺了朱高煦去領賞的士兵們聽了這番演說以後，也激情澎湃，勢如怒潮。

兩軍對峙，就要喊打的時候，叛軍突然發現，朱高煦不見了。主將不見，叛軍很驚慌，四處找尋。找來找去，整個安樂城都翻遍了，就差沒掘地三尺，還是沒見朱高煦。叛軍將領死都想不到，發表完演說後，朱高煦不知怎麼想的，偷偷溜出安樂城，向中央軍投降去了。

在造反這齣鬧劇裡，朱高煦連主角都不是，壓根兒是一個逗人發笑的丑角。還在行軍途中，朱瞻基就算定了，朱高煦不敢攻城，一定會死守安樂城，等中央軍攻打。關鍵問題是，朱高煦只有那麼一點點人馬，怎麼對抗朝廷的幾十萬大軍？朱高煦不僅坐以待斃，甚至打都沒打就投降了，真是一個十足的小丑。與他老父親朱棣相比，朱高煦簡直一無是處。

按照慣例，為了呈現皇帝的權威，朱高煦投降後，中央要派一個口才非常好的人大罵他一頓。朱瞻基是一個很懂文藝的青年，也有修養。他就將這個看似簡單，實際是一個嚴峻考驗的任務交給一個名叫于謙的人。

有皇帝撐腰，于謙盡情發揮自己的口才，視昔日位高權重的朱高煦親王如無物。他口若懸河，滔滔不絕；語似寒風，吹得朱高煦瑟瑟發抖。據說，于謙罵得有條有理，邏輯性又強，嗓門又洪亮。朱高煦經受不住摧殘，下垂著的頭越來越低，最後直接趴在地上，不停地發抖。

被大罵一頓後，朱高煦就在西安門的牢房裡過安安穩穩的生活。雖然有點不自由，總比被殺頭好。朱瞻基像他父親一樣厚道，沒採納大臣們殺朱高煦以儆效尤的建議。朱瞻基是這麼想的，無論如何，血濃於水，只要朱高煦不再犯事，過去的一切都可以原諒。

閒著沒事幹的一天，朱瞻基想念叔叔，就到西安門去看望。兩人見面後，不知道朱高煦突然發什麼毛病，猝然玩一個勾腳，把朱瞻基重重地摔了一下。皇帝被暗算，還摔倒了，多丟人。為了給朱高煦一個小小的懲罰，也算是警告，朱瞻基命人找來一口三百餘斤的大銅缸，將朱高煦罩住。

也許朱高煦覺得大牢的生活太無聊了，不弄出一點好笑的事來不行。被大銅缸蓋住後，他竟然使出全身力氣，將缸撐起來了。不僅如此，撐著銅缸的朱高煦很有精神，東撞撞，西撞撞，最後甚至轉起圓圈圈來了。看著朱高煦撐起大缸偏偏晃晃、東倒西歪地撞來撞去的時候，朱瞻基都有點想笑。等到朱高煦越轉越起勁，越轉越精神，甚至轉出一個大大小小的圈後，朱瞻基再也忍受不住。他命人抱來乾柴，外加一大堆煤炭壓在銅缸頂。在一堆燃燒的炭火中，朱高煦的一生就此結束。

如果朱高煦不挑戰皇帝的權威，他不會死得那麼早。他不僅喜歡挑戰權威，甚至非常愛在權威面前扮演小丑。他的造反，只是一齣歷史鬧劇。除了逗人發笑和引人深思外，毫無作用。

【知識鏈結】

于謙（一三九八—一四五七），字廷益，號節庵，官至少保，世稱于少保。永樂十九年進士。「土木之變」後被任命為兵部尚書，他力排南遷之議，決策守京師，擁立朱祁鈺即位。英宗復位後被誣陷「謀逆」罪遭冤殺。與岳飛、張煌言並稱「西湖三傑」。

太監的崛起

朱瞻基是一個非常全面的人。他不僅能文能武，甚至還保留著少年兒童的癖好，例如閒著沒事就翻翻皇宮大院的石塊，看看有沒有蟋蟀。如果有，他就捉來兩隻放在一個小盒子裡，讓這兩隻蟋蟀打架。看著兩隻鬥得你死我活的蟋蟀，朱瞻基的臉上洋溢著孩童的笑容。他的這種愛越來越深，久而久之，朱瞻基越陷越深，可以說是沒有蟋蟀，他就活得不自在。

作為一個普通人，平常有點娛樂活動，沒什麼大不了。問題的關鍵是，朝中好多拍馬奉承的人，見皇帝喜愛蟋蟀，就投其所好，從民間收集無數特異的蟋蟀，進貢給皇帝。這個任務，上層攤派給下層，最終遭殃的還是老百姓。朱瞻基愛民如子，不允許朝廷官員隨便向百姓攤派任務。可是，他死都沒想到，因為他一個小小的娛樂活動，竟然造成天下無數百姓的負擔。

進貢的蟋蟀越來越多，朱瞻基一個人是玩不過來的。這個時候，那些逗皇帝玩長大的太監再次接過了陪皇帝玩的任務。在皇宮大院，隨時都可以看到太監們三三兩兩聚在一起鬥蟋蟀。決出團體第一勇猛的蟋蟀後，等到皇帝有空了，太監們就和皇帝鬥蟋蟀。都說玩物喪志，如此一來，即使朱瞻基沒有喪志，他花費在鬥蟋蟀上的時間也會很多。

士大夫們深受儒家文化影響，他們理想中的明君應該是勤政愛民的，像朱高熾一樣愛民如子的好皇帝。朱瞻基玩蟋蟀玩得太過火了，有時甚至上朝遲到，有時忘了及時批閱朝臣的奏章，士大夫們非常不喜歡。經過明朝前幾任君王的培養，到朱瞻基的時代，士大夫以師生關係為紐帶，已經發展成一個非常團結的集團，人稱文官集團，這個集團掌握著「票擬」的權利，敢直接批評皇帝。

明朝有一個特點，一道奏章的順利執行需要經過兩道關鍵程序，一道是「票擬」，另一道是「批紅」。「票擬」的主要任務是起草奏章，這由文官集團負責。「批紅」就是審閱奏章，決定是否通過，權力在皇帝手裡。天下所有的奏章，都要經過皇帝的「批紅」。可是，天下的奏章太多了，光是「批紅」都很累人。皇帝愛上鬥蟋蟀後，「批紅」工作越來越馬虎，有時看都不看，直接就批了。

皇帝玩蟋蟀喪志，荒廢工作，士大夫們不僅上書勸說，還戲稱他為蛐蛐皇帝。為遮掩自己的過失，朱瞻基想到了一個很好的辦法，請人代批奏章。皇帝能夠接觸的人不過四類，第一類是士大夫，第二類是武將，第三類是後宮嬪妃，第四類是太監。士大夫堅守理想，絕對不會越權替皇帝批閱奏章。第二類人和第三類人大多不懂政府法令，不會批閱奏章。但第四類人經常陪在皇帝身邊，耳濡目染，多少還是知道一點的。

選定太監為代理批閱奏章的人選後，朱瞻基就開始了埋葬大明王朝的工作，即教太監讀書。宣德元年（一四二六），朱瞻基下詔，設置「內書堂」供太監讀書。這是一件小事，但不少史學家認為，正因為朱瞻基的這個舉動，為大明王朝埋下了覆滅的禍根。

經過朱棣的大力培養，太監掌握了以朝廷暴力為後盾的、集監視、抓捕和司法於一身的東廠，權勢已經很大了。朱瞻基再教太監讀書，甚至讓他們批閱奏章，分明是將天下的另一半權力也交給太監。如此一來，太監既有「武」的權力，也有「文」的權力，真是權勢熏天。

那時的明朝，為了爭當太監，人們想都想瘋了。有的人沒被朝廷看上，竟然回到家裡私下將自己給閹了。有的人更不幸，儘管有了太監的身體，朝廷還是不需要他，因為有好多好多比他好的、想當太監的人。那些私下自我閹割最終卻沒被朝廷收留的人，跑到社會上，將一腔恨意胡亂發洩，整個社會很不安定。

發展到後來，為了維護社會穩定，朝廷不得不頒發一項特殊法令，禁止自我閹割。由此可見，想當太監的人，真的非常多。明朝的宦官制度是一個非常龐雜的機構，一共有二十四個衙門，每個衙門裡有十二個監、八個司和四個局。都說明朝有十萬個太監，此話不虛。

太監機構的正規職能是處理宮中大小事務，但東廠和「內書堂」卻正一步步地擴大太監的權力。受過「內書堂」教育的人，出來後就可以替朱瞻基處理部分政務。自從朱瞻基愛上鬥蛐蛐後，甚至將「批紅」的權力全部轉交給從「內書堂」出來的太監。如此一來，凡是太監所不喜歡的奏章，都被批駁回去。

奏章批下來，士大夫們越看越奇怪，最後才發現批閱奏章的不是皇帝本人。也有士大夫上書奏請皇帝禁止太監干政，可是「批紅」權掌握在太監手裡，皇帝連奏章都沒看到，也就沒想到限制太監干政。發展到後來，太監阻礙了士大夫與皇帝的溝通。皇帝看不到士大夫的奏章，不知道天下究竟發生了什麼事。放棄「批紅」權力的皇帝，全被太監蒙在鼓裡。

儘管如此，在朱瞻基時代，太監「批紅」的弊端還沒有暴露，因為朱瞻基的能力很強。他利用宦官的行動很適當，能夠保證宦官的忠誠和保密。但是，權力在某種意義上是一種毒品，嘗到好處的太監們，已經欲罷不能了。

【知識鏈結】

內書堂是明宦官學習的場所。太祖朱元璋時曾不准宦官識字，但未見只准用文盲的規定。後來選通書算之小內史管理典簿文書，與上述禁令矛盾。永樂時，允許教官入內教內侍讀書，選兩百多名十歲左右的內使在此學習，從此成為常制，教習一般選翰林官四員。

第六章：都是太監惹的禍

經過了仁宣之治，明朝已經很強盛了，但是還未到盛極而衰的地步。可是，隨著一個討厭的太監的出現，所有的美夢都停止了。這個愚蠢的太監，眼中只有錢和權，連自己的命都沒有。所以他不光搭上了自己，還連累著堂堂一國之君被綁架了。而這，才是故事的開始。

就怕流氓有文化

明朝太監千千萬，凡是有點名氣的必定都是懷有一技之長的，第一個出名的王振就是這樣。王振本是蔚州（今河北蔚縣）一帶的流氓，年輕時候讀過一些書，考了幾次科舉都沒有中，娶妻生子以後，在縣裡當教官，後來犯了罪即將被發配充軍。

這個時候，正趕上朝廷要挑選一部分地方上的學官入宮培訓女官，這本來是個好差事，可要命的是，入宮就得淨身成太監。要是碰上一般人，誰願意去誰去，反正自己不去，可是王振卻認為這是個出人頭地的大好機會，於是便拋妻棄兒，自閹進宮。

前面說過，宣宗皇帝是很重視太監的教育水準的，可是宮裡太監們大多都沒有知識，這時候粗通文字的王振就成了太監中的佼佼者，被尊敬地稱為「王先生」。宣宗也認為他是一個人才，便派他去侍奉太子朱祁鎮讀書。就這樣，生性狡詐的王振與太子朱祁鎮朝夕相處，用盡各種伎倆，深深地贏得了太子的歡心和信任。道貌岸然的王振一躍成了太子的啟蒙導師，這就為他以後奪權鋪平了道路。

沒過幾年，還算可靠的宣宗皇帝死了，太子順利繼承了皇位，諡號英宗。這下，深得他信任和依賴的王先生，自然受到了提拔和重用。王振取代原司禮太監金英的位置，瞬間成為太監的頭頭。

和他老爸相比，朱祁鎮就懶多了，他把「票擬」和「批紅」的權力都交給王振。一個放到現代小學都沒有畢業的、處在社會底層兼有嚴重生理缺陷的人，竟然掌握國家的行政大權，怎麼看都不對。

王振仗著皇帝對自己的寵信，開始在宮中作威作福。後來他的私欲日益膨脹，還掌握了一部分兵權，用來威懾那些手無寸鐵的文臣。

但是，王振奪權的道路也並非一帆風順。

宣宗在駕崩前，為朱祁鎮欽點了五位顧命大臣，他們是楊士奇、楊榮、楊溥、張輔、胡濙，繼位時朱祁鎮只有九歲，還不能親自處理國家大事，便由其祖母太皇太后張氏垂簾聽政。張太皇太后是一個賢明有德的人，她雖然秉政，但把一切國家政務都交給內閣大臣們處理，自己絕不過問。

張太皇太后見王振有逐漸干預朝政的野心，為防止宦官專政而亡國的前朝歷史悲劇重現，她決定給王振來一次下馬威，以打消他的野心和念頭。

一天，太皇太后讓宮中的女官穿上戎裝，佩上刀劍，守衛在便殿，然後將五位顧命大臣召來，囑託他們好好輔佐幼主，又囑咐皇上國事要和五大臣商量。過了一會兒，太皇太后宣王振上殿覲見。王振一看朱祁鎮和五位大臣都在，以為太皇太后要對自己委以重任，心裡正暗自得意。誰料，太皇太后一改剛才的和顏悅色，厲聲喝令他跪下，斥責他辦事不懂規矩，要賜死他。

王振還沒反應過來怎麼回事，脖子上就冷冰冰地架了幾把刀劍，頓時嚇得魂不附體，趴在地上直喊太皇太后饒命，渾身哆嗦。英宗和五位大臣也著實驚了一下，急忙跪在地上請求太皇太后免王振一死。

見此情形，太皇太后便也作罷，只是用極具震懾力的口吻，告誡王振新帝年幼，像他那樣的宦官自古以來就容易禍害國家，今天看在皇帝和大臣們的情面上，就姑且饒他一命，但以後絕不許他干預國政，如有違犯，定斬不饒！王振聽罷，急忙連聲稱是，不斷地磕頭謝恩，連滾帶爬地退了出去。

有了這次教訓，王振已經被嚇破了膽，便再也不敢興風作浪，安分老實地當了七年司禮太監。

太皇太后垂拱而治，德高望重的元老重臣忠心秉政，小小的王太監，就這樣被狠狠地鎮壓在如來佛的五指山下。如果太皇太后和五位顧命大臣能長生不老，那麼，王振是絕無翻身之日的。但是，只有長生不老的傳說，沒有返老還童的奇蹟，生老病死的自然現象無人能阻止。

正統七年（一四四二）十月，歷經四朝的太皇太后張氏病逝，大明王朝失去了對王振最有控制能力的一個人，王振奪權道路上的最大障礙被自然規律消除了。此時，五位顧命大臣也已經老的老，死的死，繼任的幾位內閣大臣又因為資歷淺缺少威望，朝廷的權力更迭正處於青黃不接的過渡時期。於是，王振擅權的一切條件都成熟了。憑藉著英宗朱祁鎮的寵信，王振輕而易舉地就獨攬了大明王朝的政權。

有一件事可以說明王振此時的囂張程度。在大明宮門口，矗立著一座三尺高的鐵碑。那不是一個普通的擺設，是太祖皇帝朱元璋為防止宦官專權而立的，上面鑄著「內臣不得干預政事」八個醒目的大字。專橫的王振私自命人將此碑搗毀。第二天的朝堂之上，竟無一人敢指責王振的罪行，大臣們的集體沉默實在令人扼腕。王振控制了錦衣衛，一時之間，權傾四海。此外他還廣結黨羽，一些官僚見王振日益掌握大權，便紛紛極盡諂媚之術，前來巴結賄賂，以求能換取一官半職。

有個名叫王祐的人，為了巴結王振，特意不留鬍鬚。王振問他為何不留鬍鬚，他厚顏無恥地把王振比作自己的親爹，說父親都沒有留鬍子，兒子更不能留。其無恥之境界，真可謂前無古人後無來者，但王振聽了，竟非常欣喜，立即將他提拔為工部侍郎。

古往今來，能成大事的人，深諳「良藥苦口利於病，忠言逆耳利於行」的道理，不會為周圍小人的諂媚而開懷，難成大事者則恰恰相反，王振就是這樣一個難成大事的小人。凡是對他阿諛獻媚、貪汙行賄的，就受到提拔重用，在那些無恥之徒的幫助下，王振的權勢日益膨脹。

同時，王振還利用各種機會排除異己，殘害忠良。他先後殺害了彈劾他的張環和顧忠，囚禁了駙馬都尉石璟。很多朝臣，皆因得罪了王振而遭受牢獄之災。

於是，從中央到地方，很快形成一個以王振為核心的朋黨集團，王太監的擅權之路至此走向巔峰。

但是，小人得志，必不會長久，私欲日益膨脹的王振最終將作繭自縛。

【知識鏈結】

侍郎，官名。西漢時候官廷近侍稱侍郎，是郎官的一種。東漢以後，成為尚書的屬官，初任時稱郎中，任滿一年稱尚書郎，任滿三年稱侍郎。唐朝以後，中書、門下二省及尚書省所屬各部均以侍郎為長官之副，官位漸高。相當於現在的部長、副部長級別。

也先怒了

一個小小的王振，竟能把國家搞得烏煙瘴氣，這也實在是賴英宗年幼無知，只聽王振的話，完全不知道國家正面臨的內憂外患。

蒙古一直是明朝在北方的勁敵，雖然屢遭明朝前幾任皇帝大力打壓，可瘦死的駱駝比馬大，他們的發展潛力還在。經過幾十年的發展，他們又迅速崛起，其中數也先部落最猖狂。

蒙古部落迫於明朝的威勢，向朱祁鎮稱臣，每年都向明朝納貢。這是一種透過經濟交往維持的相對和平狀態，而如果這種交往受到阻礙，大多數情況下會發生動亂，甚至是戰爭。貪得無厭的王振之所以深受世人唾棄，因為他挑起了明朝和蒙古的戰爭。

掌權之初，王振的胃口不大，對蒙古也先部落的敲詐很輕。也先屬於瓦剌的一個分支，瓦剌是蒙古地區的最大勢力，對明朝邊境的威脅很大。鎮守大同邊境的郭敬是王振的死黨，王振利用這個關係，每年都收取也先部落不少的好處。

蒙古人善於騎馬射箭，可是造箭的技術卻不高明。為了討好也先部落，在王振的授意下，邊關守將郭敬每年都私下大肆造箭，送給也先部落。不僅如此，為方便蒙古人和漢人的邊境貿易，王振竟然私自簡化關係國家安全的邊防。這樣一來二去，王振與也先部落的關係越來越近，交往越來越深，雙方都按慣例行事。

如果照此發展，明朝與蒙古的關係會很好。然而，就在正統十四年（一四四九），王振的行為大出也先的預料，可以說是王振狠狠地捅了也先一刀。按照慣例，也先部落每次前來朝貢，為了體現天國上朝的神威和富裕，明朝都要回贈價值更高的物品。明朝回贈的物品都是蒙古人極其想要、蒙古地區卻非常稀缺的。為了最大限度地獲取中原的財富，每次朝貢，蒙古的使團都儘量擴大人數。

按照明朝規定，蒙古使團來朝，使者不能超過五十人。這麼規定，首先是為了中央朝廷的安全，其次是儘量收縮回贈的開支。可是，皇帝都是愛面子的。一旦涉及面子問題，他們就忘了撐面子的代價。正統初年，皇帝見蒙古使者大批來朝，心裡非常高興，忘了人數限制。發展到後來，為了討好英宗皇帝，更為了個人私利，王振竟然唆使蒙古人多派使者前來朝拜。

蒙古使者來得越多，越能表現英宗的神威，同時也能增加王振的收入，王振又何樂而不為呢。在王振的操縱下，一方面是國家排場好，氣派大；另一方面是暴亂不斷，災害頻頻。

正統十四年，瓦剌派出二千五百多人前來朝貢。為了多領回贈，瓦剌虛報使團有三千人。自從與王振交往，瓦剌多報使團人數已成慣例。騙取明朝的回贈後，瓦剌會分一部分給王振。因此，對於這些事，王振總是睜一隻眼，閉一隻眼。

使團人數上報之後，瓦剌人整天樂悠悠地閒逛首都，一閒下來就計算回贈物品。明朝官僚機構的辦事效率很高，沒過幾天就將回贈發放到瓦剌使團手裡。瓦剌人不看不知道，一看就嚇了一大跳，頓時眼珠不會動了，張大的嘴也合不上來了，一顆心差一點就從口裡跳了出來。原來，明朝這次按照實到人數發放回贈。也就是說，瓦剌使團接到的回贈比預想的少了近五百份。由於明朝的回贈很豐厚，這五百份回贈加起來的話，大約夠瓦剌部落一個冬季的生活。現實與預想的差距太大了，瓦剌使團接受不了。更令瓦剌使團生氣的是，明朝竟然單方削減貢馬價格的五分之四。明朝這個舉動嚴重損害經濟交易中公平和平等的原則。瓦剌使團覺得自己不僅在經濟上遭到剝削，更在政治上受到壓迫，在精神上受到輕視。

馬匹對提高明朝軍隊的戰鬥力很重要。自從與蒙古發展邊境馬市以來，蒙古人的馬匹是明朝軍隊的最大供給來源。王振目光短淺，看不到馬市對中國軍隊的作用，朝中其他大臣知道，也先部落也知道。

此次朝貢大大失利，蒙古使團大怒而回。蒙古首領差點氣炸了肺。不僅如此，朝貢使團還捏造許多明朝輕視蒙古首領的謊言，稱明的官員總是出言侮辱。蒙古人十分看重身分，聽說被明朝公然侮辱，蒙古首領不等辨明真偽，就下令征討明朝。

也先部落是瓦剌中發展速度最快、最有血氣、戰鬥力最強的一支部隊。這支後起的部隊，就像一個小太陽，仗勢勇猛，十分猖狂。他們認為，如果沒有蒙古人的馬匹參戰，明朝就組織不起一支作戰能力強悍的騎兵。如果明朝只有步兵出戰，一定不能抵抗兼具速度和力量優勢的蒙古騎兵。

仗著擅長騎馬射箭的優勢，也先部隊兵分四路，大舉南下。瓦剌兵分四路，只為分散明軍的力量，他們的真實目的是攻取北京城。此次出戰，也先親征，可見瓦剌對明朝削減馬價和縮減回贈的痛恨。一場戰爭的爆發，都是因為王振這個太監的貪婪。

【知識鏈結】

也先，明代蒙古瓦剌部首領，又譯額森。出身於準噶爾部，姓綽羅斯氏。正統四年（一四三九）嗣位，稱太師淮王，常與明朝有貢使往來。「土木堡之變」後自立為大元田盛（天盛）大可汗，建號添元（天元），但統治時間很短，在內外叛亂夾擊中失敗。

皇帝親征被活捉

正統十四年（一四四九）七月，也先部隊大舉南下。明軍毫無防備，蒙古軍如入無人之境，大肆搶奪。很快，也先就突破了明朝的重重防守，直攻大同。大同守將郭敬是無能之輩，除了甘當王振的走狗、貪贓枉法外，一無長處。更為嚴重的是，明朝邊疆將士毫無憂患意識，平日只管享樂，沒有操練。訓練有素的也先部隊攻打沒有操練且軍備廢弛的明軍，結果自然是勢如破竹，一路上凱歌高奏。

邊關將領屢戰屢敗，求救文書如寒冬的雪片紛紛飛落京城。英宗看到求救文書後，召見的第一個共商對策的人不是武將，也不是文官，而是大太監王振。兵部尚書鄺埜和侍郎于謙都是有謀略、有見識的人，英宗拋棄有用的人，轉向無用的人諮詢，真是自己挖坑自己跳。

王振根本不懂軍事，更不知道蒙古強悍、明朝虛弱的局勢。他對英宗說，既然蒙古也先親自出征，明朝的皇帝也應該親征。只要英宗皇帝親征，一定能鼓舞大明士氣。如此一來，一個明朝軍士能抵擋幾個蒙古騎兵，勝利便唾手可得。英宗聽了後非常高興，自認為他可以仿效宋真宗親征的榜樣，打一個大勝仗回來，進而名留青史。

英宗不僅不知道自己幾斤幾兩，更不知道自己的邊防力量究竟多大。實際上，此時的邊防軍隊和明初相比已經減少了一半，如此少的有生力量，連防禦的能力都成問題，自然更沒有主動迎擊的能力。當時的兵部尚書鄺埜和侍郎于謙都認為蒙古來勢凶猛，再加上蒙古騎兵驍勇善戰，最好不要與敵人開展正面戰爭。可惜，忠言逆耳，英宗被王振的甜言蜜語欺蒙了，完全生活在夢幻的勝利裡，聽不進一句洞悉時局的話。

儘管反對皇帝親征的呼聲很激烈，朱祁鎮仍舊聽而不聞，他渴望建立軍功的雄心已經不可動搖。就這樣，為了虛名，英宗連自己的安危都置之不顧了。

是年八月，英宗命弟弟朱祁鈺監國攝政，自己親率二十萬（另一種說法認為有五十萬）大軍，浩浩蕩蕩地向北進發。由於這支軍隊是倉促組建的，再加上能力突出、作戰勇猛的將領大多被排擠在外，而最無能的王振卻被任命為最高統帥，致使這支軍隊沒有凝聚力。

除太監王振外，陪同英宗親征的還有一百多名文武官員，這些隨行人員都是忠心於英宗的。而留在宮中的那些官員則是對英宗失望的人，這時候他們已經在另尋明主了，大名鼎鼎的于謙就是這類人中的代表。

更加糟糕的是，由於出征前準備不足，大軍行走沒幾天，就開始鬧糧荒。由於伙食供給越來越少，一些兵將就開始鋌而走險，幹一些偷搶的勾當。王振不懂得軍紀的重要性，對此睜一隻眼閉一隻眼。發展到後來，很多軍士因為被強佔口糧而餓死在半途，還有些因為身體虛弱被遺棄在路邊。這樣，明軍還沒到達大同，就已經損失十分之一二的人馬，兵部尚書鄺埜和戶部尚書王佐對此十分心痛。

鄺埜和王佐認為，照此情形應該及早回軍。此提議一出，立即得到大部分軍士的贊同。可是，腦袋裡只長了一根筋的王振怎麼也不同意，為壓制回軍的呼聲，王振痛下狠手，罰地位最高的鄺埜和王佐在秋雨中跪了一天。這樣，呼籲回軍的聲音就消弭了。

等明軍終於到了大同，發現也先部隊已經撤走了。王振和英宗都認為，這肯定是他們害怕英宗親征的結果。於是，自大的英宗認為自己不戰而屈人之兵，功勞已經超越宋真宗。

大軍一路北上，沒有見到一個抵抗的也先士兵，王振和英宗整天樂呵呵地笑個不停。鄺埜等人看出這是也先誘敵深入的計策，冒著被再次懲罰的危險，再次奏請英宗回軍。結果仍是徒勞。這時，幸虧王振的死黨郭敬也感覺到了危險，聽了他的一番分析後，王振的腦子才終於開竅了。於是，他下令火速撤軍。可就是在這樣的時刻，王振還有心思打小算盤。他制定的逃亡路線是從紫荊關（今河北易縣西北）撤退，這樣皇帝就會經過他的家鄉蔚州。王振特別希望英宗能夠藉機駕幸自己的家，好讓他在父老鄉親面前炫耀一番。

明軍剛剛撤軍，也先部隊就緊追而來。大軍沿著原定的路線逃了四十多天後，王振突然意識到不能讓大軍經過自己家鄉了，因為他的大片莊稼就要豐收了，大軍一過必然破壞自己的收成。為了保全他的莊稼，王振不顧眾人反對，又做了一個十分不利於明軍的決定，繞道東行，向宣府（今河北宣化）直奔。聽說也先大軍追來，眾人都是輕裝速進，輜重在後緩緩而行。到達距離懷來城僅二十餘里的土木堡後，王振突然下令安營紮寨。因為，王振一路搜刮來的財物都放在後面的輜重軍車裡，一共有一千餘輛。如果也先部隊追上這些輜重，王振的搜刮就白辛苦了。

也先部隊片刻就追到，眾人都知道在土木堡停留不明智。可是，英宗只聽王振一人的話，誰都無法改變王振的決定。第二天，土木堡上的明軍醒來，發覺四周都是也先部隊。明軍被困土木堡，叫天天不應，叫地地不靈，失敗是必然的命運。如果王振有謀略，他可以帶領數十萬明軍衝出重圍，可惜他什麼都不懂，也不會任用懂謀略的人，這是他最大的失敗。因為他的失敗，數十萬明軍就被困在土木堡上，無路可逃。幾天之後，城破，英宗被俘。護衛將軍樊忠再也遏制不住內心的憤怒，掄起鐵錘，一下解決了這個禍國殃民的大罪人。

這個震驚全國的事件，在歷史上被稱為「土木之變」。

【知識鏈結】

土木堡在河北省懷來縣土木鎮境內，在歷史上是個響亮的名字，而今只是京張高速公路邊上一個普通的小鎮。明英宗親征也先，在此被活捉。土木堡之變發生後，明朝為紀念在此死難的將士，建立了顯忠祠。

北京保衛戰

朱祁鎮被俘，一百多名隨行官員幾乎全部力戰而死，大軍全軍覆沒。消息傳到北京，百官在朝堂上號啕大哭。為大局著想，皇太后含著眼淚任命成王朱祁鈺監國。這就是說，如果英宗有什麼三長兩短，朱祁鈺就是下一任皇帝。

朝臣認為，北征軍全軍覆沒和英宗被俘，罪過全在王振一人。可是，王振的黨羽馬順還死力辯護。群臣怒不可遏，揪出馬順，你一拳我一腳，將馬順活活打死。為平息民憤，朱祁鈺下令，誅殺王振一黨，梟首懸掛街頭示眾。處理內部奸臣後，明朝的首要問題是解決皇位的空缺。

俘獲英宗後，也先非常高興。他認為，只要借助英宗，就可以向明朝索取贖金，甚至可以換來宣府或大同，進而控制邊境。可是，當明朝和大同都籌措了充足的贖金後，也先反悔了，因為他發現英宗是無價之寶。隨英宗朱祁鎮一起被俘的有一個叫喜寧的人，他為人朝三暮四。英宗失勢後，喜寧馬上倒向也先一邊。憑藉熟悉明朝的喜寧謀劃，借助英宗這個無價的籌碼，也先準備大幹一場。他答應放英宗回北京，條件是英宗與他聯姻。被俘的英宗很機靈，他答應聯姻，條件是他回北京後舉辦。如此一來，英宗採取的是拖延戰術。既然與英宗談不攏，也先就準備攻打北京。那時的北京已經陷入混亂，因為守城的軍隊不過十萬人。謀略家兼老臣徐有貞認為，皇帝被俘，大同和宣府等邊關要鎮存亡未卜，北京已經危如累卵。

為了明朝的未來，朱祁鈺應該仿效宋朝，南遷首都。這位大星象家的預言更加擾亂了北京城的穩定，不少官員和富商紛紛舉家南遷。

憑著一身錚錚鐵骨，侍郎于謙堅決反對遷都。兵部尚書鄺埜戰死土木堡，于謙就是北京城中最高的軍事指揮。于謙的這個提議，贏得了很多熱血男兒的附和。例如大學士陳循、吏部尚書王直、禮部尚書韓雍和李永昌等人。為了爭取更多說話有分量的人支持，于謙等人四處活動，最終孫太后也加入他們這一派。

決定留守北京後，于謙等人認為，如果要擊敗也先的陰謀，只有最大限度地降低他手中的籌碼——英宗的價值。如果明朝不承認英宗的皇位身分，也先即使扣留英宗，也只是白白浪費糧食。再說，如果明朝有人主持大局，說不定也先認為英宗無用，就放他回北京。孫太后知道以國家為重，答應朱祁鈺登基稱帝，冊封英宗剛滿兩歲的長子為太子。

相比而言，朱祁鈺的性格比較懦弱。朝臣勸他登基時，他開始還很抗拒，後來得知孫太后批准了，再加上于謙的關係，他才答應了下來。

九月二十三，朱祁鈺在最簡單的儀式下登基，史稱景帝。為粉碎也先利用英宗轄制明朝的陰謀，新皇帝立刻頒布詔書，宣告英宗為了國家利益，自願讓位；同時，任何從蒙古地區發出的、以英宗為名義的詔令都應不予理睬。如此一來，在明朝歷史上，出現了兩個皇帝共存的尷尬局面。但這卻是在不得已的情況下做出的十分必要決定，因為這關係到北京的危亡，更關係著國家的存亡。

新皇帝繼位後，他所面對的最大困難就是解決北京的防衛問題。為了加強防衛能力，朝中有能力的官員都開始擔任武將要職，例如兵部侍郎于謙被提升為尚書，可以調動任何文官。于謙從宣府調回近八萬精兵守衛北京，同時動員北直隸、山東、山西、河南和遼東一帶的精兵。不到一個月的時間，北京的防衛兵力迅速得到補充，達到原來的二十二萬人左右。

在于謙和朱祁鈺的改組下，北京城的糧食、武器和兵力等都得到了及時的補充，全城軍民士氣高昂，同仇敵愾。眼見北京城越來越有生命力，也先再也不能等待了，他親率大軍襲擊大同。

為了迷惑守城軍士，在也先的授意下，英宗被推到城門前。蒙古人告訴守城軍士，除了重新扶持英宗登上皇位外，他們沒有其他的目的。可是，英宗祕密告訴守城軍士，不能聽信。

攻打大同以失敗告終。也先撥轉馬頭，直取紫荊關。經過好幾天的浴血奮戰，蒙古人終於破關，大軍壓境北京城。也先再次告訴守城軍士，他們的目的只是扶持英宗重新登上皇位。可是，守城軍士不但不領情，還殺了也先派出的使者。

這個時候，喜寧告訴也先，應該假裝歸還英宗，讓新朝廷派遣要臣前來迎接，再將明朝要臣全部扣留。新朝廷看破也先的詭計，只派兩個低階官吏迎接英宗。也先不放人，他的謊言不攻自破。

經過于謙的整改，北京城固若金湯。也先無法攻打，五天後撤軍。喜寧告訴也先，應該侵佔華北地區的一小片土地，打著英宗的旗號建立一個傀儡政權。事實證明，喜寧的任何提議都是不切實際的，因為經過改組的景泰朝廷有很強的戰鬥力。最讓人哭笑不得的是，種種謀劃被也先和殘酷的事實否決後，喜寧竟然提議攻打南京，建立南方的明朝。

不久，也先的君主，蒙古的脫脫不花汗正式向景泰朝廷派遣納貢使團，開始結束雙方的敵對狀態。

景泰元年（一四五〇），也先派遣喜寧出使明朝。喜寧的倒戈和陰謀令明朝很痛恨，他剛剛踏上明朝的土地，就被抓捕，判成死罪。

喜寧死後，也先缺乏謀臣，便不再打北京城的主意。

【知識鏈結】

喜寧，女真族人，明正統年間的太監。正統十四年（一四四九），明英宗朱祁鎮在權奸王振的鼓動下，御駕親征，在土木堡被瓦剌太師也先所敗。喜寧隨朱祁鎮被俘。被俘後，喜寧叛變，投靠了也先，為其出謀劃策，意圖推翻明朝政權。

一山不容二虎

也先的問題解決後，英宗的未來就成了景泰帝最大的痛苦。想當初，他不當皇帝，是因為英宗還沒有死。可是，一旦登上皇位之後，景泰就再也放不下手中的權力了。所以，自從擊敗也先，他壓根兒沒想過英宗再回來。

此時，英宗對於蒙古人已經沒有任何利用價值了，而且他們也養不起這個祖宗級的人物了。所以，蒙古幾次三番地催促明朝儘快接英宗回北京。景泰帝出於保持權力的私心，也為了防備蒙古再次利用英宗偷襲北京，便將此事一拖再拖。

到後來，禮部侍郎李實奉命出使蒙古時，景泰已經不再提起英宗。英宗本人也給景泰寫過信，表達了自己的悔恨之情，景泰皇帝對此依然無動於衷。後來，還是都御史楊善出使蒙古時自掏腰包，為英宗贖了身。

兄弟相逢，本是好事。可是，在這兩兄弟之間，橫亙著一條權力的長河。儘管英宗早已承諾放棄一切，但景泰帝的猜忌之心卻絲毫不減。最為突出的例子是，在頒布迎接英宗的命令和制定迎接的禮儀上，明朝內部發生了無數次爭吵，連英宗的回程日期都耽擱了。英宗此刻第一次感到被遺棄的痛苦，相比而言，在土木堡被俘的經歷反而好受些。

千等萬等，英宗終於在景泰元年（一四五〇）九月十六日被接回朝。景泰皇帝親自迎接，除了臉色不太好外，一切都算不錯。由於不是皇帝了，英宗被安排在南宮的一所新建房子裡住。敏感的英宗從幾個侍婢和太監的表情舉止中讀出：他已經不再是皇帝了。

對常人而言，這種極大的失落感會催生無窮無盡的反抗之心。然而，英宗是一個曾遭遇重大變故的人，他對一切都看得很透，不再將一切牢牢抓在手心。現在的景泰既然那麼喜歡權力，就成全他。於是，回來後的第四天，英宗就在太廟宣布，承認景泰為皇帝。

英宗一再忍讓，然而景泰的打壓不但不收斂，反而做得越發不近人情。首先，景泰不讓英宗接見瓦剌的使者。他認為，如果他們見了，一定會同謀推翻他的統治。其次，景泰不讓英宗過生日。這個大違常情的規定，目的是想讓英宗忘記自己。其實，對於一個皇帝而言，他放棄權力，就相當於忘記自己。可惜，景泰不懂。再次，景泰規定，英宗不能參加新年慶典。

景泰的種種規定，只有一個目的，將英宗排擠在皇宮之外，甚至排擠在生活的世界之外。在朝臣看來，這些規定都是不合情理的，因而景泰越來越不得人心。

景泰是在危機之中繼位的，這決定了他的皇位只是暫時性的，沒有延續下去的理由。英宗的長子朱見深便一直是公認的太子。可是，景泰三年（一四五二）五月二十日，景泰公然冊封他的兒子朱見濟為太子，立朱見濟的母親為皇后。這在眾多官員看來，是一個要逆天的錯誤決定。果然一年多後，新太子不幸夭折，新皇后也在一四五六年去世。

緊接著，景泰又做了一件使群臣心寒的事。新太子去世後，不少大臣紛紛上書，勸說景泰另立太子。他們的言外之意是，當皇帝是天命註定的，只有英宗的兒子朱見深有這個命。剛剛遭遇喪子之痛的景泰聽了這話後，就像聽到這些人詛咒他的兒子死絕一樣，因而勃然大怒，將這些大臣都打入大牢，殘酷對待，好幾個體質差的竟被活活打死。

事情發展到這個地步，景泰排擠英宗父子的心已經昭然若揭。那些被景泰排擠的官員，紛紛倒向英宗。他們認為，經過共同的奮鬥，英宗還是能夠繼續當皇帝的。就算英宗不當皇帝，英宗的孩子朱見深早晚也會當上皇帝。只要英宗父子中的一個得勢，他們的前途就是光明的。在這群人當中，數石亨最有野心、最有心計。

石亨府上養了一群仗勢欺人、專門貪汙行賄的小人。自詡「兩袖清風」的于謙見石亨一黨如此猖狂，接連打擊了幾次。可是，石亨一黨的行為屬於集體犯罪，如果不連根拔起，無法從根本上杜絕。

為了擊敗景泰的寵臣于謙，石亨聚集了一群專幹違法勾當的奸人。京師衛戍部隊的都督張軏是石亨的助手，與石亨一樣，也是一個貪得無厭的人。野心勃勃的徐有貞不甘心居於于謙之後，痛恨景泰對他的冷落，整天都祈求朝廷發生大變動，好趁機攀升。都御史楊善懷有與徐有貞一樣的心情，因為景泰沒有嘉獎他接英宗回京的功勞；一想到接英宗回京的一切花銷，楊善就後悔得要命。在這群人當中，還有一個把王振奉為楷模的宦官將軍，名叫曹吉祥。曹吉祥沒有其他志向，只想繼承民族大罪人王振的事業，並力求將它發揚光大。

他們時刻準備著，終於在天順元年（一四五七）等來了千載難逢的機會。景泰染上重病，不僅不能上朝，甚至連新年慶典都無法參加。儘管景泰病重的消息被嚴密封鎖，無孔不入的石亨還是知道了。趁皇帝病重的大好時機，石亨、張軏、曹吉祥、徐有貞和楊善等人集結大約四百名禁衛軍，急急忙忙地衝入英宗居住的南宮。他們推推搡搡，英宗還沒明白過來發生了什麼事，就已經被擁上帝輦了。

英宗被抬入皇宮後，石亨等人立即撞擊鐘鼓，召集朝中大臣，宣布英宗復位。等到朝臣明白發生了什麼事後，英宗已經安安穩穩地坐在龍椅上了。石亨等人發動這次政變時，不是從南宮門入，而是破牆為門，硬闖而入，因此這個事件在歷史上被稱「奪門之變」。

此時，躺在病床上氣息微弱的景泰，已經感覺到所發生的一切。很快，他就嚥氣了。這場兄弟之爭似乎又回到起點，但是景泰八年的插曲不容抹殺，儘管時間很短，他還是對大明朝的發展有所貢獻。

【知識鏈結】

南宮，即洪慶宮，在故宮東南角，也就是今天北京南池子普渡寺。英宗被也先送回後，被景泰安排在此居住，實際上相當於囚禁在此，英宗在南宮的時間共八年，這八年間，他忍辱負重，安靜地做著「太上皇」。

第七章：「功臣」的下場

說到「功臣」，我們一般都認為他們是好人，可是好與壞本沒有絕對。對於明英宗來說，他能夠在時隔八年之後重新拿回屬於自己的位置，確實是很多人努力的結果，只是，這種擁戴並沒有多少信仰可言，一切都是權力的誘惑。當他們開始肆無忌憚地索取回報時，也就是他們走向滅亡的開始。

徐有貞的發跡與衰微

對於明王朝來說，正統十四年（一四四九）的「土木堡之變」是一場驚變和浩劫，但對於許多投機份子和陰謀家來說，它卻是不可多得的發家契機。徐有貞就是在這時走上了大明王朝的前台，開始了他可鄙、可嘆、可悲的政治生涯。

徐有貞原名徐珵。史書記載，他對天文、地理、兵法、水利、陰陽、方術等各類書籍都有涉獵，屬於博學多識的百科全書型人才。他不僅在只知四書五經、綱理倫常的典型明代文人中是個異類，在其他任何時代，也都是個高深莫測之人。

一開始出道時，他走的還是一條傳統的路線。如正統七年（一四四二），他曾向皇帝上疏，提出關於軍事和政治的五條建議，得到了皇帝的嘉許，但未被採用，他本人也未得到重用。後來，他憑藉自己的一技之長——觀星術開始嶄露頭腳。正統十四年（一四四九），「熒惑入南斗」。徐有貞的解讀：這是兵禍的徵兆。於是急匆匆地打發老婆、孩子逃回南方老家。恰在此時，蒙古瓦剌部進犯，明英宗御駕親征，大軍臨行時，他又指著天象，預言此次出兵必定失敗，而且皇上也回不來了。果不其然，土木堡一戰明軍大敗，明英宗被瓦剌軍隊俘虜。徐珵頓時名聲大噪，在朝廷中得到了相當的發言權。

後來，也先的大軍浩浩蕩蕩地開來，當時監國的朱祁鈺急急忙忙找人商量對策。這時，徐珵隱隱覺得機會來了，擺出一副泰然自若的樣子，說自己夜觀星象，只有將都城南遷，才能避此災禍。結果話一出口，就招來了罵聲一片。連太監金英都對他嗤之以鼻。當時的兵部侍郎于謙大喊一聲：「言南遷者，可斬也。」他才慚愧地不敢說一句話了。從此，徐珵的名聲大壞，很多年都沒有得到提升。悔恨交加的徐珵開始醞釀其他方法。

在他的周轉斡旋中，徐珵發現，有兩個人，將有可能決定他的命運。這兩個人，一個是曾經讓自己膽顫心驚的于謙，另一個是內閣大臣陳循。

徐珵首先去糊弄陳循。他先是畢恭畢敬地獻上禮物——玉帶。玉帶這東西，在古代可是有著不同尋常的意義，這是身為人臣最高地位的象徵。然後，又拿出了當年最拿手的看家本領——占星。一番折騰之後，神祕地說了一句：「公帶將玉矣。」也就是說，陳循馬上就會加官晉爵了。徐珵自身對政治的敏感又一次幫了他。不久，陳循果然晉升為少保。大喜之下，開始屢屢推薦徐珵。陳循正式被徐珵搞定。

然後是于謙。雖然當時朝廷用人，大多是于謙說了算的。對這位剛直不阿的大臣，徐珵還是有點本能的畏懼。於是，他選擇了迂迴策略，在于謙門下的士人之間，奔走遊說，想得到國子監祭酒的職位。在徐珵的連續出擊下，于謙終於為他說了話。但是，頭腦清醒的明代宗一聽徐珵的名字，馬上想到了他當年建議南遷時的嘴臉，十分反感。目的沒有達到，心胸狹窄的徐珵也並不知道于謙為他說了話，反而認定是于謙反對而壞了自己的好事，對于謙的憎恨又加深了一層。

後來，因為徐珵這個名字實在太臭，實在沒辦法在官場混下去了，在陳循的建議下，徐珵將名字改為有貞。

改名之後，徐有貞的仕途開始一帆風順起來。先是景泰三年（一四五二），升為右諭德，繼而因治河有功，晉升為左副都御史。天順元年（一四五七），景泰病重，他毫不猶豫地加入到石亨和張軏的復辟活動之中。復辟成功後，徐有貞被授為兵部尚書，後又封武功伯，兼華蓋殿大學士（宰相），掌文淵閣事，賜號奉天翊衛推誠宣力守正文臣，錦衣衛指揮使。

這個投機份子儘管走上了人生輝煌的頂點，但他始終不曾忘記對于謙的恨。明英宗復辟後，一直反對復辟的「救時宰相」于謙地位搖搖欲墜。英宗覺得，朝中有這樣一個並不支持自己卻勢力極大的人存在，是一個嚴重的威脅。再加上徐有貞屢進讒言，于謙就被關進了監獄。但這還不足以完全除去于謙。徐有貞於是套用秦檜陷害岳飛時那個著名的「莫須有」罪名，說于謙一直在想著謀反。這其實正中英宗下懷，於是英宗也就睜一隻眼閉一隻眼，任由徐有貞來審于謙。結果于謙冤死獄中。

于謙一死，徐有貞開始肆無忌憚，一下子原形畢露，處處擺出一副小人得志的傲慢樣子。每次起草詔書，都要經人再三催促才到；對原來景泰朝留下的官員，則是大肆罷黜；對當年一起謀劃南宮復辟的同事石亨和曹吉祥，更是處處看不順眼。而石亨和曹吉祥也不甘示弱。一對二的戰爭正式拉開帷幕。

戰鬥一：徐有貞不斷與英宗密談，說石亨和曹吉祥的壞話。結果：徐有貞勝。

戰鬥二：徐有貞支持監察御史楊瑄揭發石亨和曹吉祥侵佔民田之事。結果：徐有貞勝。

戰鬥三：曹吉祥令小太監竊聽皇帝和徐有貞的談話，然後再透露給皇帝，製造徐有貞私自散布與皇帝密談內容的消息，讓英宗認為徐有貞不可靠。結果：徐有貞降為廣東參政。

戰鬥四：石亨令人寫匿名信，對英宗大肆指斥然後誣陷此事與徐有貞有關。徐有貞僥倖逃脫。

戰鬥五：石亨利用徐有貞文章中一句「纘禹成功」的話，說他自比大禹，還想要封地給自己，足以證明他有謀反之心。結果：皇帝決定殺掉徐有貞。

然而，徐有貞又一次走了狗屎運，就在劊子手磨刀霍霍之時，京城忽降雷雨，很多建築被破壞，石亨家也遭了水災。古人都迷信此時殺人不吉利，徐有貞便撿回了一條命，被發配至雲南。之後不到一年，石亨敗落被斬首，徐有貞回鄉閒居。他一心盼望能夠再得重用，於是拾起了觀察天象的老本行，常揮動鐵鞭起舞，等待佳音的到來，卻一再以失望告終，苟且偷生十餘年後病逝。

【知識鏈結】

國子監祭酒，官職名，為從四品，隸屬於最高學府國子監，主要掌管大學之法與教學考試。其上為監事大臣，轄下有監丞等輔佐官職。相當於今天國立大學的校長一職，一九一二年清朝滅亡後，在新學制下該官職廢除。

李賢的潛伏大戲

故事還得從英宗剛剛復位時說起。那是天順元年（一四五七），徐有貞組閣，他安排親信許彬、薛瑄入閣。此時的內閣加上徐有貞共有四人，他的勢力已經達到了四分之三，可以說基本控制了內閣和朝政大權，但他仍不滿足。經過再三斟酌，他看中了外表老實本分的李賢，試圖將他拉攏到自己旗下。

徐有貞自認為眼光敏銳。確實，從表面看來李賢在任職的二十餘年間，兢兢業業，恪守本分，交友廣泛，贏得廣泛的喜愛。在徐有貞的操縱下，李賢馬上升為翰林學士，入內閣，不久任命為吏部尚書，從此大明王朝選拔官員的大權就在李賢手中了。這下徐有貞滿意了，明朝大勢，已完完全全掌控在自己的手中。

但是，在徐有貞自己的字典裡，只有權勢、地位、金錢。他不明白，在這個世界上，還有一種叫做「正義」的東西存在。

歷史如開玩笑般地將一個維護正義的使命壓在李賢的肩上。他的使命，往小處說，就是殺掉這些害死于謙的蠅營狗苟之人，為于謙討回公道；往大處說，就是除去大明王朝的祿蠹，為政治的清明和社會的發展作貢獻。

其實，李賢與于謙並沒有什麼往來，甚至在政治上還曾有過分歧。這或許是徐有貞信任他的原因。但是，徐不知道，于謙清正廉潔的作風、指揮京城保衛戰時泰然自若的風度、剛直不阿堅守原則的立場、為國為民死而後已的勇氣，早已深深刻在了李賢的心底。而徐有貞呢？他猥瑣投機，落井下石，貪財怕死，也被李賢一樁樁看在眼裡。從于謙慘死的那一刻起，李賢就下定決心要為他報仇。

就當時朝廷的形勢來說，李賢的處境十分凶險。經過分析，李賢敲定了他的基本奮鬥策略：潛伏。他不聲不響，默默等待著時機的出現。因為他知道，現在時機尚未成熟，要戰勝奸邪的敵人，只能比奸邪者更有謀略。而現在最好的謀略，就是等待。當年害死于謙的，不只有徐有貞，曹吉祥、石亨都是同謀。而他們現在，均把持了朝廷上最重要的位置，稍有不慎，全盤皆輸。但是，不把他們除掉，于謙冤案得不到昭雪，大明王朝將永遠黑暗下去！想要成功，只有一個辦法，就是挑起徐有貞和曹石二人的衝突，讓他們在自相殘殺中互相削弱勢力，最後自己再出面將他們一網打盡。可是現在，這個時機還沒有出現，只能忍。

他知道自己不能孤軍奮戰，要拉攏每一個可以幫忙的人！於是，他在官場上的交際更加靈活。對待徐有貞，他畢恭畢敬，唯唯諾諾；對石亨等人，也保持了較密切的來往，甚至讓他們感到，李賢其實也是自己人。

經過長時間的觀察和積累，有一天，李賢發現，機會來了。他的第一步，就是利用徐有貞的勢力，打擊宦官集團。

天順元年（一四五七）五月的一天，都察院御史楊瑄告發曹吉祥、石亨等人貪汙受賄，排除異己。英宗在朝堂上命人宣讀了楊瑄的奏摺，曹吉祥吃了這當頭一棒，嚇得說不出話來。因為曹和徐之間已經互相猜忌，所以雖然上奏摺的是楊瑄，但曹吉祥已經認定，這件事情背後的主謀，就是徐有貞。而他不知道，這件事情的全盤策劃者，乃是李賢。他更沒想到的是，這一天的上疏，只是遊戲的序曲而已。

沒過多久，李賢便再次出手，策劃了第二輪攻擊。這一次的行動，和上一次步驟基本相同，仍然是徐有貞找李賢策劃上疏，他們搜集了大量石亨、曹吉祥不法的證據，然後一起策劃如何彈劾。李賢對籌畫的積極參與讓徐有貞倍感親切，更加堅定了對李賢的信任。

這一次，他們找的上奏者是張鵬，上疏時間也是精心安排的。這一天，石亨恰巧出征在外，是對曹吉祥、石亨分別擊破的大好時機。但是，石亨和曹吉祥透過安排的眼線已經得知了這個陰謀。於是就在張鵬上書的前一天，石亨已經連夜趕回北京，找曹吉祥商量對策了。

第二天，石亨和曹吉祥相約進宮，一見皇帝，便放聲大哭，邊哭邊悲痛地述說御史張鵬是怎麼受人指使，想置他們二人於死地，實在沒有辦法，請皇帝做主。英宗見這架勢還以為發生了什麼大事，仔細一聽，才鬆了一口氣，畢竟對於大臣之間的衝突，得過且過也就罷了。於是便若無其事地聽著。這時，石亨冷不防放出了對徐有貞致命的一箭：「御史安敢爾！」明英宗頭腦一震，石亨的看似無心之語擊中了明英宗的死穴，他一下子意識到徐有貞專權得已經過了頭，當即下令處決徐有貞。若不是因為行刑時天有異象，殺人不吉，徐有貞早就沒了命。可是，就算沒死，也被發配到廣東。

李賢終於除掉了徐有貞，下面該輪到另外兩個人了。

這兩個人的智商與徐有貞相比，有著天差地別的距離。不用李賢替他們製造罪證，他們自己就在不斷製造問題。因為他們的飛揚跋扈，皇帝早就已經看不順眼了。天順四年（一四六〇），在李賢的精心策劃下，石亨入獄，一個月後慘死獄中。曹吉祥發現苗頭不對，馬上做出了最愚蠢的決定——發兵謀反。他和養子曹欽攻打皇宮，還劫持擊傷了李賢，不到兩個時辰就被英宗俘獲，凌遲處死。

事情發展至此。李賢終於鬆了一口氣。潛伏多年的願望終於實現了。在這十幾年裡，他隱忍偷生，甚至不惜屈身於徐有貞這樣的跳樑小丑之下，就是為了等到這一天的來臨，于謙也終於可以瞑目了。

【知識鏈結】

李賢（一四〇八—一四六七），字原德，鄧州（今河南鄧州市）人，宣德年間進士。官至當朝首輔。成化二年三月，李賢父親去世，告老丁憂。李賢一生從政三十餘年，為官清廉正直，政績卓著，是明朝文官中難得的治世良臣之一。

從暴發戶到階下囚

為朱祁鎮由「太上皇」重新變成「皇上」立下大功的第一號人物是石亨。和政治投機份子徐有貞不同，石亨是位武將，而且戰功顯赫。但自從他擁立英宗復位後，就對自己的權力和財富產生了一種前所未有的不滿足感，內心的欲望開始逐漸膨脹。他就像一個暴發戶一樣，心態逐漸不平衡起來。

首先，他要利用皇帝來誇耀自己的權勢。史書記載，石亨希望皇帝同意自己在祖墳前立碑，這個碑要工部來建造，還要翰林院撰寫碑文。這擺明是要國家機關為他個人服務，皇帝怎麼可能同意此等荒謬之事。

立碑的事情被駁回了，石亨絲毫沒有收斂的意思，甚至越發連皇帝也輕視起來。上朝的時候，心情好了就去，心情不好就到處瞎逛，有時候不知道跑到哪兒去了，一連幾天都可能見不到人影，甚至帶著自己的遠房親戚參觀皇宮。皇帝來了，也不迴避。這也就罷了，最誇張的是皇帝一不答應他的要求，他就對皇帝大發脾氣。

這是在朝內。在朝外，石亨就更不成體統了。他貶黜大臣，賣官鬻爵，經常故意趕走兩京的大臣，把空缺出來的官位，授予自己的親信，或者拿來出售，明碼標價。當時官場的價目表是「朱三千，龍八百」，朱是朱銓，龍是龍文，三千和八百分別是他們向石亨買官的價格。

事情發展到這裡，所有的人都看得出來，石亨的死期已是不遠了。

天順二年（一四五八），藩王朱瞻墡的出現，讓石亨失去了皇帝的信任。當年石亨等人對于謙扣了謀反的「莫須有」罪名，說他想擁立朱瞻墡入京稱帝。朱瞻墡為了澄清自己，決定親自上北京喊冤。

事實證明，朱祁鎮這個人心腸軟好說話，他一下子就相信了自己的叔叔，認定自己被石亨等人耍了。朱祁鎮怒氣沖沖地責問石亨，石亨欲辯無詞，將所有責任都推到徐有貞頭上。皇帝聽了，暗想事情都到這一步了，你再這樣裝也太假了吧？於是狠狠地斥責了石亨。

本來皇帝對石亨已經很不滿了，更兼他權勢在握，與大太監曹吉祥狼狽為奸，姪子又是握有重兵的邊關大將，當時的朝臣中間還有很多人拜於其門下——這一切，都讓皇帝十分憎恨。有一次，皇帝問李賢：「國家政事大臣們不向我這個當皇帝的來請示，全都跑到石亨他們那裡去了，我該怎麼辦呢？」聰明的李賢馬上回答說：「全天下都是皇帝的，你想怎麼辦都行！」

朱祁鎮馬上明白了李賢的意思。對啊，整個天下都是自己的，一個石亨，算什麼東西！但是，對於這幫曾經幫助自己重登皇位的功臣，明英宗尚未動殺意。直到天順二年（一四五八）的「翔鳳樓事件」後，英宗才改變了主意。

那年冬天，明英宗和幾個文武大臣到翔鳳樓遊玩，登到最高處，皇帝突然發現一座豪華的宅邸出現在自己眼前。他不禁指著那個地方問恭順侯吳瑾，這是什麼地方。吳瑾當然知道，這就是石亨的宅院。

但是，作為于謙的同情者和仰慕者，吳瑾早已對石亨深惡痛絕。他略一思索，做出了一個十分精明的回答：「此必王府。」皇帝一想，不對，王府也沒有這麼闊氣啊。早已準備好如何作答的吳瑾當即跟上一句：「非王府，誰敢僭踰若此？」聽到這話，朱祁鎮的眉頭間湧上了一股寒氣。其實，他早已知道這是石亨的府邸。

石亨就是再笨，也略微察覺到皇帝對他的不滿。他之所以還敢如此囂張，是因為他掌握著軍隊。石亨除了安排自己的姪子石彪在外地統兵外，自己也統率著京城駐軍，還在皇帝身邊安排了不少眼線。此外，他還收買了錦衣衛指揮使來為自己四處打探消息。天真的石亨以為，自己的這些措施對付老實的皇帝朱祁鎮綽綽有餘，只要形勢一有變，自己與石彪裡應外合，一個柔弱的明英宗，又算得了什麼。

可是他錯了。在南宮裡曬了八年太陽的皇帝，早已經不是那個整天對王振言聽計從的年輕人了。如今他成了真正的一國之主，想要剷除這樣一夥烏合之眾，簡直就像捏死一隻螞蟻一樣簡單。

天順三年（一四五九）八月，石亨的姪子石彪被揭露出私藏龍袍，這可是滅九族的滔天大罪。皇帝還發現，石彪竟然霸佔了也先曾經送給自己的一個女人。朱祁鎮心中的怒火一下子躥到了極點，二話不說，直接把石彪扔到了大獄裡。

石彪一進去，石亨的外援被切斷了。直到這時候，石亨才發現，什麼大權在握，什麼裡應外合，全是美好的設想。自己的真實地位，只能算是一個拿著高薪的雇工而已。現在沒有了石彪撐腰，單憑在京城裡這些「自己人」，什麼事都成不了。

經過反覆思考，石亨決定老老實實地低頭認錯。他哭哭啼啼地說了一些沒管好姪子之類不切重點的話，懇求皇帝讓他回家種菜去。而朱祁鎮卻不想就這麼輕易地饒了他，故作無事地寬慰石亨。告訴他說姪子的事和石亨沒什麼關係，讓石亨繼續為大明帝國貢獻力量。

石亨一聽這話，真的以為皇上不想動他，連一再堅持辭職這樣慣常的秀都沒做，依然我行我素。而此時，朱祁鎮在暗地裡已經出手了，他迅速搞定了和石亨關係最親密的一夥人，只剩下石亨一個孤家寡人。現在，要扳倒石亨，只需要眨眼的力氣。但是，想起石亨曾經在「奪門之變」中立下的功勞，他又動了慈悲之心。

可是，李賢卻不想放過他，許許多多為于謙叫屈的正直之臣也不想放過他。

這一天，朱祁鎮又對李賢提起了「奪門」時的事情。李賢知道，機會來了。他當即說道：這「奪門」二字所用不當，因為天下本來就是皇上的，說「迎駕」就比較合適了。皇帝當即大悟，明白用「奪門」正說明自己的皇位來路不正，而皇位本來就是自己的，無須「奪」取。可見，這都是那些小人為了邀功請賞製造出來的說辭。要不是李賢今天提醒，讓「奪門」這個詞流傳後世，那我豈不是名不正、言不順嗎？想到這裡，朱祁鎮不由得流下一陣冷汗。

朱祁鎮隨即下詔，今後不許再使用「奪門」二字。朱祁鎮的這個行動，讓石亨徹底失去了籌碼。不久，石亨以謀反罪下獄，抄沒家產。天順四年（一四六〇），石亨死在獄中。這就是石亨，一個狂妄自大者的宿命。

【知識鏈結】

朱瞻墡（一四〇六—一四七八），明仁宗第五子。永樂二十二年（一四二四）被封為襄王。宣德四年（一四二九）以藩王身分駐守長沙。正統元年（一四三六）徙襄陽（今湖北襄陽）。在諸王之中，瞻墡最長且賢，威望很高，也很忠心。

太監也想當皇帝

徐有貞死了，石亨也死了。曹吉祥發現，「奪門之變」的「功臣」一個個都被幹掉了。而下一個，就要輪到自己了。

李賢的計策一石二鳥，英宗下詔再不許提「奪門」二字後，石亨死了，曹吉祥也不再有猖狂的資本。按理說，這個時候的曹吉祥應該夾起尾巴做人，但是他已經無法放下對權力的留戀了。他想，既然已經走到了懸崖邊，不如就此一搏，反了，等自己做了皇帝，就誰都不怕了。

經過一番分析，曹吉祥發現自己還是很有優勢的。

首先，作為掌管朝廷中樞機構的司禮監主管太監，他可以隨意出入宮廷。

其次，曹吉祥在正統年間曾出任過監軍。那時，他挑選了一些彪形大漢作為自己麾下的心腹。這些壯漢至今仍然蓄養在家中，因此兵甲充足。

再次，曹吉祥的一幫養子和姪子，都手握朝廷的兵權，嗣子曹欽更是擔任著都督同知，又受封昭武伯。這可是有明以來，都不曾有過的宦官子弟封爵位的先例。

再加上身邊一大批逢迎拍馬的奸佞之徒追隨，他們經常接受曹吉祥的厚賞，紛紛表示願意為曹吉祥賣命。他們可以作為造反的羽翼。

就這樣，曹吉祥認為，自己當皇帝，那是指日可待的了。

曹吉祥興奮地將自己的計畫告訴了嗣子曹欽等人，他們一拍即合，很快就制定出了作戰計畫。這個計畫概括起來就是：曹吉祥做內應，曹欽帶兵一路衝殺進宮，殺掉明英宗，自己做皇帝。雖然這個計畫看起來很可笑。但是，曹吉祥等人十分有自信能成功。

導火線很快被點燃了。天順五年（一四六一）七月，曹欽對家人曹福濫用私刑，被監察官上奏彈劾。明英宗派錦衣衛處理了此事，並下旨通告群臣。曹欽一聽，大驚失色，馬上聯想到徐有貞和石亨的悲慘結局，認為皇帝終於要向他們動手了，於是馬上找曹吉祥商議，決定策兵謀反。他們諮詢了朝廷的天文專家，確定了起兵的黃道吉日。

出征前，曹欽在家中大擺宴席，招待即將參加謀反的官吏。其中有一個叫馬亮的人，越想越覺得這件事情離譜。於是，趁其他人酒酣之際，他偷偷地溜了出來，一口氣跑到了好友吳瑾面前，告訴了他這個驚人的消息。

吳瑾臉色大變。但是，驚慌過後，他發現自己對此也是無能為力。因為時值深夜，吳瑾孤身一人，手上又沒有兵符，想調兵鎮壓是萬萬不可能的。情急之下，他突然想起，孫鏜此時也正在朝房值夜。於是，急急忙忙地趕去找孫鏜商議。孫鏜聽了，馬上趕跑去稟報皇帝。但由於此時已是深夜，皇宮大門早已關閉。當他們兩個趕到長安門時，只有用一種「急變」的方式將事情通知皇帝。

明代所謂的「急變」，就是在十萬火急的情況下，必須在夜間驚動皇帝時採用的一種緊急聯繫方式。上奏者將所要陳奏的情況寫在紙條上，然後從長安門的門縫中塞入，由守門人將奏疏呈遞皇帝，不得有絲毫拖延。

朱祁鎮得知這個消息後，表現出了異乎尋常的冷靜，他當即命人捉拿曹吉祥，並下令關閉皇城以及京師的九道大門。不經允許，不得輕易打開。

但是曹欽手中的兵力不得小覷，如果在天亮之前沒有援軍趕到，一旦曹欽攻破皇宮，情勢就十分危急了。而朝廷調兵程序複雜，時間緊迫，吳瑾等人只好想其他方法，從各處尋找援兵，先將局勢穩住。可是還沒過多久，曹欽的軍隊就已經攻到長安門下。此時，皇帝已下令將長安左門牢牢堵死，曹欽想盡一切辦法，甚至用火燒門，就是沒法將大門打開。曹欽見長安門攻也攻不開，燒也燒不著，徹底失去了控制，氣急敗壞地哇哇亂叫。長安門外已是亂成一團，吵吵嚷嚷，火光沖天。

這時孫鏜等人在城外臨時召集了兩千餘人前來助戰，在兩邊同時夾攻下，局勢開始逆轉。曹欽一方呈現出敗相，一邊戰一邊後退。此時，天色已經大亮了。吳瑾帶著幾名騎兵在東順門苦苦支撐。但是，以幾人之力，根本不是叛軍的對手。吳瑾面無懼色，與叛軍拚死相搏，力盡而死。

曹欽見攻下長安門已是不可能了，只好想別的迂迴之策。他先後轉攻東安門、朝陽門，都難以攻下。後來圍著北京城繞了一圈，發現所有的城門都已經關得死死的，他已經沒有任何機會了。此時，尚書馬昂以及會昌侯孫繼宗陸續帶兵到來。曹欽的手下被殺死過半，曹欽的幾個弟弟也被當場擊斃。

曹欽知道敗局已定，狼狽地往回跑，沒想到這時候，連老天爺都與他過不去了。忽然間大雨傾盆。曹欽退無可退，躲無可躲，情急之下看到路邊一口水井，直接跳井而亡了！

曹欽雖然死了，但是官兵絲毫沒有就此了事的意思。他們一齊追上，將曹欽從井中撈出邀功。其他人衝殺入曹欽家，見人就砍，見東西就搶。而曹欽的幾個妻妾此時還在家中做著當后妃的美夢呢！

曹欽、曹吉祥謀反案平定後，明英宗召開朝會，宣布將曹吉祥凌遲處死。已經死去的曹欽兄弟四人的屍首重受萬剮凌遲之刑，所有曹氏的親黨全部判成死罪。

曹吉祥和曹欽的陰謀被徹底粉碎了。這一戰，孫鏜和吳瑾發揮了決定性的作用。朝廷將孫鏜晉封為侯，力戰而死的吳瑾被追封為涼國公。

【知識鏈結】

兵符是古代傳達命令或調兵遣將所用的憑證。用銅、玉或木石製成，因形狀像老虎，所以又被稱為虎符。一個虎符被製作成兩半，右半由國君保存，左半交給統帥。當需要調動軍隊時，必須將兩個半塊虎符放在一起驗合後，才能生效。

第八章：唯女子與小人難養也

對於一個皇室子弟來講，愛情本來就是一種奢侈品，它總是被政治綁架，很難有自由之身。但是，朱見深和萬貴妃的例子，絕對會顛覆上述觀點。對於萬貴妃來講，這個世界上有那樣一個男人深深地愛著自己仍不夠，她還要費盡心機去滿足自己的欲望。而在朱見深的世界裡，不只有惡婦，還有小人。

一場匪夷所思的愛情

天順八年（一四六四）正月，明英宗朱祁鎮病死，太子朱見深繼位，是為明憲宗。隨著朱見深的即位，中國歷史上一場最離奇的戀愛也正式走上了舞台。

朱見深的童年生活，可以用「水深火熱」來形容。他出生兩年後發生了「土木堡之變」，作為朱祁鈺登基的交換條件，被立為太子。但他的地位不但不穩固，而且充滿了凶險。朱祁鈺的眼睛時時刻刻在盯著他，恨不得將他斬草除根。為了保護年幼的小孫子，孫太后將宮女萬貞兒派到朱見深的身邊照顧他。這個萬宮女，聰明乖巧惹人喜歡，從小跟隨孫太后的身邊，頗通書畫文墨，是孫太后的心腹。那一年，萬宮女十九歲，朱見深兩歲。

宮裡的人都知道他被廢是遲早的事情，所以沒有誰願意去接近他。作為一個太子，他的存在感為零，因此朱見深十分孤獨。而此時，只有他心中最敬愛的萬貞兒守護在身邊。

日子就這樣過了三年，朱見深的太子之位就被廢了，從此流落皇宮之外，過的是有今天沒明天的日子。更可怕的是朱祁鈺的手下遍布他周圍，讓他沒有絲毫安全感，好像隨時都可能突然死去。這樣的生活，持續了整整五年。這五年裡，仍然只有萬宮女待他如親人一般不離不棄。

五年後，朱祁鎮重新奪得皇位，朱見深太子的身分得以恢復，他又回到了皇宮。雖然這時候他一下子成為萬人景仰的對象，但任憑誰，也已經無法取代萬宮女在他心中的分量。隨著朱見深的長大，情竇初開，他和萬宮女的關係也漸漸改變了性質，雖然這時候萬宮女已經三十出頭。

十五歲的時候，朱見深當上皇帝，也到了大婚的年紀。他心裡只愛萬貞兒一人，但萬氏比他大十幾歲，而且出身低賤，因此只能封她為普通嬪妃。但萬氏始終抱著做皇后的決心，她不擇手段地陷害朱見深的第一個皇后吳皇后。吳皇后見她不遵禮數便教訓了她，誰知她跑到朱見深那裡大吵大鬧。見自己的愛人受了委屈，朱見深勃然大怒，將皇后打入冷宮，不久就下令廢掉了她。繼任的王皇后可是知道萬氏的厲害，一直對她忍氣吞聲，因此日子過得還算安穩。

萬氏的另一個算盤是生個兒子，然後「母以子貴」。孩子出生後，她被封為貴妃。可是，這個孩子不及滿月便夭折了，而且從此她再也沒有懷過孩子。這件事情以後，朱見深對她反而更加憐惜，可謂萬千寵愛集一身。可是她的心腸卻更加狠毒。她買通太監，每當得知哪個妃嬪有了身孕，馬上送去打胎藥，逼迫她們喝下去。

幾年過去了，朱見深一直沒有子嗣。朝野內外，一片憂心。雖然明憲宗也愁眉不展，但仍是很少出入萬貴妃之外其他宮人的住所。直到成化五年，柏賢妃生下皇子。憲宗大事慶賀，將其立為皇太子。但不到一年，這個孩子也不明不白地夭折了。宮人太監們知道就是萬貴妃毒死了太子，但卻沒有一個人敢去告發。在明憲宗的眼裡，萬貴妃永遠是那個世界上唯一可以相信、可以依靠的善良女人。

令這位萬貴妃沒有想到的是，在自己趕盡殺絕的政策下，竟有一隻漏網之魚。而且，這個孩子一直平穩地長到六歲，才被大家發現。這個孩子是朱見深和宮中一個女官所生，也是這麼多年來朱見深唯一的兒子。朱見深為他取名祐樘，並立他為太子。

這一下，萬貴妃徹底慌了。十幾年來，壓在心頭的不祥預感終於成為現實。萬貴妃思來想去，開始策劃一樁又一樁謀害太子的行動。但是這個太子被孝肅周太后嚴密地保護著，萬貴妃明裡暗裡都難以得手。眼看著太子一天天長大，萬貴妃決定改變策略，既然皇帝已經立了太子，自己又無法再生育了。那麼，最好的辦法就是讓皇帝再添幾個孩子，說不定還能與太子一爭高下。於是，萬氏逐漸拋棄了謀害產婦幼兒的一貫興趣，後宮中接連添了十餘位皇子。

經過萬貴妃的細心觀察，她將目標鎖定在邵宸妃的兒子興王朱祐杬身上，想扶持朱祐杬繼承大位。只要一有機會，她就向朱見深又哭又鬧，要求廢掉皇太子朱祐樘，另立朱祐杬。儘管這時候萬貴妃已年近六十，但朱見深仍是對她又愛又怕，根本離不開她，雖是心中不願，卻也不由得動搖了幾分。時間長了，也就答應了萬貴妃的要求。

於是，朱見深找來司禮太監懷恩商量太子廢立事宜。懷恩一聽，連連說不可，朱見深一怒之下，把他貶到鳳陽守皇陵去了。

眼看著萬貴妃以其不可思議的魅力和手段就要獲得勝利了，這時，朝廷忽然接到奏報，東嶽泰山發生地震。欽天監正順水推舟，對皇帝說，據天象所測，此兆應在東宮。明憲宗怕廢太子會惹怒天意，也就不再提易儲之事，太子的地位這才得到了保全。

萬貴妃美夢到此時，終於破滅了。任憑她怎麼披散著花白的頭髮又哭又鬧，老淚縱橫，皇帝再也沒有提過改立太子之事。萬貴妃心如死灰，終於發現，自己已經徹底衰老了。在前方等待她的，是寂寂深宮裡苟延殘喘的最後時光。但是，她連這最後的時光也熬不過去了。

成化二十三年（一四八七）春天，風光一時的萬貴妃因肝病死去，時年五十八歲。這場宮廷爭鬥最終以太子朱祐樘的全面勝利而告終。

萬貴妃死了，群臣鬆了一口氣，朱祐樘也鬆了一口氣。但是，深深戀著萬貴妃的朱見深卻傷心極了。萬貴妃的死似乎讓他喪失了對這個世界的所有希望。他為萬貴妃輟朝七天，並賜謚「恭肅端慎榮靖皇貴妃」，按照皇后之禮將萬貴妃葬在天壽山，並悵然而嘆道：「貴妃一去，朕亦不久於人世了！」果然，同年八月，鬱鬱寡歡的明憲宗一病不起。十天後，服從、縱容了萬貴妃一生的成化皇帝便追隨她而去了。時年四十一歲。

萬氏以一個卑微的宮女出身，竟寵冠後宮二十多年。這個比朱見深大十幾歲的的半老徐娘，名為貴妃，實為皇后。她曾經為了自己的獨寵，殘害生靈，不擇手段，甚至到了慘絕人寰的地步，招來後人的無數非議。但是，他們不知道，在朱見深那孤獨無助的幼年歲月裡，只有萬氏守護在身邊，陪伴著他，走過無數的風雨，始終不離不棄。即使是朱見深對她的所作所為了然於心，也是百般順從，不忍苛責。這份感情，應該是任何人、任何事物都無法取代的。

【知識鏈結】

欽天監是歷代負責掌觀察天象、推算節氣、制定曆法的官署名稱。從秦、漢時便開始設置，歷代的名稱不同，職掌大致相同。明朝延續元朝司天監、回回司天監的設置，改稱欽天監，有監正、監副等官職充任，明末有西洋傳教士加入其中。

敗家的太監

明憲宗成化二十一年（一四八五）三月的一天，朱見深想到自己已經十幾年沒有去視察王朝的存款了，於是他來到內藏。可是，當他打開內藏庫的大門時，發現裡面已經空蕩蕩的連一個子兒都沒有了。朱見深勃然大怒，馬上喝令梁芳前來問話。

這個梁芳是誰？為什麼才短短十餘年，內藏存銀就被人花光了呢？對於這個局面的形成，萬貴妃有著不可推卸的責任。

明憲宗成化朝，存在著兩股不可小覷的力量。

其一是宦官勢力，這個不言自明。自古以來，皇帝和太監就有著剪不斷理還亂的關係。至明朝，宦官勢力坐大到不可思議的地步。不管是在宮裡還是宮外，均有宦官插足。而朱見深由於從小被人冷落，在孤單和寂寞中度過了自己的童年。只有萬氏一人始終陪伴在他的身邊，所以極其不擅長與人交流。再者，他還有著口吃的毛病，怕遭到大臣的嘲笑，所以話能少說就少說。但有時候實在需要交流，就將事情委託給身邊的宦官。於是，成化朝的宦官勢力愈加猖獗。

其二是外戚勢力。成化年間，得寵的唯萬貴妃一人，所以成化年間的外戚勢力，說白了就是指萬貴妃集團。這兩股勢力從中國進入封建社會以來，就在不斷地進行著你死我活的爭鬥。幾千年來，從未消停過。然而在成化朝，他們卻停止了爭鬥，走上了一條相互合作、共同發展的道路。這個梁芳，就是這個時期最著名的太監之一。而梁芳走上發達之路的第一步，就是賄賂萬貴妃。

梁芳知道，只要得到萬貴妃的信任，得寵於明憲宗就是指日可待的事。於是，他聯合自己的親信韋興，不斷地將各種各樣的珍珠、奇貨、寶物獻給萬貴妃。而他的黨羽錢能、韋眷、王敬等人，也紛紛藉著給皇帝採辦的名義，被派任到各大鎮當鎮守太監，滋擾生事，搜刮財物。因為萬貴妃的關係，明憲宗對這些事情全然不加過問。

為了以更快的速度搜刮到更多錢財，梁芳還推薦了李孜省和僧人繼曉，互相勾結，用各種不正當的手段謀取私利。其中有一種最為著名，就是設立傳奉官。這些傳奉官，不需要經過吏部的審核，也不進行選拔、廷推和部議等選官的基本程序，就由皇帝直接任命。在萬貴妃的參與下，梁芳等人拿著皇帝的聖旨直接授官給自己的黨羽，已經當官的，就再加提拔。前前後後累計下來，傳奉官竟達到千人之多。其中有些人甚至從毫無功名的平民百姓一舉提拔為太常卿。

得到皇帝的如此看重和信任，只憑藉依附萬貴妃的勢力，是遠遠不夠的。梁芳除了善於巴結，還有另一項特殊技能。這項技能決定了他能夠在大明後宮中翻手為雲覆手為雨。那就是製造金丹和春藥。

憑藉著自己為皇宮採辦日常用品的職位，梁芳一方面不斷地從宮外引進一些新奇的小玩意兒哄皇帝和萬貴妃高興，另一方面引進原材料加工製造金丹、春藥給明憲宗和萬貴妃，有時也直接進獻集市上所售的春藥。不僅如此，萬貴妃殺溺宮中嬪妃所生的嬰兒，絕大多數也都是梁芳出手操作的。

憲宗朝的宮廷就在這樣的烏煙瘴氣中，持續了很多年。大臣實在看不下去，他們決定反攻。一天，陝西巡撫鄭時上奏，揭發梁芳的惡行。鄭時的上奏絲毫沒有撼動梁芳的地位，反而被罷官。由於鄭時正直清廉，深得民心，陝西百姓得知後，紛紛沿路痛哭，為他送行。這件事情傳到明憲宗耳中，他為自己的做法感到有些後悔，於是罷黜了十個傳奉官，還將六個傳奉官下獄，並下詔從今以後，凡是因傳聖旨而授予官職的，都要復奏。但是，對於梁芳，皇帝卻沒有給予任何處罰。不久，刑部員外郎林俊又彈劾梁芳及繼曉，皇帝二話沒說，直接將林俊投進了監獄。

梁芳的母親一直以來住在老家廣東。於是他便向皇帝請示，藉著供奉老母的名義，讓他的弟弟、錦衣衛鎮撫梁德經常往來於京師和新會之間，乘機在廣東到處搜羅奇花異鳥，以個人的身分進貢給皇帝。而梁德來往所用船隻、車輛、腳夫、口糧包裝等費用，則均由政府供給。他還請皇帝讓他承襲廣平侯，憲宗也答應了。

就在梁芳這樣沒邊沒際的揮霍之下，內藏的存銀越來越少。終於到了這一天，皇帝發現，自大明朝建國以來至今，幾代人辛辛苦苦存下的七窖銀錢竟全部用光了。而梁芳卻仗著自己受寵，將所有的責任都推脫到興建顯靈宮和各處祠廟上，說是為了替皇帝祈求萬年福澤。明憲宗雖然十分惱怒，知道梁芳是在撒謊，但想到梁芳的好處，卻也沒有苛責他。而是說道：「我不懲罰你，也會有人找你算帳。」說完，皇帝便甩手而去了。

梁芳回想著皇帝的話，越想越怕。忽然，他靈機一動，想到萬貴妃對太子一直恨得咬牙切齒。如果聯合萬貴妃廢掉朱祐樘，重新擁立一個新太子，那麼他看在自己擁立之功的分上，說不定可以搪塞過去。於是，便千方百計遊說萬貴妃，讓她勸說皇帝廢了朱祐樘，改立興王為太子。但最終，二人的奸計未能得逞。

成化二十一年（一四八五）的一天，天空中出現流星，聲音大如雷。明憲宗擔心是上天對自己的懲戒，下詔求直言。於是，科道官紛紛上奏彈劾梁芳等人。但是，明憲宗仍舊沒有懲處他。

成化二十三年（一四八七），太子朱祐樘承繼大統。他即位後所做的第一件事情，就是糾正成化朝政的弊病，趕走了宮中所有的法師、道士、禪師等人，貶斥了那些不可一世的宦官，朝政為之一清。而梁芳則被降為南京御用監少監，退居家中，後來也一直沒有被重新起用。

【知識鏈結】

內藏庫，官署名。宋太平興國三年（九七八）始設置，隸屬於太府寺。主要掌管儲存的每所經費節餘，供非常情況下使用。金代屬於宣徽院統轄，掌管內務府的珍寶財物。元代屬太府監，掌管出納御用諸王緞匹、紗羅、絨錦、南綿、香貨等物。明代沿用此制。

獲寵的妖道

皇宮，內廷。

一個身著道袍，手持拂塵的中年男子正在為成化皇帝朱見深表演扶鸞大法。據自己的親信梁芳所說，這個人不僅上通神靈，下知世事，而且還知曉煉製長生不老丹藥之術，是上天派來為朱見深延年益壽、消災解禍的大法師。

這個人名叫李孜省。

李孜省是江西南昌人，他曾經作為布政司吏待選京職，後來因為貪汙藏匿之罪而被免職。正無所事事一籌莫展之際，李孜省結識了梁芳。此時的梁芳在大明宮廷中正是炙手可熱，看到李孜省，發現這個人是個可培養的人才，於是將他一舉提拔為傳奉官。而這位傳奉官最主要的職責，就是為成化帝煉製長生不老丹藥，同時也開發一些春藥等附屬物品。

春藥製作還算是一項古老而又傳統的技能，有一定的理論依據，但是研究長生不老丹藥就只能說是荒謬絕倫。曾經有過多少皇帝因為服食了丹藥中過多的鉛、汞、金、銀等化學物質而一命嗚呼。但是，這些擺在朱見深眼前的事實抵擋不住他修仙成道的決心。李孜省憑藉自己的一副伶牙俐齒，將自己的本事吹噓得天花亂墜，各種奇怪的丹藥不停地往明憲宗嘴裡送，終於一步步地成為明憲宗身邊的寵臣。

不僅如此，李孜省還懂得一項特殊的技能，就是五雷法。

五雷法是道教方術中的一種。其操作方法，是用自己精血做引，藉天庭的天、神、龍、水、社五位雷部正神之令，得到雷公墨篆，引九天之上的雷公五子下凡。使用五雷法，不僅可以求來雷雨，還能袪除疾病，立功救人。據史料所載，在五雷法的操作歷史上，只有宋代的林靈素對此略有造詣，曾經召呼風霆、立臺求雨，但只是有一點小小的應驗而已。而李孜省卻號稱得到了五雷法的真傳，在朝廷中興風作浪。

不管是煉製仙丹、製作春藥，還是吹噓五雷法，這些統統都不是李孜省的最終目的。李孜省畢竟是曾經做過京官待選的。因此，地位稍一穩固，他便暴露出了自己的真實所求——插手朝政。

只用了兩三年時間，李孜省就憑藉著煉丹藥、進獻淫邪方術的諂媚功夫，順手向皇帝索要權力。由於李孜省的荒唐行為早已被朝臣所知，所以他們堅決反對，但這些仍未擋住李孜省升遷的道路。雖然有種種禮制規定，但李孜省仍是憑藉著成化皇帝的寵愛，一步步地達到目的。

雖說朝中的大臣都知道李孜省的真面目，大多不願與他交往，但總有一些趨炎附勢之徒為了能夠走捷徑升官，來巴結李孜省。內閣大學士彭華和劉吉就是李孜省的忠實走狗。他們串通一氣，以權謀私，買官賣官，使得成化朝本就烏煙瘴氣的局面更加黑暗。

成化二十一年（一四八五）正月，天象有異，於是成化皇帝向群臣請求進一些直言，免遭上天懲戒。很多官員都上奏，說設立傳奉官的危害不淺，都是李孜省、常恩等人的錯。成化皇帝於是貶了李孜省的上林監丞職位，並下令吏部，查錄官員名單，發現有「冗濫者名凡五百餘人」。裁撤了一部分之後，只留下六十七人，朝廷內外，都十分高興。

也正是因為這件事情，讓李孜省對廷臣更加憤恨。他製造事端，驅逐了主事張吉和員外郎彭綱，更加利用自己旁門左道的功夫，左右皇帝的意圖。由於朱見深從小受了很多苦，內心深處非常空虛，除了萬貴妃，唯一的精神寄託就是崇信宗教，而且信仰極其廣泛，佛也信，道也信，民間巫術也信。為了犒勞這些助他修行的人們，就大肆地給官做。不管是道士、和尚還是巫師，都可以透過這個途徑加官晉爵。李孜省便是牢牢抓住成化皇帝的這個軟肋，不到一年，便重新得寵。

同年十月，李孜省再次官復左通政，開始作威作福起來。他一想到那些朝臣整天和自己過不去，便下定決心，狠狠地整治他們。他先是進讒言，捏造罪名罷黜了和他不和的吏部尚書尹旻及其兒子侍講尹龍，然後趁勢在皇帝面前表演扶鸞大法。哼哼唧唧地折騰一陣之後，告訴皇帝說，江西人赤心報國，請皇帝多在江西選拔官吏。於是，李孜省已經致仕的黨羽副都御史劉敷、禮部郎中黃景、南京兵部侍郎尹直、工部尚書李裕、禮部侍郎謝一夔，都因此而重新得官。

從此，李孜省一發不可收。在為皇帝採辦貨物的同時，趁機引進自己的親信，「間采時望，若學士楊守陳、倪岳，少詹事劉健，都御史余子俊，李敏諸名臣，悉密封推薦」。直至發展到官吏的升遷，大多只是李孜省一句話的事。而執政大臣萬安、劉吉、彭華緊隨其後。他所排擠的江西巡撫閔珪、洗馬羅璟、兵部尚書馬文升、順天府丞楊守隨，全部被貶，朝野為之側目。

按說大明朝廷的局勢發展到現在的狀況，李孜省應該已經滿意了。但是，他似乎覺得，這些還遠遠不夠。他開始把自己的觸角伸到了特務系統。

明代的特務系統是中國封建社會所有朝代中最為發達的。他們專門負責為皇帝監督臣子的一言一行。負責這項工作的，主要是東廠和西廠。而李孜省一插手，直接向皇帝提供祕密情報，將東廠、西廠直接架空，這讓他們都感到十分不滿。李孜省決定先下手為強，馬上聯絡了尚銘，先將西廠頭目汪直一舉打垮；然後又聯合言官，剷除了和他精誠合作的尚銘。

此後，梁芳繼續肆無忌憚地貪汙受賄，李孜省繼續為所欲為地安插親信。成化皇帝繼續煉丹製藥，寵幸貴妃。大明朝廷雖然已變得黑暗不堪，但依然風平浪靜，相安無事。終於到了那一天，成化二十三年（一四八七），明憲宗朱見深駕崩。

明憲宗的死宣告了他們這些所謂神仙道士的好日子正式完結。朱祐樘即位第六天，就將李孜省趕出皇宮，發配邊疆。

【知識鏈結】

扶鸞，道教的一種占卜方法，又稱扶箕、卜紫姑等。扶鸞時必須有正鸞、副鸞各一人，另需唱生二人及記錄二人，合稱為六部（三才）人員。運用一根Y字形木筆，由鸞生執筆在沙盤上揮動成字，並經唱生依字跡唱出來，經記錄生抄錄成為文章詩詞，最後對該訊息做出解釋。

官場混混萬安

正統十三年（一四四八），由朝廷舉辦的進士科考試已經放榜了。中試的舉子們正列隊站在空曠的大殿裡，等待著皇帝的召見。其中，那個鬼頭鬼腦的人就是萬安。

中國古代的科舉制度中，通過最後一級考試——殿試者，稱為進士。而進士又分為三甲。其中一甲三人，賜進士及第，第一名稱為狀元，第二名榜眼，第三名探花。二甲、三甲，分別賜進士出身、同進士出身。萬安考中二甲第一名，也就是全國第四名。這種感覺應該就像是現在的運動員在比賽中得了第四名一樣，看著戴上獎牌的前三名，心裡一定總有些不是滋味。

但這些對於萬安來說，並不要緊。因為，用不了多久，萬安便會用事實向世人說明，會考試的，並不一定就是會在官場混的。

萬安中進士後，被任命為庶吉士，授翰林院編修。到了明憲宗成化初年，又被升為禮部左侍郎。在進入官場的最初幾年中，萬安並沒有做任何實事，而是將所有的精力都用在建立關係和巴結之上。他先是與宦官們拉攏關係，然後以此作為他的內援，巴結他的主要目標——萬貴妃。

當時，萬貴妃正深受明憲宗的寵愛。萬安大獻殷勤，極力投其所好。為了得到萬貴妃的幫助，他還利用自己和萬貴妃都姓萬這個有利條件，千方百計地和萬貴妃攀上了親戚關係，自稱是她的子姪輩。一開始，萬貴妃並沒將萬安的話放在心上，但說得多了，萬貴妃也就漸漸地真把他當作了自己的娘家人。於是，萬貴妃開始介紹自己的弟弟、錦衣衛指揮萬通和萬安認識，讓他們互相當成本家來往。一來往，又發現萬通的妻子王氏竟然是萬安妻子的妹妹！於是，萬貴妃以及萬通和萬安的來往便更加親近了。

萬安利用這層關係，讓自己的妻子隨時到後宮走動，同時替他打探宮中的情況。在自己的精心謀劃下，萬安很快得到了提拔。成化五年（一四六九），萬安進入內閣，開始參與處理國家最高政務，同時仍兼翰林學士。但是，進入內閣後的萬安，並沒有改變自己拉關係鑽營的本質。閣臣們都知道萬安是靠巴結萬貴妃而進入內閣的，對他都十分輕視，甚至當時還有傳言說，他是因為向明憲宗進獻春藥而得寵的，於是譏諷他為「洗屌相公」。

同僚的小覷和風傳的流言並沒影響到萬安的心情，他依然我行我素。在處理公務上，只堅守著一個原則，那就是混事。

成化七年（一四七一）冬天，天上出現彗星。朝中大臣以此為藉口，說彗星的出現是上天對皇帝多日未見大臣的警示，紛紛上疏要求皇帝到朝堂議事。在大學士彭時和商輅的強烈要求下，明憲宗終於答應了與朝臣相見。但是，司禮監宦官卻吩咐道：你們第一次和皇上見面，彼此之間都不太熟悉，因此氣氛也不一定融洽，所以你們不要說太多，不重要的話就以後再說吧！

見到皇帝後，彭時等大臣剛要向皇帝陳述國家政務，萬安冷不防雙膝跪地，連連叩頭，三呼萬歲請求告辭。這個突然的變故讓彭時和商輅頓時丈二和尚摸不著頭腦，不知道該怎麼辦了，於是也只好叩頭告退。從此，大家開始戲稱萬安為「萬歲閣老」。但是，萬安才不管別人怎麼笑話自己，只知道這件事情以後，皇帝就更不召見大臣了，自己正好樂得清閒自在。

成化九年（一四七三），萬安升任禮部尚書，成化十三年（一四七七）改任戶部尚書，加銜太子少保，授文淵閣大學士。成化十四年（一四七八），遷吏部尚書，進銜為太子太保，謹身殿大學士。此時彭時已經死了，商輅因為受到宦官汪直的排擠，也被免官。因此，當時的內閣主要由萬安、劉珝、劉吉組成。

這三個人，互相爭權奪勢。以萬安為首，聯合李孜省、鄧常恩和彭華等南方的官員結成的朋黨，與以劉珝為首，聯合尚書尹旻、王越則所組成的北方的官員黨開始進行你死我活的較量。

這場爭鬥以萬安的全面勝出而宣告結束。劉珝及王恕、馬文升、秦紘、耿裕等諸大臣相繼被放逐，而萬安的死黨彭華則由詹事升遷為吏部侍郎，進入內閣。此時的明憲宗，已經深陷道教不能自拔了。他加封「金闕真君」、「玉闕真君」為上帝。每天能見到皇帝的，只有李孜省、鄧常恩等人。眼看國家社稷千瘡百孔，四處遭災，作為內閣首輔的萬安卻全然不加過問，對皇帝的行為聽之任之。當時，社會上流傳著「紙糊三閣老，泥塑六尚書」的說法，可以說是對這屆內閣最為形象的諷刺。

成化十八年（一四八二），萬安由於上疏請罷西廠，而受到朝臣的稱讚，被加授太子太傅，升華蓋殿大學士。萬安走到了自己官宦生涯的巔峰，朝臣中無一人能與萬安相抗衡。而在萬安執政的二十年中，每逢科舉考試，他都必定讓自己的門生擔任考官。於是，兒子萬翼官拜南京禮部侍郎，孫子萬弘璧擔任翰林院編修。其他姪子、外甥、女婿等諸多親戚，也大多取得了功名。

然而，好景不長，成化二十三年（一四八七），明憲宗駕崩，朱祐樘登基。由萬安負責為新皇帝起草即位詔書。萬安以為，新皇帝即位，年輕而且經驗不足，並不太放在眼裡。於是，他趁機下令禁止諫官進言。朝野上下，一片譁然，彈劾的奏摺不斷送到朱祐樘手中。

其實，剛剛登基的明孝宗朱祐樘，此時還並不想整治萬安。大明皇宮中諸多神仙道士剛剛被清理走，朱祐樘想，這件事情就到此為止吧！直到有一天，朱祐樘發現了一本淫穢書籍，封底赫然署有「臣安進」，便一下明白了這與萬安有關。朱祐樘本人十分痛恨此類書籍在宮中流傳，況且這還出自一位內閣首輔之手，更讓他覺得噁心。

就這樣，已經七十多歲的混混萬安百般不情願地辭去了職務。萬安為官一生，除了向萬貴妃獻媚，向皇帝傳授房中術外，沒有任何作為。

【知識鏈結】

太子太傅，是太子的師傅，教授太子讀書為人，太子對其執弟子之禮。商、周兩代已經設置。在明代為正一品。太子太傅的人選一般都是當朝學問做得最好的，並且品德高尚，是賢明之士。

天下只識汪太監

論知名度，太監汪直可是明朝的風雲人物。所謂三百六十行，行行出狀元，不管從事什麼工作，只要能取得相當的成績，都是能人。汪直的出名就在於他把一個太監所能獲得的權力都抓到了手中，成為明朝開國以來太監中的佼佼者。

汪直初到宮中時，在萬貴妃的昭德宮中服役。由於他為人機敏，事事小心，處處討好，深得萬貴妃和明憲宗的歡心，所以沒過多久就被提拔為御馬監太監。

御馬監可不是一個只管養馬的清水衙門，它掌管朝廷御用的兵符，與司禮監一文一武，是太監機構中最有權力的兩個部門。

成化十二年（一四七六），因為憲宗懷疑由宦官韋舍私自帶入內宮的僧人李子龍有弒君的企圖，便決定對百官展開一次祕密的大調查。這個當臥底特務的重任最終交給了汪直。憲宗讓他組織一批人，喬裝打扮成老百姓的模樣，四處偵查官員們的一舉一動。

這個工作持續了整整一年。在這期間，汪直也發展了自己的勢力，京城內外到處布滿他的眼線，以此確保上自朝廷大臣，下至平民百姓；上自國家大事，下至街談巷議，全部被他收入情報，直接向朱見深密奏。他所做的一切，只有一個目的，就是擠掉東廠的掌印太監尚銘，自己提督東廠。

朱見深對汪直的賣力表現固然讚賞，但尚銘也不是省油的燈。他執掌東廠期間，不僅揪出了很多所謂的「嫌疑犯」，而且透過對犯人的敲詐勒索為朝廷創造不少收入，朱見深此時並不想動他。

此路不通，汪直立即扭轉思路另闢蹊徑，要求皇帝另設一個新的特務機構。在他的反覆要求下，成化十三年（一四七七），憲宗設立了西廠，由汪直主管。西廠的軍官主要來自禁衛軍，成員大都從錦衣衛中選拔。短短的幾個月內，西廠所領的緹騎（也就是錦衣衛校尉）人數就比東廠多出了一倍。

特務組織之間想要一決高下，拚的是快、準、狠的辦事效率。在汪直的指揮下，西廠到處捕風捉影。其辦案數量之多、速度之快、牽扯人員之廣，都遠遠超過了東廠和錦衣衛。他們事先並不向皇帝奏請，就開始嚴刑逼供。甚至連普通百姓一有不慎，也會被西廠以妖言惑眾的罪名而逮捕，造成了大量冤假錯案。

一時之間，京城上下人心惶惶，對西廠談虎色變。

但是，由於東廠創辦年代久遠，體系已經十分完善，所以它的地位一時難以撼動。為了提高自己的威望，為西廠樹立品牌，汪直羅織了幾件大案要案。

汪直選中的第一個目標，是朝中無人敢得罪的南京鎮守太監覃力朋。當時，覃力朋販運私鹽路過武城縣，和當地典吏發生衝突，打死打傷了人引起民憤。汪直抓住了覃力朋的這條小辮子，又充分發揮想像力，竟向覃力朋捏造了一個應當斬首的罪名。這件事情雖然被覃力朋化解了，但汪直卻名聲大振，也讓世人更加認識到了西廠的厲害。汪直也因此得到了明憲宗的表揚，被讚為大公無私，敢作敢為。

緊接著，楊曄因為一點雞毛蒜皮的小事，在西廠監獄中冤屈慘死。幾個出差歸來的刑部官員，一個外地進京辦事的布政使，都是剛一進京城，就相繼被關入西廠大牢，莫名其妙地遭受了一頓痛打。做這些事，汪直是想向天下人證明自己已經大權在握：他可以在任何時間、任何地點處決自己想處決的人。

慢慢地，汪直開始拉幫結夥，大力培植自己的親信。都御史王越、錦衣衛百戶韋瑛等人都成了他的心腹。後來，他們把魔爪伸向了京城之外的全國各地，肆無忌憚地抓人、殺人。憲宗皇帝這時候雖然看起來只知道煉丹，但是他的眼睛不瞎。汪直的所作所為他都看在眼裡，只是這時候他睜一隻眼閉一隻眼，並不揭穿，也不追究。這就更加縱容了汪直的氣焰。

朝中大臣對此再也無法容忍。他們公推大學士商輅為首，列舉了汪直的十一條大罪，聯名上疏彈劾他。憲宗皇帝一時抵擋不住朝臣的攻勢，便下令解散了西廠，汪直也被逐回御馬監。

但此時的汪直並沒有失去朱見深的喜愛，依然時常跟隨在朱見深的身邊。於是，一有機會，他就向皇帝訴苦，結果不出一個月，汪直的西廠又重新開張了。此時的汪直，愈加權勢熏天，不久前彈劾過汪直的正直人士被一個個罷免了。汪直在這麼短的時間內就扳回了一局，十分得意。

成化十五年（一四七九），遼東地區發生動亂，汪直被派去視察遼東，同時巡視九邊。一個太監，竟獲得了指揮邊鎮軍隊的權力，這在朱見深之前是絕對不可能的。被賦予九邊軍事指揮權這樣關係到國家安危的大權，汪直可謂第一人。

這次巡視，讓汪直嘗到了甜頭。他一路上不僅過夠了權力的癮，收獲了大量錢財，回朝後還被永封為保國公。但是他貪得無厭，為了能攫取更多的利益，他騙皇帝說亦思馬因也來犯邊，汪直如願以償被任為監軍。

為了能得到朝廷賞賜，他謊奏捷報，冒領軍功。

然而，他沒有想到，成化十七年（一四八一），亦思馬因真的來進犯了。遼東巡撫上疏，請朝廷出兵抵抗。憲宗派人一查，發現原來一切都是汪直搞的鬼，於是二話沒說，又把汪直派去迎敵。志得意滿的汪直似乎並沒有體味到皇帝的深意，當他抵達前線的時候，人家已經搶完東西走了。汪直便急忙向皇帝報告，說邊境上的騷亂已經被平定了，他計畫擇日返京。

這一次，朱見深真的動怒了。這幾天他派人到邊境祕密查案，現在終於真相大白了，他顯然覺得自己像個孩子一樣被汪直耍了。於是，朱見深讓汪直一個人留在大同，再也不想見到他了。

看到汪直已經失寵，朝臣們痛斥汪直的上疏源源不斷地傳到了明憲宗的手裡。皇帝此時再也不想保護汪直，下令將他又調任到南京，繼續做御馬監太監。

此時的汪直本該安分守己，但是他不甘心失敗，還想東山再起。汪直自發組織特務機構向皇帝打小報告，後來又一手組建西廠。這一下子引起的東廠首領尚銘的警惕，在尚銘的一手策劃下，汪直再遭罷官，從此一蹶不振。

從成化初年進京成為奉御，汪直從宮廷最底層的小太監做起，十餘年來，一步步攀到翻手為雲、覆手為雨的最高境界，繼而一剎那間又被打回原形。這一切對汪直來說，猶如一場夢幻泡影。

【知識鏈結】

緹騎，緹，橘紅色，指此種兵士所穿戴的衣物的顏色。騎，就是騎馬。從字義上看是指穿著紅色衣服的騎兵，用來泛稱貴官的隨從衛隊。在明代，也指逮捕犯人的禁衛吏役的通稱，如錦衣衛的緹騎。

第九章：弘治中興

朱見深一輩子造孽，卻不知道哪輩子修來的福氣，生了一個好兒子。這個兒子能夠活下來還要託萬貴妃的福，因為她一時的疏忽而讓這個小生命成長起來。這個孩子的胸襟和能力，在明朝中期的皇帝中，絕對是數一數二的。所以他才能夠在一片混亂中實現振興王朝的理想，而這一切，也離不開他信賴的臣子。

新皇帝的胸襟

成化二十三年（一四八七），明憲宗朱見深追隨萬貴妃的腳步而去。這位心地善良、個性溫和的皇帝，對於萬貴妃，是個難得的好丈夫；對於藩王宗室，是個難得的好兄弟；對於他的朝臣，也是個難得的好上司。然而，正是他的這份軟弱，使得朝廷奸臣當道，政治昏暗無比，百姓備受其苦。可以說，生在皇室，造成了朱見深一生的悲劇。但是，朱見深卻生了一個難得的好兒子。也是在這一年，朱祐樘正式登基，次年改年號為弘治，是為孝宗。朱祐樘此時雖只有十八歲，卻已經歷盡人生的千難萬險。此刻，他沒有忘了那些為保護自己而獻出生命，以及為了讓他能夠活到現在而付出代價的人們。他望著跪在腳下的群臣，無數的愛與恨、記憶與夢想、感恩與思念交織在胸膛，讓他不由得熱淚盈眶。他發誓要讓這個千瘡百孔的國家重新恢復以往的榮耀與輝煌。

明憲宗朱見深為自己的兒子留下的，是一個極為複雜的爛攤子：盤根錯節的奸黨，上躥下跳的傳奉官，毫無效率的內閣，複雜激烈的社會問題。一大堆的麻煩擺在朱祐樘的面前。折騰之大，困難之多，簡直無法想像。但是，面對這些，朱祐樘並沒有絲毫恐懼。

也許是多災多難的童年生活增加了他堅忍不拔的品性和抗擊磨難的意志。朱祐樘與同齡人相比，顯然老成很多。他親眼見識了自己的父親因為獨寵萬貴妃而閉目塞聽，一切唯萬貴妃之命是從，造成了成化朝二十三年的混亂。於是，在自己的感情生活中，朱祐樘絕少「千金之子，性習驕佚，萬乘之尊，求適意快志，惡聞己過」的習氣。他在成化二十三年（一四八七）三月結婚，新娘是當時國子監監生張巒的女兒。這位張氏溫柔賢慧，知書達理。就在他們成婚當天，按照慣例，二人一同前去朝見萬貴妃。

當時已是重病纏身的萬貴妃虛情假意地接待了他們。此時的萬貴妃恐怕沒有想到，眼前的這個女人，朱祐樘的新婚妻子張氏，將成為中國歷史上最幸福的皇后。這一切，正是她拚命一生、算計一生甚至為此喪盡天良也沒有得到的。張皇后與朱祐樘相敬如賓，二人每天同起同臥，談古論今，朝夕與共。他們一生只有一個獨生兒子，就是後來的明武宗朱厚照。

即位第六天，朱祐樘就準備動手了。他早已看出，在大明王朝的政壇上上躥下跳的都是些什麼樣的垃圾人物。第一個被解決的就是以修道成仙為名到處瞎糊弄的李孜省。雖然他仍然想繼續裝神弄鬼地在後宮中瞎混下去，但這位弘治皇帝卻絲毫不給他機會，當機立斷，讓他立即走人。大概是多年苦心操勞從事丹藥研製工作把身體累垮了，還沒等到司法審判的那一天，李孜省就已經熬不住了，很快死在了獄中。而他手下的嘍囉們，也一個都沒被放過，全部被趕出皇宮。朱祐樘還耐心地將宮內的外籍和尚道士喇嘛們一個一個地遣送回國。他再也不願看到這幫裝神弄鬼、烏煙瘴氣的跳樑小丑了。

李孜省解決了。朱祐樘開始著手處理他最為憤恨的一幫人——傳奉官。這些傳奉官們，個個是劣跡斑斑，被萬民唾棄。而且這些人混進官場，都沒有經過正當的程序，是靠逢迎巴結和行賄送禮得到官位，因此根基都不深厚，既是最該也是最容易收拾的，更是朱祐樘最想收拾的。

要解決傳奉官，首先要扳倒的就是他們的頭目梁芳。朱祐樘沒有讓梁芳等待多久。成化二十三年（一四八七）九月即位，十月他就正式拿梁芳開刀了。逮捕梁芳後，樹倒猢猻散，一舉罷免了兩千多名所謂的「傳奉官」。

眼看著一場轟轟烈烈的整治運動展開，這下色鬼和尚繼曉慌了。他見勢不妙，拔腿就跑，一直跑回了自己的老家江夏，還安安穩穩地過了一年的太平日子。可能是看到沒有人再來抓捕他，繼曉漸漸地放鬆了警惕，以為風頭過了，於是江山易改、本性難移的他，又操起了自己的老行當——招搖撞騙。

為了顯示自己曾經在京城有多威風，他拿了一塊黃綢布把自己的右手包起來，逢人便吹噓，說這隻手可是當年先帝曾經握過的。但是，他沒有想到，此時的北京城裡，彈劾他的奏摺幾乎已經鋪滿地了。弘治元年六月，在吏科起事中林廷玉的執著要求下，朱祐樘下令將繼曉捉拿歸案，由刑部會審，處繼曉以死刑，家屬全部充軍。由於繼曉一年前是逃出京城的，刑部、大理寺等部的相關官員也均被牽連，因瀆職罪而遭到懲處。

在明孝宗大規模的整頓運動中，最為緊張的人就是萬喜了。作為萬貴妃的弟弟，他仗勢欺人，囟焰熾張，罪惡滔天。他心裡明白，自己死一萬次都有餘辜。況且，自己的姐姐萬貴妃曾經害死朱祐樘的母親紀氏，這份仇恨之深，可以想像。於是，萬喜將自己的後事交代好，整理了東西，每天就蹲在監獄裡，等待著自己的死訊。

但是，出乎萬喜預料的是，這一天卻遲遲沒有到來，而且過了一段時間萬喜竟然被釋放。

萬喜不知道，自從自己被免官抄家入獄之後，眾大臣曾接連上書，要求明孝宗將他滿門抄斬，以報當年殺母之仇。但是，朱祐樘卻扣留了所有的奏摺，他希望，一切到此結束。

一陣如暴風驟雨般的大清洗，已經罷遣了禪師、真人等二百四十餘人，佛子、國師等七百八十人，革除了傳奉官二千餘人。而伴隨著這場整頓，所有成化朝時代諸如修樓蓋廟，做法拜佛之類的事，都被叫停；已經在建設之中的工程，全部撤除；所強佔的民田，均發還農民，種種有惡行的採辦官們，也都被撤職。朱祐樘明白，此時，朝廷內外，所有的牛鬼蛇神都再也沒有發言權了。萬喜即使活著，也永遠不會再有捲土重來的餘地。他決定，放過萬喜的性命，儘管有著刻骨的仇恨。

這就是朱祐樘的胸襟，他寬恕了那些傷害過他的人。而這種寬恕，不同於父親朱見深的軟弱，而是一種慈悲的胸懷。因為他知道，還有更多更重要的決策，等著他去做。與此相比，萬喜實在微不足道。

【知識鏈結】

張皇后（？—一五四一），明孝宗皇后，興濟（今河北青縣）人。成化二十三年（一四八七）被選為太子妃。孝宗即位，冊立為皇后。孝宗和張皇后是患難之交，他們的感情很深，後宮除了張皇后沒有其他嬪妃。

清理腐朽的內閣

此時的內閣在萬安的統領下，已經完全是一個爛攤子。所謂的「紙糊三閣老，泥塑六尚書」，絕不是徒有虛名。他們不做任何實事，天天混吃混喝過日子，但是事情如果一旦關係到自己的切實利益，這幫老油條馬上又會變得極富爭鬥經驗。比如淫僧繼曉案，明明皇帝早已下令嚴懲，但上上下下你推我我推你，部不管，大理寺不管，地方官更不管，沒有一個人真正動手，導致繼曉回到家鄉逍遙了一年多，才在自己的厲聲呵斥下被正法。這樣的內閣，要之何用？

但是，法不責眾。在憲宗皇帝的縱容下，這幫滿口仁義道德的官僚大多只知拿錢不知辦事，已經逍遙久了。而且他們彼此之間拉幫結派，關係複雜，一旦發動了集體罷工，朝廷的事情就真的沒人做了，國家還怎麼運轉？所以，將他們全部趕走是絕對行不通的，一定要想出一個切實可行的辦法。

還沒等朱祐樘動手對付他們，這幫人就已經按捺不住了。成化二十三年（一四八七）九月二十二日，朱祐樘登基僅十五天，以萬安為首的內閣以及吏部、戶部、禮部、兵部、刑部、工部六部尚書，集體上奏摺請求辭職。其實，這只是朝臣們看朱祐樘大規模改革，怕殃及自己的利益，而給皇帝的下馬威而已。他們知道，先皇屍骨未寒，朱祐樘年少登基，留下的爛攤子總得有人收拾。如果小皇帝一下子把人全轟走了，新來的人不熟悉工作，誰還能替他幹活？

朱祐樘接到奏疏後，冷冷一笑。他將這幫人叫到面前，二話沒說，好好地表揚了一番，說他們個個勤勉踏實，都是國家的治世能臣。

在之後的一段時間裡，朱祐樘對這幫人也表達出了莫大的信任，不僅時常召見，而且態度極為虛心，經常出言勉勵，還給了他們各種各樣的好處。於是，他們就安心地認為弘治朝和成化朝沒什麼兩樣，他們還是可以這樣繼續拿著俸祿，安心地混下去。

但是，這樣的好事只持續了不到一個月。萬安向先帝呈送房中術書籍的事件就爆發了，朱祐樘以驚人的速度將萬安趕出了內閣，曾經依附在萬安身邊的黨羽們，也都無一人漏網。

萬安走後，「紙糊三閣老」、「泥塑六尚書」一個接一個地離開了中央樞紐。最後，只剩下一個劉吉。自從萬安離去，他就產生了強烈的兔死狐悲之心，整天忐忑不安。這麼多年來，他追隨萬安的腳步，與萬安狼狽為奸，共同進退。因他善於營私附會，內閣同僚替他起了一個綽號叫「劉棉花」——「以其耐彈也」。那本獻給朱見深的低俗作品，就是他與萬安一起杜撰出來的。甚至在當時的官場上，劉吉的名聲比萬安還壞。自從明孝宗即位後，各類御史言官們抨擊他的口水漫天飛，彈劾的奏章更是一封接一封地向他砸來。

眼看情況不妙，劉吉決定換一副面孔。他將自己平日裡的混世嘴臉隱藏得乾乾淨淨，開始按時工作，主動評議朝政，直言進諫，勤勉有加，大有一副鞠躬盡瘁死而後已的架勢。朱祐樘要讓張皇后的弟弟做官，他還故意上奏說太后在上，應該先給太后的親戚才符合禮數，頗有一副直臣的風範。

不久之後，劉吉竟被升任為內閣首輔，總領百官，一夜之間成為一人之下、萬人之上的人物。這下不光朝臣們，連劉吉也呆了。萬安下台，彭華被逐，梁芳下獄，和他們一夥的劉吉能保住性命就不錯了，這下反而升官，這實在令人有些不解。

其實，自小在爭鬥中長大的朱祐樘，早就知道了劉吉是什麼樣的本性。他之所以提升劉吉，背後有著更為深遠的考慮。劉吉雖然說只是個混事的，但他在內閣多年，對於處理政務方面的經驗也積累了很多，辦事能力也強於萬安之流。而且他還有一套自己的人際關係網。現在上一屆內閣的成員已經紛紛出局，如果一個都不留地徹底更換內閣團隊，在交接方面會有極大的難度，因為熟悉新的工作環境畢竟需要時間。

同時，朱祐樘也沒有讓劉吉獨當一面，繼續作威作福。就在提升劉吉為內閣首輔的同時，朱祐樘還暗地裡做了另外兩件事。這就是令吏部右侍郎徐溥和禮部右侍郎劉健入閣。他們二人與劉吉，一同組成這新一屆的政府。而劉健與徐溥，都是朱祐樘從太子時代開始就十分倚重的能臣。從此以後，內閣的政務大事，基本都處於這兩人之手，內閣首輔劉吉雖然在高位，但已經完全被架空了。

果不其然，劉吉對於新加入的兩位內閣成員表現出了充分的熱情，一心一意地指導工作，凡事也從不自作主張，而是與這兩位新人商量決定。他只希望自己能夠在明孝宗的手下安分地過好日子就萬事大吉了。於是，新一屆的大明政府在極為和諧的氣氛中開始了新的工作。

為了表現自己悔改的誠意，劉吉還揭發了一大批成化時代劣跡斑斑的官員。於是，一大批冤假錯案得到了糾正，一大批曾經遭排擠陷害，甚至包括被劉吉本人陷害的忠良之臣也得以官復原職。

最倒楣的是山東、河北、江蘇的幾位官員，他們本來都是劉吉多年來的親信，卻一股腦兒全被劉吉出賣了。不僅如此，在劉吉的配合下，朝廷還追回了大量贓款。

劉吉清楚地知道皇帝的心思。雖然朱祐樘是一心要為這些人平反的，但這一平反，一定會涉及一個問題，就是怎麼樣在為官員平反的同時保住先帝的面子。這讓朱祐樘一度感到十分棘手。對於這樣的問題，劉吉早就想好了主意，他提示朱祐樘，可以召告天下說當年先帝其實也很欣賞他們，革職免官只是為了能讓他們多加歷練，經受磨難，將來才能予以重任。現在請皇上重新起用他們，也是為了不負先皇的苦心。

劉吉的這個馬屁拍得朱祐樘滿心歡喜，但依然沒有蒙蔽朱祐樘的耳目。沒過多久，朝政已經基本穩定，國家機器開始正常運轉。而此時庶子張昇、御史曹璘、御史歐陽旦、南京給事中方向、御史陳嵩等又開始相繼彈劾劉吉。

朱祐樘一怒之下也就趁機將劉吉趕回了老家。

事情至此，成化一朝的腐朽內閣已經被清理一新。朱祐樘望著自己苦心經營的成果，滿心歡喜。他已經準備好在這個全新的平台上，迎接更多的挑戰。

【知識鏈結】

徐溥，四朝賢相，一生游宦四十餘年，歷經景泰、天順、成化、弘治四朝，弘治十一年（一四九八），皇太子出閣，加授他少師兼太子太傅，進華蓋殿大學士，由此達到了權力與榮譽的巔峰。

文武雙刀闢新朝

弘治初年的大明朝，文有王恕，武有馬文升。經過一番徹頭徹尾的大整頓，官場吏治清明，軍隊士氣高昂，在黑暗中沉浸多年的明朝，終於又迎來了盛世氣象。

說起王恕，在當時的大明官場上，可是一個名頭相當響亮的人物。由於他為官清正廉明，在成化和弘治兩朝，始終都是朝廷為官員們所樹立的學習楷模。當時的民間流傳著這樣一句民謠：「兩京十二部，獨有一王恕」，可見其威信之高。他除了剛直不阿、清正廉潔，還有一個很大的特點，那就是：別人不敢管的事情，他敢管；別人不敢幹的事情，他敢幹；別人不敢惹的人，他敢惹。

王恕二十五歲考取進士後，便被留在京城擔任大理寺審案筆錄。在此期間，他發現大理寺所審案件漏洞百出，簡直就是在草菅人命。於是，他向皇帝上奏，揭發大理寺內種種不法之事，大理寺主審官、吏部尚書等人都沒有被放過。這份奏章傳到皇帝面前，舉朝震動。大理寺被改組，吏部尚書被撤換。王恕也因此以敢於直諫而名震朝野。

但那些被王恕參奏的官員對他記恨在心，將他排擠出京城，外放揚州知府。原來，揚州美女天下聞名，皇帝每年所選的美女，大部分出自揚州。推薦他的人知道王恕清廉，不會向皇宮進獻美女，這樣就會遭到皇帝的記恨。而且，在這樣的富貴之鄉，不到一年，王恕絕對會墮落得連自己都不認得自己了。

但王恕絲毫沒有為其所動。他一到揚州，便開始著手治理鹽運中的腐敗，嚴懲失職官員，禁止向京官選送美女和賄賂。好色的明憲宗不見揚州美女進京，果然龍顏大怒，要將王恕捉拿問罪。但翻案一查，發現王恕到任才一年多，揚州上交國庫的稅銀就比前任多了一倍，這才強忍怒火，將王恕調到了南陽、荊襄兩地上任。

這個地區此時恰逢流民聚眾造反。王恕二話不說，立即著手治亂，雷厲風行地抓了幾個貪官和惡霸就地正法，很快便將暴亂平息下去。從此以後，王恕成為平亂專業戶，終成化一朝，他做過的地方官是最多的。所在之地，大部分都是邊遠郊區。這種地方，如果換成其他官員，都得四處送禮請託尋求調動，但王恕則欣然收拾行裝前去赴任。到了任上，便大刀闊斧地實行改革，鏟奸除惡，然後大興農業，發展教育，硬是將刁蠻難治的不毛之地發展成為欣欣向榮的世外桃源。

王恕得到了百姓的普遍愛戴，得罪的人卻也越來越多，尤其是朝裡朝外的重量級權貴，所以他辛辛苦苦工作三十多年，就是回不了中央。直到明孝宗即位，才將七十三歲高齡、大名鼎鼎的王恕重新起用，任命為六部第一重臣——吏部尚書。

雖然年紀大了，但王恕的品性一點都沒改，一回到京城，便以古稀之高齡夜以繼日，兢兢業業地工作，選拔賢良官員，嚴懲貪汙腐敗，還創建了一套完善的官員考核和選拔系統。在他的努力下，官員們都老老實實幹活，政府辦事效率大大提高，一大批人才得到了重用。

明孝宗重用的第二個人是馬文升。他因在遼東時接待汪直態度冷淡，被汪直誣陷為誘發遼東激變的罪魁禍首而被謫戍重慶衛，足足滯留了四年。直到汪直失寵，馬文升才官復原職。

明孝宗朱祐樘很清楚馬文升的能力和價值，也知道在成化朝二十多年中，馬文升因為汪直而背了多少黑鍋，而且始終忍辱負重，無怨無悔。朱祐樘認定，這是一個可造之材。於是他一即位，就任命馬文升為左都御史。馬文升也毫不含糊，一回來就對邊疆建設提出十五條意見，朱祐樘二話沒說，全部照准。又升任他為兵部尚書。新官上任三把火，馬文升剛到兵部，便開始了他的軍事改革。

他的改革風聲一放出來，軍隊裡立即開始人心惶惶。許多老兵怕再也過不了清閒日子，天天帶著武器在馬文升家門口蹓達，準備行刺，嚇得朱祐樘連忙派金吾騎士十二人，專程保護馬文升的安全。但是，馬文升毫不在意，依然是神情自若，談笑風生。在明孝宗的支持下，軍事改革照常進行。

經過馬文升的整頓，大明朝御林軍團營中的老弱殘兵被清退，補充了青年精壯力量，並制定了一套全新的軍事訓練制度、考核制度及軍官選拔制度。馬文升還提出，薊（音記）州、宣府、大同三鎮已有鎮守太監，但是薊州城內卻有內臣九員，宣府有內臣八員，大同有內臣六員，每員佔用的軍人，少則兩三百名，多則四五百名，總共算下來有好幾千，這對於邊地駐防不僅完全沒有必要，還會增添新的不安定因素，應立即予以裁革。孝宗依其議辦理，大明軍隊的氣象隨之煥然一新。

弘治元年（一四八八），哈密爆發動亂，朝廷所封的忠順王罕慎被殺。弘治六年（一四九三），另一個忠順王陝巴也被另一部落首領阿黑麻俘虜，阿黑麻自封可汗，侵略邊疆。弘治八年（一四九五），馬文升調罕東等部兵夜襲哈密城。陝西巡撫許進等隨後行進，很快明軍便進入哈密。這是自明代初期以來，朝廷第一次深入哈密內地，也是馬文升任兵部尚書以來所處置的最重大的邊事。舉國上下都興奮不已。

在馬文升和王恕的帶領下，弘治初期朝廷政治清明，經濟恢復，他們二人也是眾望所歸，不但以人品服眾，而且對朝廷貢獻也極大。

但是，時間一長，明孝宗就有點受不了王恕，他不僅惹貪官、汙吏、太監、外戚，而且連皇帝都要不時地惹一惹。在吏部工作的幾年，他也已經把同僚得罪光了。無奈之下，朱祐樘只好將王恕打發走。其實，在此時的朝廷內，庸臣已經被一掃而空了，王恕的價值已發揮到頭了。王恕就這樣離開了官場。告老還鄉之後，他將所有的精力都投入治學上，直到正德三年（一五〇八）以九十三歲高齡辭世。

弘治十四年（一五〇一），馬文升繼任吏部尚書。他進一步完善了王恕定下的官吏考核制度，完成了王恕想做卻沒有做完的事。

【知識鏈結】

吐蕃，是七—九世紀時古代藏族建立的政權，是一個位於青藏高原的古代王國，由松贊干布到達磨延續了兩百多年，是西藏歷史上創立的第一個政權。吐蕃一詞，始見於唐朝漢文史籍。蕃，為古代藏族自稱。

一個好漢三個幫

在孝宗時期，有一個三人團隊，分別是李東陽、劉健和謝遷。這三人被時人親切地調侃為「李公謀，劉公斷，謝公尤侃侃」。他們各有所長，正是這三人各自的努力和相互配合，最終成就一個盛世的理想。

成員之一：劉健。劉健從小勤奮好學，可是成績卻一直上不去，幾次參加科舉考試，都敗下陣來。於是，他斷絕了所有的人際交往，天天把自己關在屋子裡，拚命地讀書。鄰居們知道了，替他起了個綽號，叫做「木頭」。一直到二十二歲那年，他走出了書齋，開始出門交遊，目的地是山西河津。也就是在這次出遊中，劉健遇到了改變他一生命運的救星——薛瑄。

薛瑄是朝廷裡以直言敢諫出名的正直大臣。劉健到達河津後，恰逢薛瑄因為得罪大宦官王振而被貶在此。興奮之下，劉健立即上門求教。誰知還沒說幾句話，薛瑄便當即拍板收劉健為徒。在薛瑄的悉心教導下，劉健突然開竅了，天順四年（一四六〇），一舉考取進士，繼而入翰林院做庶起士，此時他三十六歲。

進入翰林院後，劉健又恢復了本性。他閉門讀書，和誰也不來往，於是「木頭」的綽號又流傳開來。但是，他毫不在意。攀關係、送禮、請客，這些官場應酬和他沒關係。也就是憑著這一股執著勁兒，劉健被當時的大學士李賢看重，邀請他一起參與《明英宗實錄》的編修工作。編修工作圓滿完成之後，劉健因表現突出，做了太子朱祐樘的老師。

劉健學問做得好，人也正直，但是有一個很大的缺點——脾氣極差。太子偷懶或是文章沒寫好，肯定會挨他的一頓臭罵。所以，雖然劉健說話不多，太子卻對他的人品和學識打從心裡佩服。別人囉囉唆唆半天才能說明白的事情，劉健往往一語中的。也就是在這時，朱祐樘就已經下定重用劉健的決心。

朱祐樘登基後，隨即招劉健入閣，做禮部侍郎。劉健的真正才能終於得到發揮，他決斷能力驚人，在國家的各項大政方針政策上，什麼宜急、宜緩；什麼可為、不可為，他都了然於心。比如在弘治初，國家發生了很多自然災害。朱祐樘問劉健應該如何應對，他脫口而出：「賑濟當以防患為要務，防患當以治水為先。」在這個方針的指導下，很快各種賑災工作都有條不紊地展開了。這一切，朱祐樘都看在眼裡，因此他對劉健言聽計從。當時，朱祐樘每次見到劉健，都稱呼先生，而不叫名字。而且每次他們倆私下談話時，在背後竊聽的人都只聽到朱祐樘說：好。可見劉健在朱祐樘心目中地位之高。

這時候，劉健的臭脾氣不但沒改掉，而且還很固執。只要是他認定的事一定會堅持到底，無論誰敢反對，他都絲毫不肯相讓。於是沒過多久，他便又得了一個新的綽號「炮仗」。這樣怎麼能不招人恨？但是，同僚們對於劉健卻都只敢私下裡罵幾句，很少有人敢上奏章彈劾他。這實在是因為大家太怕他了，何況劉健為官十分清正，沒有任何把柄可抓。

成員之二：謝遷。謝遷在弘治八年（一四九五）入閣，擔任兵部尚書兼東閣大學士。此時的謝遷年已四十有餘，但依然英俊瀟灑，風度翩翩，是個難得的美男子。如果說朱祐樘從小對於劉健的感覺用一個字形容就是「怕」的話，那對於謝遷，則是打從內心迷戀。

謝遷剛入閣不久，立即又被朱祐樘任命為新一屆的太子少保，繼續教自己的兒子。謝閣老與劉閣老雖然都堅持原則，光明磊落，但相比之下，謝遷有著一個很大的特長，就是口才極好。他滔滔不絕，口若懸河，既善於據理論爭，又詼諧幽默。不論遇到多麼難解的糾紛，只要謝遷一出馬調節，立即能達到化戾氣為祥和的效果。

朝廷裡有了新的政策方針，朱祐樘都去找謝遷傳達。朝臣中不論誰有新的見解，也都會先去找謝遷商議。如果得到謝遷支持，經他一搖旗吶喊，很快就能得到上至朱祐樘，下至文武百官的支持。所以，謝遷在朝中的人際關係極好，左右逢源，滿朝文武，很少有不喜歡謝遷的。

但是，謝遷絕對不是一個沒有原則的人。他所為之搖旗吶喊的對象，都是他所認同的善政，而且從不收受賄賂。最難得的是，劉健這個火爆脾氣到處招惹是非，謝遷就跑著到處給他圓場。劉健曾經幾次與李東陽發生衝突，差點大打出手，都是謝遷出面調停，方才化干戈為玉帛。這可見謝遷的作用之大，也可見明孝宗朱祐樘用人之能。

成員之三：李東陽。李東陽從小就是遠近聞名的神童，十八歲就考中進士。他不僅在政治方面才華橫溢，更是出色的書法家和文學家。在朱祐樘的這個新團隊裡，他扮演的主要角色，就是謀劃。

李東陽得到明孝宗的賞識，是在弘治五年（一四九二）。這一年，山西、陝西、四川等地發生了旱災，明孝宗下旨讓朝臣提出解決的意見，而所奏大都不合朱祐樘的心意。這時，他無意中發現了李東陽的奏摺，這封奏摺不僅文采飛揚，妙筆生花，而且旁徵博引，見解獨到，切實可行。明孝宗自此開始賞識李東陽。

不久，李東陽就被擢升為內閣侍讀學士。弘治八年（一四九五）溥濬病逝後，在徐溥的傾心提拔下，李東陽正式進入內閣。他參照前輩邱浚所著《大學衍義補》中關於經世治世的論斷，精心謀劃國家軍事、政治、稅收等各方面的處理事宜。那時李東陽與劉健配合得很默契。即使會發生正面衝突，有謝遷從中斡旋，也很快能風平浪靜。

這三位閣老發揮各自的特長，分工明確，密切配合。俗話說：一個籬笆三個樁，一個好漢三個幫。弘治年間，朱祐樘正是在這三個人的幫助下，共同成就了一段盛世的佳話。朱祐樘對他們都十分信任。一次，有人上疏彈劾劉健、李東陽阻塞言路，獨斷專權。皇帝二話不說，直接逮捕了這個人。他們君臣四人之間互相信賴的關係，也成為歷朝歷代君臣的榜樣。

【知識鏈結】

《明英宗實錄》是明代歷朝官修的編年體史書《明實錄》的一部分，保存了英宗朝大量的原始資料，是研究英宗朝的基本史籍。景泰實錄也附屬在英宗實錄中。

第十章：極品皇帝

這個世界上，有些人很聰明，可是卻不把聰明用在適當的地方，最終一事無成。作為一個普通人都要不得，更何況一個皇帝。可是，明朝就誕生了這樣一個皇帝，他好像過了一輩子都沒長大，憑藉著做皇帝的便利，可以天南地北地玩。他當政的那些年，可以說有個皇上就相當於沒有，那麼，那些年的國家是怎麼治理的呢？

最大的玩家

弘治十八年（一五〇五）五月初七，為國為民操勞一生的明孝宗終於走到了生命的盡頭。他用自己短暫的一生，建立了輝煌功績，可謂無憾矣。然而，仍有一件事情實在是讓他放心不下，那就是他的兒子：後來的明武宗朱厚照。

朱祐樘的不放心不是多餘的。他的這個兒子確實太讓人操心了，儘管有劉健、謝遷、李東陽三位顧命大臣看著，這個新皇帝還是在極品的道路上越走越遠，最後，毀了老爸辛辛苦苦建立起來的基業不說，還把自己小命也賠上了。可是，朱祐樘還是只能將皇位傳給他，因為他就這麼一個兒子。

朱祐樘一生只寵愛張皇后一人，任憑誰勸，他都不再娶。而張皇后也只為他生了這麼一個兒子。由於這個兒子是他們倆的獨生子，又是大明王朝迄今為止九代人中，唯一一個由正妻所生的嫡長子，所以朱祐樘已經很滿足了。

朱厚照可以說是在眾人的百般呵護下長大。小時候他給人的印象都是很好的：不僅聰明伶俐、乖巧可愛，而且識大體。所以大家都相信，有朝一日，這個孩子會像他的父親一樣，成為一位有道明君。然而令人大跌眼鏡的是，很快進入青春期的太子逐漸暴露了他貪玩的本性。他興趣廣泛，踢球、音樂、字畫無一不鑽研，還喜歡參研宗教，甚至還懂得梵文和阿拉伯文。他越來越討厭那些整天讓他回歸正道，讀聖賢書的大臣，反而越來越親近和他玩成一片的太監。

他老爸在位的時候，他整天優哉游哉，當突然有一天他自己當上皇帝了，心中一片茫然，根本不知道該做些什麼，幸虧有弘治朝三大支柱撐著。朱厚照起初對他們三人也是言聽計從，所以一切都還在中規中矩的運轉。

可是，他可不像他的父親一樣有耐心，時間久了，就受不了這三個人的咄咄逼人。再加上這些人從小逼他讀書，做太子的時候朱厚照就很反感他們，現在當了皇帝，他真的不想再忍下去了。正德元年（一五〇六）九月，朱厚照和滿朝文武之間的衝突終於爆發了。這一天，被派往江南督造朱厚照日常生活衣裝的太監崔杲（音搞）以籌措經費為理由，向戶部追討往年支剩的鹽一萬兩千引，但戶部卻沒有批覆。理由是按照先例，鹽稅收入只能用於軍餉，不能挪為他用。朱厚照知道後，站在了崔杲一方，要求戶部撥款。但戶部卻堅決不給，還以此為理由，開始了一場大規模筆伐朱厚照的行動。從六科十三道直到都察院，幾乎所有的言官都參與了進來。三位內閣大臣甚至以辭職相威脅，讓朱厚照大丟面子。而朱厚照看著一封又一封的討伐書，態度反而更加強硬，就是不同意收回成命。就這樣僵持了許久，最終以折衷的辦法，批給了崔杲鹽引的一半，也就是六千引。

鹽引的事情過去了，正德皇帝中規中矩做皇帝的日子也正式宣告結束了。從此，他對於當一個有道明君徹底失去了興趣。不管是大臣們和他商量什麼事情，他都毫不理會，凡事都只說知道了。他開始我行我素，所有的時間都花費在遊戲和享樂之上，大臣們對於這個頑劣的小皇帝也終於無可奈何。而聰明的朱厚照，越來越花樣百出，漸漸地發明了一個令人匪夷所思的玩樂之法。

按照明代的規矩，皇帝登基後，須住在乾清宮。而朱厚照是個愛熱鬧的人，一點也不喜歡這個莊嚴冰冷的地方。經過親自調查和選址，他決定在西華門外的太液池新建一個屬於自己的遊樂場所。蓋好後命名為豹房。豹房中，不僅有華美的娛樂之地，還有佛寺、校場甚至許多密室。裡面除了養著各種歌妓、伶官、樂戶、道士、僧人、演員、小丑之外，無論什麼三教九流，只要能投其所好，都被納入。短短幾年間，朱厚照在豹房中僅收養的義子就有一百二十多名。

朱厚照對音樂有著很強的感悟力。在他的帶領下，由招進豹房的樂師組成了一個龐大的樂隊，他們時常排練歌戲。由朱厚照親自作詞譜曲的《殺邊樂》，後來在明代的教坊司流行了相當長的時間。

豹房中還養著一些凶猛的野獸。崇尚武力的朱厚照平時還有一項極為特殊的愛好——與各種動物搏鬥。有一次，他正在豹房中戲弄一隻老虎，老虎突然獸性大發，差點要了他的性命。但這次教訓依然沒有讓他對這種愛好有所收斂，仍然是自吹自擂，到處逞能。

朱厚照還十分崇信佛教。他在豹房內召集了一幫僧人，天天演經誦法。並邀請西藏喇嘛來為他講解學習梵文。最荒唐的是，他還讓這幫僧人和他一起在豹房內享樂。朱厚照很反感所謂的尊卑之分，與這些僧人在一起就像好朋友一樣吃酒談笑。

自從有了豹房，朱厚照對後宮嬪妃幾乎喪失了所有的興趣。他很少出現在後宮，而是將所有他親自挑選的女子送進豹房。一時之間，豹房美女如雲，不僅有中原美女，還有一大批異邦美女。連寡婦、妓女等只要滿足朱厚照的審美，也一樣被養在豹房。但是時間長了，明武宗又膩煩起來。手下一個叫江彬的便偶爾帶他溜出皇宮，到京城的繁華之地，吃酒聽戲逛妓院。

朱厚照就這樣沒日沒夜地待在豹房，廣招樂妓，夜夜笙歌，荒淫無度，沒有半點一國之君的樣子。有一年元宵節放煙花，不慎燒著了乾清宮，火勢迅速蔓延。作為一國之君的朱厚照竟然匆匆忙忙地跑到了豹房的高處，帶著幾位美女觀看，邊看邊談笑風生，讚歎這個壯觀的景象。

武宗皇帝就這樣一天一天地混著日子。終於，他對這些玩法也都漸漸地膩煩了。他決定一個人偷偷溜到宮外去看看，說不定有什麼新的收穫。

【知識鏈結】

鹽稅，從鹽的生產到銷售的主要環節的徵稅，是中國的一個古老稅種，很早的時候就成為一種獨立的稅收項目。在商品經濟不發達的古代社會，鹽稅在國家稅收中佔據著主要的位置。

想當將軍的皇上

對於朱厚照最大的諷刺，就是他的年號「正德」，可以說他全身上下沒有一處符合這兩個字的。但是，他卻無負自己「武宗」的稱號。正德十二年（一五一七）八月的一天，在豹房中玩夠了的皇帝，祕密地踏上了前往北方邊塞的行程。

其實，他早就想親自到前線帶兵打仗了。在正德五年（一五一〇）平定劉六、劉七起義時，朱厚照就發現駐守內地的軍隊的戰鬥力比起邊防軍來，實在差得太遠。於是，他暗地裡把邊防軍中的一部分調到京城，以增強京軍的戰鬥力。再將一部分京軍調到邊地加以磨煉。這些邊防軍到京後，成為朱厚照自己指揮的私人軍隊，他經常在宮中祕密操練。只是那時候邊關安定，實在沒有朱厚照的用武之地。

終於在正德十二年（一五一七），韃靼部落赫赫有名的小王子打破了邊關的寧靜。好武的朱厚照，早就想親自教訓一下這個小王子。但他知道，朝廷那群固執的大臣們，是肯定不會同意他去的。於是在江彬的蠱惑下，兩人輕裝簡行，趁著月黑風高出發了。

由於這是他第一次遠距離出行，計畫得並不周密，因此很快被朝臣知道行蹤。朱厚照到達居庸關後，遇到了極其固執的巡御史張欽，此人就是不開城門，任憑皇帝在城下氣得大跳。不久，朝中一些文武官員也追到了居庸關，在他們的聯合勸說下，朱厚照怏怏不樂地回到皇宮。

回到北京後，朱厚照在大臣的簇擁下回朝主事。由於多日沒有辦公，桌前奏摺已經堆積如山，讓這位皇帝整天怨聲載道。與此同時，朱厚照已經迷戀上了這種溜出宮的刺激感覺。他決定再來一次。只是這一次，要做得更加隱祕才行。

終於，不出一個月，他就按捺不住了。這一次，他吸取教訓，進行了精心的策劃。並事先派人打探了張欽外出巡視，不在居庸關的準確日期。

八月二十三日，一切準備就緒。朱厚照再一次輕裝簡行，像做賊一樣地偷偷溜出了德勝門。一出城門，只用了五天時間便抵達了山海關。他知道，大臣們一旦發現自己不在皇宮，定會立即向居庸關方向追趕。於是，他趕到居庸關之後，立即躲藏到當地的農家，確認了張欽絕對不在居庸關中，才直衝出城。為了確保萬無一失，還把隨從谷大用留下守住居庸關的入口，不准其他任何官員出關。

來到宣府，他立即下旨，命令內閣調集軍隊，準備糧草，支援「總督軍務威武大將軍總兵官朱壽」一對韃靼的戰役。收到這道聖旨的大臣們傻眼了。這個朱壽是何許人也？大家又是調查又是猜測，直到最後才猛然間醒悟，這個朱壽，就是明武宗自己。

皇帝竟然隨隨便便給自己另取名字，還加授了這樣一個不倫不類的官職，這簡直太不可思議也不合常理了。忍無可忍的大臣們開始上疏，指責皇帝這麼做是置江山社稷於不顧，朱厚照權當沒聽見。這個威武大將軍，他是非做不可了。

小王子果然沒有讓他失望。九月，韃靼五萬兵馬開始在玉林衛周圍活動，策劃再一次侵犯明朝的邊境。朱厚照得知這個消息，興奮不已，親自指揮戰鬥。皇帝親臨戰場讓士兵們受到強烈鼓舞，士氣大盛，不但英勇神武，而且有條不紊。短兵相接後不久，小王子看勢難以取勝，便撤軍而返。這一戰不僅讓朱厚照過了一把將軍癮，他自己還親手砍殺了一名韃靼兵。

小王子的暫時撤軍並沒有讓朱厚照滿意。到了十月二十一日，他親自帶領明軍邊境上最有戰鬥力的軍隊與韃靼小王子展開了決戰。雙方的總兵力相加已經超過了十萬。朱厚照一馬當先，明軍奮勇殺敵。這場戰爭持續了整整一天。到了夜裡，小王子實在堅持不住，倉皇而逃。朱厚照親自率軍前去追擊，但因兵士疲累，而且刮起了沙塵暴，不利於作戰，只得撤回了。

在大臣們的眼中，這次出征是一件荒謬絕倫的事情，史書裡也把這次行動寫成皇帝一時興起所玩的一個把戲。但是不可否認，在朱厚照的這次親征之後，終正德一朝，韃靼小王子再也沒有南下侵犯過明朝的邊境。可見，朱厚照的這次行動確實對小王子達到了不小的震懾作用。

在回京的路上，他別出心裁，想出了一個新的花招。他下令讓文武百官穿上盛裝，配上鸞帶，再準備好五彩斑斕的彩帳和歡迎條幅，齊齊地站在德勝門外，迎接威武大將軍朱壽。誰也不許稱他為皇上。迎接大臣見到這位神勇的大將軍時，由於不能稱皇上，也不好意思稱大將軍，只好一個個傻站在那裡，誰也不好說話，氣氛十分尷尬。而且當時天公不作美，慶功宴還沒結束，就下起了雨夾雪，大臣們見狀紛紛開溜，場面可謂狼狽至極。威武大將軍朱壽的接風宴就在這樣混亂的場面中宣告結束了。

宣府的成功更加刺激了朱厚照的軍事欲望。正德十三年（一五一八）年初，他故伎重演，帶了些隨從，又一次跑到了宣府。這次，朱厚照加封自己為「鎮國公」，歲支祿米五千石。還修建了自己的府邸，取名「鎮國府」，連來往的一切公文，都用「總督軍務威武大將軍總兵官太師」的名號加以處理。他還將朱壽這個名字編入軍籍，由戶部按月發給俸祿。

回京辦完祖母的喪事後，朱厚照又迫不及待地回到了他在宣府的家——「鎮國府」。來不及歇腳，他便任命江彬提督十二團營，自己帶領一支多達一萬七千人的軍隊開始巡邊。

這次出行，一共持續了五個月之久，走了一千多公里的路程。在這段行程中，朱厚照很少乘車，而是騎著馬匹，掛著弓箭，冒著狂風暴雪歷盡千難萬險才走完全程。一路上他的隨行人員一個接一個地病倒，朱厚照卻憑藉超凡的毅力和勇氣，一直堅持到最後。

這是朱厚照一生中最光彩奪目的歲月。不過再一次回京之後，他對於北方的興趣逐漸喪失了，再也沒有產生過北上的念頭。大臣們也逐漸放心了。但沒過多久，這個皇帝又有了新的玩法。

【知識鏈結】

小王子。北元滅亡以後，蒙古分裂為韃靼等部落，韃靼部落的首領被明朝人稱為小王子。但小王子不是指一個人，而是對多個韃靼首領的統稱。在小王子的帶領下，韃靼軍隊前後多次劫掠明朝的邊防之城，武宗一直視小王子為不共戴天的仇人。

把命玩丟了

正德十四年（一五一九）二月二十五日，明武宗朱厚照忽然發下詔書，宣布他即將派遣總督軍務威武大將軍朱壽南巡，而且要「登泰山，歷東京，臨浙東，登武當山，遍遊中原」。這下子大臣們傻眼了，他們的忍耐已經到了極限。忍無可忍之下，一場聯名規勸朱厚照安於本分、不要再鬧事的好戲正式上演。

在大學士楊廷的帶領下，從六科言官到十三道御史；從京城官員到地方官吏，紛紛上疏阻止朱厚照出京。不僅如此，他們還把朱厚照多年以來所積累的惡習一個個拿出來加以批駁，甚至把朱厚照說得極為不堪，大有一副明王朝再這樣下去就要亡國的意味。可是，在北方的一番遊歷之後，朱厚照已經再也不能安分地在皇宮這個牢籠裡待下去了。

為了讓朱厚照打消出遊的念頭，大臣們有的在他面前長跪不起，有的一封接一封地上疏，更有的就在朱厚照面前號啕大哭，一把鼻涕一把淚。但不管周圍的人怎麼說，他就是不聽。到了三月二十日，朱厚照的脾氣終於爆發了。

這一天，一百多名朝廷官員齊聚午門，密密麻麻地跪了一地。原來，這些人都是上疏阻止朱厚照南巡的官員們。在江彬的挑唆下，這些朝臣們不僅被罰跪長達六個時辰，在這之後還被朱厚照「各廷杖五十或三十」，再押入大牢。因為此事被打死的官員竟有十一人之多，被貶謫者也有上百人。

這場鬧劇結束了，朱厚照卻猶豫了。他心中其實明白，這些人是對的。他們的所作所為，沒有一個是為了自己。思考再三之後，朱厚照終於痛下決心，表示自己放棄去南方的念頭。

但是，大臣們用血的代價換來了朱厚照的悔改之心只持續了兩個多月。這一年六月，駐守江西的寧王朱宸濠，打著討伐荒淫無道的暴君明武宗的旗號，率領號稱的十萬精兵，大舉向中原挺進，一路所向披靡。七月，寧王叛亂的消息終於傳到京城。朱厚照聽了，不但沒有絲毫的憂慮，反而立即拍手稱快。這一次，他終於找到南巡的最佳藉口了。

他立即將文武百官召集到左順門，商討平叛方略。眾人商議的結果，自然是要派人帶兵出征。但帶兵的人選遞上去之後，大臣們遲遲都沒有得到皇帝的答覆。他們足足等了三天，才收到消息——朱厚照要親自帶兵上陣。其實，就在明武宗發布這道旨意的當天，朱宸濠叛亂已經被汀贛巡撫僉都御史王守仁和吉安知府伍文定二人平定了。

朱厚照不知道這件事情，他已經完全沉浸在將要去往南方的喜悅之中。八月二十二日，他開始率領京師精銳部隊數萬人出發，一天後到達涿州，住在一個叫張忠的太監家裡。就在這時，王守仁的捷報傳來。明武宗看到捷報，心中五味翻騰。

朱厚照親手抓獲朱宸濠的願望就這樣破滅了。大臣們開始委婉地勸誘明武宗立即還朝。但是，在朱厚照看來，好不容易出來了，哪有輕易回去的道理？依然執著地要求繼續南征。還給王守仁發布詔諭，禁止他押送朱宸濠到京城，而是留在原地耐心等待自己的到來。

走了將近一個月的時間，明武宗抵達臨清。這一路上，朱厚照雖然身披鎧甲，卻遊山玩水，賞花觀鳥，一邊走還一邊要求臣下為自己搜羅金銀財物，沒有絲毫要打仗的樣子。這樣一直到了十二月初一，他才抵達揚州府。到達揚州的第二天，朱厚照帶領隨從們一起去城外打獵，盡興而歸。從此開始迷上打獵，每天的生活幾乎都是在打獵中度過。對於群臣的勸說，從不加以理會。

在揚州，朱厚照還做了一件令人匪夷所思的事情。他竟然親自前往各大妓院去慰問妓女。揚州妓女也因此而身價倍增。

朱厚照就這樣一直在南京附近遊玩。到了正德十五年（一五二〇）二月，他接到奏報，張永已經將朱宸濠押到了南京江口。為了彌補自己沒能親手抓獲朱宸濠的遺憾，他令手下人等在自己的住處布下陣勢，然後為朱宸濠鬆綁，自己則跨上馬背，重新表演了一齣活捉寧王的好戲。而此時眾位軍士大聲呼喊皇上神勇。朱厚照則得意揚揚，就好像朱宸濠是真的被他親手抓獲一樣。

八月，在眾位大臣和劉娘娘的苦心勸導之下，明武宗終於打算返京了。到了九月，浩浩蕩蕩的大部隊抵達清江浦。朱厚照發現，這裡的魚又多又美。他玩性大起，跳下馬車一個人駕了一艘小船就要到河裡抓魚。誰知一個不穩，只聽「撲通」一聲，皇帝掉到水中不見了。

隨行的眾人一個個慌忙地跳入水中營救。一陣折騰之後，終於把朱厚照拉上岸。雖然有驚無險，但他也因此受到驚嚇，再加上常年荒淫過度，身體虛弱，開始一病不起。

回到京城之後，他下令朱宸濠自盡，而王守仁和伍文定的平叛功勞則全部被加在了他自己身上。之後，朱厚照的身體江河日下，終於在正德十六年（一五二一）正月，在豹房一命嗚呼，年僅三十一歲。在遺詔中，朱厚照下令釋放囚犯，放歸劫掠的婦女，將在宣府收受的錢財充國家財政。臨死之前，終於做了一件對百姓有益之事。

明武宗終其一生，都讓他的朝臣們頭疼不已。可是，讓他們真正頭疼的還在後面。那就是，朱厚照死後，沒有留下一個孩子。

【知識鏈結】

朱宸濠，寧王的第四代繼承人，弘治十年（一四九七）嗣位。其高祖寧獻王朱權是明太祖朱元璋的第十七子，永樂元年（一四〇三）二月，改封南昌，以江西布政司官署為歷代寧王官邸。

「立皇帝」劉瑾

孝宗去世後，明朝又誕生了一位權傾天下的太監劉瑾。

其實，蒼蠅不叮無縫的蛋。明朝的一些皇帝，不用都像朱元璋一樣英明神武，只要頭腦清醒一些，宦官就不會有可乘之機。但是，讓劉瑾碰上朱厚照這個極品，不專權都有點對不住自己。據史料記載，皇帝天天在豹房中從事娛樂活動，幾年裡也沒幾次和大臣們見面，有些大臣甚至都忘了皇帝的模樣。

劉瑾一方面是鑽了權力真空的漏洞，另一方面，他確實贏得了朱厚照的喜愛與信賴。

做太子的時候，朱厚照就被大臣們逼著整天讀聖賢書，以至於他看見大臣就覺得渾身不舒服。而劉瑾就不同了，這個太監知道自己的愛好，總是寵著自己，在他面前想幹什麼就幹什麼，而且新花樣層出不窮，讓他過足了癮。朱厚照發現自己已經離不開這個太監了。

弘治十八年（一五〇五），明孝宗朱祐樘駕崩。隨著朱厚照即位，劉瑾得到了掌管鐘鼓司的職務。掌管鐘鼓司雖然只是內侍中一個比較卑微的官職，但劉瑾對此並沒有產生絲毫不滿。當上皇帝後，朱厚照的責任感仍舊為零，什麼大臣奏章，什麼朝廷大事，統統被他拋在了腦後。劉瑾一開始是掌管鐘鼓司的小官，這時候他一下子被調到內宮監擔任職務，不久又以神機營中軍二司內官太監的身分管五千營，正式掌握了北京城中精銳部隊的指揮權。

明孝宗臨終之時，擔心再次出現宦官專權的局面，在遺詔中明確規定不允許宦官染指兵權。但從現在的情況來看，他的苦心算是白費了。就這樣，劉瑾的勢力一天天坐大，和他共同發達的還有另外七位太監。當時朝中的大臣們替他們起了一個別稱，叫做「八虎」，劉瑾則是「八虎」中的領軍人物。一時之間，朝廷被他們攪得烏煙瘴氣，終於天公發怒了。

正德元年（一五〇六）六月，一個雷雨交加的夜晚，皇宮中奉天殿以及太廟頂上的獸吻被雷震倒在地，皇宮幾個宮殿的柱子也因此著火，樹木紛紛搖晃不止。

這在當時事關重大。它預示著上天對帝王的不滿和警示。明武宗這才稍稍收斂，召集群臣廷議，並發下罪己詔書，請求大臣們直言進諫。朝中大臣藉機開始上疏勸誡皇上遠離宦官。但是，朱厚照收到上疏後卻又置之不理了。於是，大臣們紛紛上諫，可是皇帝根本就聽不進去。

當大臣們發現吏部侍郎焦芳等人已經被劉瑾拉攏過去後，危機感一下子被激發出來。

正德元年（一五〇六）十月，內閣六部九卿聯名上書，對「八虎」發動全力攻擊。

奏疏很快抵達了朱厚照的案前，看到中央全體部門官員的名字都附在後面，他害怕了，如果事情處理不好，這些人一旦全部辭職，自己就成孤家寡人了。無奈之下，他只得下令將劉瑾等人調往南京。

但是，以劉健為首的大臣們對這個解決方案一點都不滿意。他們一天之內，連續入朝三次，拚死力諫。皇帝身邊以王岳為首的一些正直的太監，也加入了攻擊劉瑾等人的隊伍中，為諸位大臣說話。

可是朱厚照實在下不了決心殺掉這些對自己百般順從的心腹們。於是，爭鬥的局面開始僵持下來。劉健擔心夜長夢多，準備再召集更多的京城官員繼續彈劾劉瑾，甚至動了繞過皇帝，直接處死「八虎」，先斬後奏的念頭。就在這時，劉瑾在朝中部署的眼線焦芳開始發揮作用了。他連夜跑到劉瑾的府邸，將宮中所發生的事情全部告訴了他。

得到消息的劉瑾和其他「八虎」成員頓時大驚失色，他們顯然覺得自己已經被逼到了絕路，只能鋌而走險，反撲一把，說不定還可以為自己拚出一條活路。

「八虎」趕到宮中，趁朱厚照還沒反應過來，撲通撲通全部跪倒在地，牢牢地把皇帝圍在中間，放聲大哭起來。邊哭邊陷害王岳等人，說他們想聯合眾大臣造反，一起牽制住皇上。朱厚照本來就認為大臣們對幾個太監不依不饒，實在是逼人太甚。聽了劉瑾的話，頓時恍然大悟，下令立即抓捕王岳等人，升任劉瑾為司禮監掌印太監，提督團營。劉瑾等人一夜之間就扭轉了局面，而朝中的大臣卻絲毫不知，第二天上朝時還精神飽滿地等待著皇帝對劉瑾的宣判。事情到這個地步，看來已經無法挽回了，於是一些大臣紛紛上奏請求告老還鄉，劉瑾就趁機將他們全部趕走了。

此後，朝中再無人敢與劉瑾等「八虎」公然作對了。劉瑾在皇宮中的勢力以令人吃驚的速度一天天坐大，終於到了權傾天下、無人能及的地步。劉瑾首先順利當上了司禮監的秉筆太監，擁有協助皇帝掌管章奏文書，甚至代替皇帝「批紅」的權力。就這樣，劉瑾掌握了朝政的決策權，成為明王朝的實際掌控者。

此時，為了替離去的官員求情，給事中呂翀（音衝）、御史薄彥徽以及南京給事中戴銑等二十一名官員向皇帝上了一道奏章，正撞在了劉瑾的槍口上。他二話不說，立即將這幫官員處以去衣廷杖的刑罰。中國古代講究「刑不上大夫」，更別說脫去衣服行刑了，對士大夫來說，這無疑是人格上的最大侮辱。結果，戴銑被活活打死，呂翀等人皆被罷黜，其他有的致仕，有的削去俸祿，有的革職還鄉。這下，文官集團徹底被激怒了，他們不惜一死，也要討回公道。但是皇帝對於這幫朝臣厭煩透了，覺得他們總是沒完沒了地和幾個太監過不去，對此事管都不管。這些可憐的大臣最終和他們的同情者一樣，面臨杖刑的羞辱。

此後，劉瑾相繼撤換了一批反對自己的官員，藉機安插自己的親信到朝廷的各個部門。此時的劉瑾，可以說除了皇上，誰都不放在眼裡了。因此，時人給劉瑾起了一個綽號，叫做「立皇帝」。

【知識鏈結】

八虎。武宗繼位以後，太監受寵逐漸開始干涉朝政，其中以劉瑾為代表，聯合馬永成、高鳳等七名太監共同得寵。他們巴結武宗，迎合他貪玩的本性進而控制朝政，代替皇帝掌管「批紅」的權力，並迫害賢良之人。朝中大臣給他們起了個「八虎」的別稱。

權為何物？不過一物降一物

對於劉瑾等人的肆意妄為，明武宗朱厚照不可能全然不知。但是，他實在離不開這些忠實的玩伴了。因此，他從未對劉瑾有任何苛責。即使朝臣們攻擊劉瑾的奏摺如雪花般飛到他的面前，他仍是不聞不問，護劉瑾護到底。

但是，劉瑾不知道自己已經處在一個很危險的位置。因為，一旦這個唯一會保護他的人不再信任他時，他的死就是沒有任何商量餘地的了。

正德五年（一五一〇），賦閒在家兩年的楊一清突然接到聖旨，恢復了他三邊總制的官位。原來，安化王朱寘鐇起兵叛亂了。這一次，輪到劉瑾倒楣了。

明朝的安化，大致在今天陝西省慶陽縣附近。在楊一清離職後，西北地方又恢復了從前戰亂不斷、民不聊生的狀況。對於此處，劉瑾肯定不會陌生。因為他派官員在陝西一帶徵收著高額田稅，創造很多收入。對於欠稅的人，他動輒打罵，導致陝西當地死傷無數。而當時欠稅的往往是駐紮在陝西的戍軍士兵，更容易聚眾鬧事。朱寘鐇看此時正是起兵反叛朝廷的最佳時機，便開始著手準備，妄圖一舉衝進皇宮，取朱厚照而代之。

起兵之前，朱寘鐇發表了一篇檄文，他宣稱自己發兵的目的在於「清君側」。因為張綵、劉璣、曹雄、毛倫等文臣武將，內外勾結，圖謀不軌，已經嚴重影響到皇帝的統治。

劉瑾得知朱寘鐇起兵之時，十分慌亂。劉瑾立即想辦法將這篇檄文向朱厚照做了隱瞞，同時派楊一清前去征討，另派「八虎」之一的張永前去監軍。可是還沒等楊一清到陝西，叛亂就已經被他以前的部下鎮壓了，於是他們一起押著朱寘鐇回京覆命去了。

楊一清明知張永是「八虎」之一，一路上卻與他相談甚歡。他利用張永和劉瑾平日裡的不和，趁機說服張永一起除掉劉瑾。張永一直猶豫不決，楊一清耐心為他分析了當前朝中的局勢。並向他擔保，只要張永跪地苦勸，他們一定可以達到目的。而且，以現在的形勢，劉瑾很快便會發動叛亂，到時候，張永本身也會面臨危險。張永思索再三，終於振臂高呼一聲，答應了楊一清的請求。

此時的劉瑾，正沉浸在叛亂被平定的無限喜悅中。他立刻向朱厚照傳達了這個喜訊，同時也沒有忘記將平叛的功勞全部加在自己的頭上。然而此時，卻發生了一件讓劉瑾樂極生悲的事情——他的哥哥都督同知劉景祥死了。劉瑾決定為他辦一場規模宏大的葬禮。

經過劉瑾的反覆測算，下葬的日子定在這一年的八月十六日，隨後便開始派人為葬禮做準備。八月十五夜裡，劉瑾將全城戒嚴。他知道，第二天會有成百上千的官員前來送葬。不過，據史書記載，劉瑾是在打著送葬的幌子策劃謀反，這一點我們並不能確定真假。八月十六日，楊一清和張永正式還朝。為了防止情況有變，張永早已在幾天之前便回到了宮中。獻上朱寘鐇之後，明武宗置辦了豐盛的宴會招待張永，而劉瑾則一直在皇帝身邊陪侍。直到夜幕降臨，劉瑾才退出朝中，回去準備送葬儀式。張永抓緊時機，拿出了在陝西所搜集到的朱寘鐇起兵檄文給朱厚照看，還一併遞交了楊一清所寫的彈劾文書。

在這封奏疏中，楊一清詳細列舉了劉瑾的十七條罪狀，證據確鑿，句句置劉瑾於死地。誰知朱厚照看了奏疏，竟絲毫不以為意。張永一看，慌了。如果這件事情現在不能得到解決，一旦拖到第二天，可就是他和楊一清等人的死期了。

於是，張永當機立斷，說出了劉瑾要謀反的情況。朱厚照頓時清醒了過來，下令立即將劉瑾捉拿歸案。當時已是夜裡三更，劉瑾已經睡下，忽然看到張永帶著兵包圍了自己的住所，心中已經猜到了幾分。他不慌不忙地披上衣服，詢問皇帝現在何處，得知明武宗此時正在豹房，無奈之下只好跟著官兵，進了詔獄。

劉瑾雖然下獄，然而，朱厚照和劉瑾之間的感情，實在是太深厚了。他越想越覺得僅憑著張永的一張嘴便將盡心伺候自己多年的劉瑾關入監獄，實在是不厚道。於是便在當天夜裡，給劉瑾送去了禦寒的衣物。

第二天一早，朱厚照召集群臣商議對劉瑾的處罰辦法。他不想要劉瑾的命，於是他將張永告發劉瑾的事情公之於眾，命大臣起草詔書，將劉瑾降為奉御，貶斥到鳳陽，廢除劉瑾設立的新稅法和各項改革措施，然後這件事情就此結束。然而，群臣卻不想放過他，他們眾口一詞，非殺劉瑾不可，還強烈要求皇帝親自出馬去抄劉瑾的家。朱厚照的案前，再一次被雪花般的奏章所淹沒。

對於這個建議，愛玩愛熱鬧的朱厚照沒有推辭。誰知，這一抄家，竟讓他意外地發現偽造的玉璽等物品，劉瑾日常用的扇子裡還藏著兩把匕首。朱厚照這才恍然大悟，劉瑾果然要造反。看著這些東西，明武宗只說著一句話：「奴果反！奴果反！」最後，他終於下定決心，下旨將劉瑾凌遲處死。

對劉瑾的行刑持續了三天，一共割了三千三百五十七刀。明朝的法律規定，死刑的犯人應在秋後處斬，也就是在霜降之後，冬至之前統一執行死刑。但是，劉瑾屬於大罪，不受這個規定的限制。曾經被劉瑾謀害過的官員和百姓的家人，紛紛走到街上觀看，很多人還用一分錢的代價買下劉瑾身上割下來的肉吃掉，表達憤恨之情。

劉瑾死了，但是他所帶來的災難在短時間內，根本無法消除。劉瑾死後不久，京城地區就爆發了劉六、劉七領導的武裝起義。朝廷慌忙鎮壓，再一次元氣大傷。劉瑾雖然倒台，明朝宦官專權的局面卻沒有因此而得到改變。

【知識鏈結】

凌遲處死，可謂一項古老的刑罰，也是最為殘忍的一種刑罰。它還有著另外一個為眾人所熟知的名字，叫做「千刀萬剮」。就是將人身上的肉一片一片地用刀割去，而且一直到行刑結束，最終受刑人才能死去。

第十一章：心學創始人

王陽明從小就是一個另類的人，這或許恰好符合他日後能成長為一個哲學家的特質。他創立的學說，在沒有網路更沒有臉書的時代，就已經能夠廣泛流行於中外。僅僅從他學說的受眾來說，我們也可以推斷出他的偉大。但是，一般人也僅僅看到了他的一面，你知道他還是個軍事天才嗎？

思想另類的奇人

明憲宗成化八年（一四七二）十月三十一日，王守仁在浙江餘姚出生了。

王守仁還有另外一個更加為人所熟知的名字——王陽明。他創立的學說從他所在的時代開始，一直影響中國長達數百年。後來許許多多在歷史上名噪一時的人物，都對他的思想欽佩不已，研習終生。這其中包括思想家李贄（音制），文學家湯顯祖、袁宏道等。不僅如此，他的學說還傳到日本，在這個國家產生了極為轟動的效應。

王守仁是個極富傳奇色彩的人。據史料記載，王守仁的母親足足懷了十四個月，才把這個孩子生下來。在他出生之前，祖母岑氏做了一個夢，她夢到有一個神仙踏雲而來，將一個孩子送到凡間。於是便給他起名字叫王雲，他出生的屋子也因此而改名為瑞雲樓。但是小王雲一直到五歲，都不會開口說話，這可急壞了王華和他的妻子。他們到處求神拜佛。有一天，一個異人在孩子頭上點化一番，並給他改名為王守仁，他才能夠開口說話了。而且剛一開口，便能流利地背誦經典中的名句。

王守仁讀書甚是用功，記憶力好，領悟力也高。但是，上學沒過多久，老師們便發現，這個孩子的想法非常不合時宜。他不喜歡老老實實地坐在教室裡背書，而是經常一個人發呆。看著窗子、水井發呆，看著樹葉也發呆。而且他還經常提出一些令人匪夷所思的問題，寫一些誰也看不懂的文章。見老師們都解釋不了他的疑惑，便把書本扔在一邊，開始舞槍弄棒，讀一些當時社會上並不提倡的書籍。這段時間，他曾寫過一首小詩：「山近月遠覺月小，便道此山大於月。若人有眼大如天，還見山小月更闊。」從這首詩中，不難看到年幼的王守仁心中的困惑以及不安於現狀、蠢蠢欲動的心靈。

眼見王守仁這樣一天天下去，做老師的不禁有些心急。畢竟這個孩子將來還是要參加科舉考試，走仕途之路的。於是，他把王守仁叫到面前，開始苦口婆心地勸誡。誰知，王守仁竟然反問老師：「何為第一等事？」老師一愣，當即向他解釋，只有讀書取士，才是在這個社會中作為讀書人所應該樹立的最高理想。王守仁聽了，連連搖頭嘆氣，竟然說出了一句極為猖狂的言語：「登第恐未為第一等事，或讀書學聖賢耳。」此時的王守仁，只有十歲。

一個十歲的孩子竟然說出向聖賢看齊的言語，雖然老師也沒有將其真正放在心上，卻也不得不歎服王守仁的智慧和機敏。他將這句話轉告王守仁的父親王華。王華聽了，不以為然。在他的眼裡，自己的家族祖祖輩輩走的都是一條「讀書—科舉—當官」的傳統道路。而這個孩子竟然敢別出心裁，搞一些自以為是、亂七八糟的東西。這讓他極為惱火。有一天，王華將「不務正業」的王守仁逮個正著，先是一頓訓斥，然後再言傳身教，勸導王守仁摒棄那些不入流的、雜七雜八的胡思亂想，回歸正道上來。誰知，王守仁聽了，不僅將回答老師的話再一次地轉告給父親，還說了一番孔子都不放在眼裡的狂妄言語，連王華也被嚇呆了。他實在不敢相信它竟然出自一個十歲孩子之口，連自己都不能不為之嘆服。

轉眼間，王守仁長到了十五歲。在私塾狹小的教室裡，他實在是再也坐不下去了。於是，他一個人單騎上路，遊訪居庸關和山海關等勝景。在路途中，文武雙全的王守仁還彎弓射死了兩個韃靼人。

這次的旅行，讓王守仁有了很大的收穫。回到北京之後，很長一段時間，他都沒有再次外出，而是繼續關門閉戶，潛心思考，發奮讀書。待到弱冠之年，王守仁參加鄉試，學問有了很大的長進。而此時的他，也有了新的愛好，那就是參研兵法，苦練騎射。

弘治元年（一四八八），王守仁第一次踏上了回餘姚老家的道路。此時的老家，已經不是他童年的記憶中那個溫暖的家了。慈母已逝，物是人非，這一切都促使他開始思索人生。

也是在這一年，父親告訴他，已經為王守仁選了一門親事，而且馬上要舉行婚禮。新婚妻子是諸介庵的女兒，因為諸介庵和王守仁的父親是至交，所以這樁婚事算是門當戶對。王守仁得到消息以後，懷著遊山玩水的心態，花了幾個月的時間才趕到江西南昌去成婚。而就在洞房花燭夜的當晚，諸家人忽然發現，新郎王守仁竟然不見了。原來，王守仁正在一個叫鐵柱宮的道觀裡，和主持道士談經說法。二人很是投緣，王守仁向他虛心請教，不知不覺中天就亮了，才大搖大擺地回到了諸家。

從此，他就在江西布政司的府衙做些批閱公文的職務，閒了就讀書寫字，思考他的聖賢之道。一年之後，才帶著妻子回到北京。

弘治三年（一四九〇），王守仁的祖父王天敘逝世，王華帶著王守仁回家守孝。這段時間裡，王守仁的全部身心都被一本叫做《近思錄》的書所吸引了。《近思錄》是一部在理學上有著重要地位的作品，它記載了朱熹與呂祖謙談論周敦頤、程頤、程顥著述時的六二二條所思所得。王守仁反覆讀著書中的每一句話，決心親自一試。於是，他和一個姓錢的朋友，整日對著自己家後院的竹子潛心思索。到了第三天，朋友精疲力竭，宣布放棄。而王守仁依然苦苦堅持。到了第七天，他也實在堅持不住了。但是對於「格物」，卻依然一無所獲，什麼都沒有「格」出來。

這就是哲學史上著名的「陽明格竹」的典故。這次觀竹格物的失敗對於王守仁來說，是一個極大的打擊。之後，他大病一場。王守仁第一次發現，想做聖賢，提出全新的思想體系，並沒有自己想像的那麼簡單。他距離成功，依然還有一段很長的路要走。

【知識鏈結】

格物，意思是窮究事物的道理，也可指糾正人的行為。「格」在這裡有「窮究」的意思。格物的目的是致知，這是中國古代儒家思想的一個重要概念，最早出自於《禮記・大學》，後來成為認識論的重要問題。清末稱西洋的自然科學為格物學。

陽明洞的冥神靜思

格竹的失敗使王守仁對朱熹思想第一次產生了懷疑，也對自己究竟能否成為聖賢產生了懷疑。王華看著一蹶不振的兒子，難免怨氣滿腹。他命令王守仁，馬上將心收回來，準備參加科舉考試，並且沒有絲毫商量的餘地。王守仁見成為聖賢的理想也不是一時半刻就能實現的，無奈之下只得找出落滿灰塵的書本，埋首苦讀。

這年秋天，果然不出所料，王守仁輕而易舉地在鄉試中得中舉人。然而，背負著全家人殷切希望的他，卻在弘治六年（一四九三）的會試中落榜了。雖然落榜，但當時的宰相李東陽看到王守仁的試卷，仍然是嘖嘖稱奇，嘆服王守仁的才華，並一致認定來年的狀元一定非王守仁莫屬。

這份預言並沒有得以實現。在弘治九年（一四九六）的會試中，王守仁再次落榜了。和他住在一起同科參加考試的生徒們，都以落榜為恥，而王守仁對此卻並不在意。

對於兒子的落榜，父親王華雖然失望，卻並沒有苛責。他耐心地勸說王守仁不要氣餒，只要再接再厲，勤奮苦讀，終有一天能夠金榜題名。王守仁聽著父親的絮叨，不發一語。一直到王華說累了，才吐露出自己這次落榜後的真實感受。而王華聽了，差點氣暈過去。

原來，王守仁經過兩次科考，漸漸認定科舉取士這條路，實在是不適合自己。就在這一年，明朝的邊關告急。舉朝上下倉皇失措，到處尋找人才卻一無所獲。王守仁深深地感受到，朝廷雖然設置了武舉一科，但是這些人大多四肢發達，頭腦簡單，雖然懂得騎射和殺敵，但不讀兵書，不懂謀略，絲毫沒有統馭全局的能力。這樣的人，怎麼能委以重任呢？於是，王守仁下定決心，徹底放棄考功名，而是把全部精力都放在研習兵法之上。這樣才能上陣殺敵，報效國家。

這個決定遭到全家上下的堅決反對。在他們的苦心勸誘下，王守仁才終於妥協，答應在學習戰略兵法、習武練劍的同時絕不丟棄四書五經，不放棄科舉考試。就這樣，從二十六歲開始，王守仁一邊學文，一邊習武，逐漸變成了一個文武雙全的青年人。

這樣一晃又過了兩年。到了弘治十二年（一四九九），王守仁已經二十八歲了。他再次收拾行裝，踏上科舉考試之路。這一次，王守仁終於如願以償，中了會試的第二名，緊接著又在殿試中取得二甲的成績。他被分配到工部做觀政進士。在工部觀政的這段時間，王守仁在政治上並沒有多大建樹，也沒有給朝廷提出過什麼深刻見解。唯一的收穫就是認識了大文豪李夢陽，二人一見如故，整天湊在一起，討論文學和人生問題。

此時的朝廷正在為西北邊陲的戰事頭疼不已。王守仁向朝廷獻上了《邊務八策》，得到賞識，加授刑部主事，被派往江北處理案件。在那裡，王守仁平反了許多冤假錯案，得到當地百姓的愛戴。但是，政治上的柳暗花明卻並不能填補王守仁心中的煩躁和不安。這麼多年來，他從未放棄過建立一個全新思想體系的理想。但是，無論他怎麼努力，他的思維都彷彿打上了死結，對於怎樣才能參透萬事萬物運行變化規律，他依然一無所獲。於是，煩悶不已的王守仁決定出去散散心，舒緩一下心情。

弘治十三年（一五〇〇），王守仁來到了九華山。選擇九華山，並不是一個偶然。因為他曾經聽說，這兒聚集了很多能參透生死的得道高僧。如果能和他們交流一番，說不定能夠別有所獲。於是，他每經過一個寺廟，都要在其中留宿，和住持攀談。就這樣一路走來，終於有一天，他在路上遇到了一位異人。

這位異人，蓬頭垢面坐在路中，衣衫襤褸，狀若癲狂。王守仁知道，這樣的人，很多都是得道高士。他便向此人鞠躬行禮，虛心請教。但是，任憑王守仁怎麼說，這個人就是對王守仁守口如瓶。最後留下一句「汝自謂拜揖盡禮，我看你一團官相，甚說神仙」，便飄然而去。

王守仁愣愣地站在原地。他知道，這幾年的做官經歷已經大大地分散了自己參禪悟道的精力，也消磨了他當年發誓要成為聖賢時的銳氣。王守仁不想放棄自己為之苦心奮鬥多年的目標。弘治十五年（一五〇二），王守仁回到京城覆命。由於王守仁在京城的文人名士中已經有了一定的威望，尤其是王守仁古文寫作甚佳，深得時人的敬重。

於是，他們紛紛上門來約他，希望共同組織一個詩文社。不過此時王守仁的身心，已經全被九華山那位異人的話以及成為聖賢這個終極目標佔據了。他謝絕了同僚們的好意，並上書朝廷請了一段時間病假，又繼續踏上了他的巡遊之路。

在路上，王守仁不斷遇到神奇異人，不斷積累著各種各樣的思想。就這樣一路走回了老家餘姚。他在餘姚的四明山南邊一個洞口蓋了幾間屋宇，整天獨自在屋中冥神靜思。「王陽明」這個別名也是在這時候產生出來的。

在陽明洞坐行導引之術的這段日子，可以說王守仁距離成功已經只有一步之遙了。但是，這一步他最終仍然沒能跨過。而是在終日的冥神苦思中身心俱疲，最後不得不再一次宣告放棄，重回官場。

弘治十七年（一五〇四），山東巡按御史聽聞王守仁的大名，派人將他聘到山東主持當地鄉試。王守仁沒有推辭，欣然就任。這年九月，他又回到京城，擔任兵部武選司主事。他對當時的學生們只知死記硬背，「不知身心之學為何等」的情況憂慮在心。於是自己開班講學，教授學徒，以師道自任。對於他的這個舉動，同輩中難免有人議論紛紛，只有翰林院學士湛若水深深理解王守仁的愁苦，二人逐漸結為莫逆之交。

再一次返回北京，王陽明終日被腦海中碰撞不已的各種思維攪得心神疲憊，頭痛欲裂。但是，還沒等到他將這些錯綜複雜的思路梳理清晰，一場災難性的考驗又降臨到他的身上。

【知識鏈結】

九華山位於安徽省池州市東南，曾被開闢為大願地藏王菩薩道場，成為一千多年來僧侶及大眾的朝聖地，歷經唐、宋、元各個時期的興衰更迭，在明初獲得顯著的發展，於清代達到鼎盛時期。與山西五臺山、浙江普陀山、四川峨眉山並稱為中國佛教四大名山。

「龍場悟道」

王守仁回北京之後不到一年，明朝的政局便發生了翻天覆地的變化。弘治十八年（一五〇五），明孝宗朱祐樘離世，獨生子朱厚照繼承皇位，改元正德。這一年，王守仁三十五歲。

朱厚照登基之後，大宦官劉瑾一手遮天。為了推翻他，經過再三思索後，王陽明給正德皇帝上了一份奏章。

在這篇文章中，深諳世事的王守仁絕口不提劉瑾的任何過錯，也沒有一句類似於「去權奸」的話，而是委婉地指出「君仁則臣直」，以此來保護這些無辜的言官們。

這篇奏疏在六部九卿彈劾劉瑾的大潮中，可以說是最不激烈的一篇。但是，王守仁文章寫得實在太好，很快便引起了劉瑾的注意。雖說這封奏疏並沒有直接對自己展開攻擊，為了確保萬無一失，劉瑾當即把王守仁也劃到了廷杖的隊伍中，隨即下獄。

從弘治十二年（一四九九）成為觀政進士到正德元年闖入詔獄，其間只有短短的六年。在這六年中，王守仁為了尋求人生的真理，受盡千難萬苦卻始終不肯放棄。這一次，他當然也不會就此放棄。監獄狹小寂靜的空間正好提供了一個靜心思考的環境給他。就這樣一天天過去，他一天天望著鐵窗中透出的一點點微光，反覆地思索著朱熹的每一句話。「存天理，滅人欲」，這是朱熹理論的基礎和核心。這個理論概括而言，就是透過對自然本質的理解和把握，逐漸消除人本身所固有的「欲望」，達到超凡脫俗的境界。

但是，人的欲望真的可以被完全消除嗎？恍惚中，王守仁彷彿又回到了弘治十五年（一五〇二）的虎跑泉邊。在那裡，王守仁偶遇一位高僧。這位高僧當時已經閉關靜坐三年多，對家中的老母親是死是活都不知道了。結果，和王守仁聊了聊，就悲傷起來，連夜還俗，跑回老家去了。

這件事情對於王守仁的觸動極大。父母與兒女之間的骨肉親情，豈是說斷絕就能斷絕的？即使是得道高僧，也不能違背這個人的天性。想到這兒，王守仁靈光一現：天理與人心是絕對不能分開的。人欲不可消亡，如果刻意為之，一定會得到物極必反的效果。因此，朱熹的理論，是完全錯誤的。

此時的王守仁可能並不知道，他的這個靈光突現，已經使他在不知不覺中突破了幾十代中國人心中根深蒂固的傳統思維，進入了一個全新的境界。但是，有破就應該有立。既然世界的本原並不是朱熹所說的天理，那它究竟應該是什麼呢？

然而，劉瑾沒有再給王守仁更多思考的時間，貶謫的公文很快到了王守仁手中——謫貴州龍場驛驛丞，這是一個鮮有人煙的不毛之地。正德二年（一五〇七）的春天，王守仁正式啟程。

王守仁沿著京杭運河向南行進著，一路上風平浪靜。但是，他的心卻時刻保持著警覺。直覺似乎在告訴他，身邊處處潛伏著危險，一切都要小心為上。而事實也正是如此。王守仁還沒有出京城大門，劉瑾的眼線就已經跟上他了。他們的目的只有一個，那就是伺機殺掉王守仁。

一路跟到杭州，這兩個眼線始終沒有抓到殺死王守仁的機會。而王守仁繞道杭州，本來是想看看自已已經年近九旬的老祖母。為了防止危害到家人，他也只得作罷，僅派了自己的一個隨從回家報信。當時正值夏天，暑熱難耐。王守仁又積勞成疾，苦不堪言，便在當地一個叫勝果寺的地方休養一陣。讓他感到高興的是，他的妹婿徐愛以及同鄉好友蔡宗兗、冀元亨、朱節等人聽說王守仁回鄉，親自前來看望他，帶給了他極大的溫暖。

但是，劉瑾的眼線仍在王守仁身後，時刻準備著要他的性命。如果再次出發，越往南路途越荒涼，自己死於非命的可能性也就越大。王守仁決定，設下瞞天過海之計讓這兩個特務主動走人。

第二天，月黑風高。王守仁長嘆一聲，揮筆在所住房間的牆壁上賦詩一首，並命名為《絕命詩》。之後，轉身徑直走到錢塘江邊，脫去鞋襪衣帽，撲通一聲跳入了江中。

天亮之後，兩個眼線發現王守仁留在牆壁上的詩，匆忙跑到各處尋找他的下落。終於發現了岸邊的鞋襪。一路跟來，這兩個人也已經筋疲力盡。他們兩相對照，也沒有多想，便異口同聲地認定王守仁投江自殺，便匆忙回京覆命了。

此時的王守仁，早已游到了江對岸，他一路狂奔，逃到福建。由於實在不想到貴州赴任，王守仁斟酌再三，又從福建折回到南京的家中。見到父親王華，王守仁百感交集。但是，始終忠於大明王朝的王華卻極力勸說王守仁，無論如何都要遵照朝廷的指示前去赴任。此時的王守仁，身患嚴重的肺結核。王華決定，先讓他在杭州養病。

在杭州的幾個多月中，王守仁收了自己的第一批弟子：徐愛、蔡宗兗和朱節。隨後便踏上了去往貴州的旅程。

正德三年（一五〇八）三月，王守仁終於站在了龍場的土地上。荊棘密布，雜草叢生。望著驛站裡僅有的二十多匹馬和幾個年老體衰的老僕，王守仁只得自己動手，豐衣足食，蓋了一個簡單的小草棚，才有了住的地方。

王守仁來了還沒幾天，就和當地人關係良好。在他的帶領下，這個荒蠻之處很快便有了文明的氣息。漸漸地，王守仁又建立起「龍岡書院」，開班授課，而他也被當地人譽為「神人」。

終於到了奇蹟發生的那一天。空曠的山谷中，傳來王守仁興奮的叫喊：「心即理」！這一聲大喊，宣告了王守仁真正邁入了聖賢的境界。他苦苦思索多年的問題終於有了答案。這就是「龍場悟道」這個著名典故的來歷。

【知識鏈結】

心即理是王陽明學說的基礎和核心，就是世界萬物的本原在人心。王陽明認為人的心無所不包，它不僅是與生俱來的，而且與天地萬物共存，無所不知。這是一種純主觀唯心主義的思想。由於突出強調「人心」的作用，王守仁所創的學說，也叫做「心學」。

文人建戰功

正德十四年（一五一九）六月，寧王朱宸濠在南昌聚眾十萬起兵造反的時候，王守仁正擔任南贛巡撫、右副都御史。

得到這個消息後，王守仁一邊聯絡地方官員，自發組織兵力抵抗朱宸濠；一邊派人到寧王府邸送賀禮，伺機打探朱宸濠的動靜。他所派遣的學生，就是他一生中最得意的弟子冀元亨。這個冀元亨一向憨厚老實，深得王守仁的信任。冀元亨到達南昌後，反覆向朱宸濠講格物之道，意在勸他放棄造反。朱宸濠表面上點頭稱讚，還贈給他貴重的禮物，但實際並不採取任何行動。王守仁知道，對於朱宸濠，已經再也沒有說服的可能性了。

於是，他開始和伍文定等人商量對抗朱宸濠的辦法。經過研究討論，他們決定由伍文定負責徵調兵馬糧草，並往戰船上搬運武器，發檄文於各省將朱宸濠的罪名公告天下。王守仁則聯絡各個手中握有兵權的官員前往。

很快，一批官員就集結在王守仁的手下。他們認為，如果朱宸濠順流東下，南京就保不住了。為了避免這個情況的發生，王守仁決定立即設下計謀阻攔。他不斷派遣間諜去打探朱宸濠的情況，還到處下發檄文說「都督許泰、郤永將邊兵，都督劉暉、桂勇將京兵，各四萬，水陸並進。南贛王守仁、湖廣秦金、兩廣楊旦各率所部合十六萬，直搗南昌，所至有司缺供者，以軍法論」。

然後，王守仁偽造了朝廷給李士實和劉養正的信件，信中一直讚揚二人歸順的誠心，並鼓勵他們繼續為朝廷做貢獻，早日發兵東下。書信寄出後，圍繞在朱宸濠身邊的間諜又神不知鬼不覺地把這個消息透露給朱宸濠。

朱宸濠果然對二人起了疑心。而此時他們又恰巧力勸朱宸濠早日攻佔南京，繼承大位。這一下子，朱宸濠便確定這兩個人真的背叛自己了，堅決按兵不動。這樣一來，便貽誤了作戰的最好時機。

朱宸濠等了很久，一直不見所謂的十六萬大軍前來，這才知道自己上了大當。到了七月，他令王拱樤守在原地，自己則率領六萬多人，展開了新一輪進攻。王守仁聽說朱宸濠傾巢而出，南昌老巢只留下一個王拱樤鎮守，樂得手舞足蹈。這一下子朱宸濠可是徹底中了自己的調虎離山之計！他立刻帶領著臨時集結的附近幾個縣的兵力，大約八萬人，號稱三十萬，準備出兵直搗南昌。當時有人建議他去救援安慶。但是，王守仁計議已定，告訴持有異議的人，他採取的是圍魏救趙的辦法。

眾人一聽，這才領悟了王守仁的深意。原來，他故意將朱宸濠吸引到安慶，目的就是趁南昌防守空虛，直搗他的老窩。大家都不得不佩服王守仁計謀之高超，紛紛拍手歎服。於是，王守仁讓伍文定做前鋒，進攻南昌。果然，守兵立即作鳥獸散。第二天，王拱樤被俘虜，其他官員也死的死，傷的傷。王守仁下令殺掉帶頭作亂的十幾個人，然後再開始安撫當地百姓，撫慰宗室。

朱宸濠得知老巢被奪，果然慌了手腳。他顧不得安慶尚處於久攻不下的僵持狀態，匆匆忙忙地調轉馬頭，回去拯救南昌。誰知，王守仁等的就是朱宸濠這一步，他早已在朱宸濠回兵的路上設了埋伏。

七月，王守仁的軍隊終於和朱宸濠在南昌附近的黃家渡相遇。伍文定指揮軍隊，採取誘敵深入的戰術，分別從左、中、後三個方向夾擊朱宸濠。朱宸濠的軍士們經過反覆的奔波折騰，早已兵困馬疲，一擊即潰，被殺死者數以萬計，他只得匆匆撤退。第二天伍文定乘勝追擊，朱宸濠狼狽逃竄。為了保持兵力，他竟然將所有的戰船都用鐵鏈拴在一起。

王守仁一看，立即採取傳統的火攻戰術，船中燒死、淹死之人不計其數。很快，朱宸濠和他的世子、妃嬪以及李士實、劉養正、楊璋等人束手就擒。

就這樣，王守仁平定了朱宸濠之亂，只用了三十五天的時間。

捷報傳到北京，卻沒有帶給朝廷任何喜悅。在武宗看來，他喪失了親手抓獲朱宸濠的大好機會；一些佞臣也認為王守仁平叛使他們喪失了立功的機會。尤其是曾經收過朱宸濠賄賂的那些人，生怕這件事情被王守仁揭發出來，便編造謊言誣陷王守仁是朱宸濠的同黨，只因後來雙方不合，才被迫起兵。在太監張永的竭力維護下，王守仁倖免於難，而他的弟子冀元亨卻被打入詔獄，還被施與殘酷的刑罰。

此時的王守仁，不免有些心灰意冷。於是，他開始隱居在九華山中，終日焚香靜坐。也因被小人陷害，對「致良知」的理解又更深了一層。

正德十五年（一五二〇），王守仁返回南昌講學。這個階段，王守仁所傳授的心學，都圍繞著「致良知」展開。在心學這個領域中，「致良知」就是最基本的方法論。而想要真正達到「致良知」的境界，就必須一步一個腳印，踏踏實實地加強自己的道德修養。而「致良知」理論的完善，也正式宣布了王學成為一個完善的哲學體系了。

正德十六年（一五二一）三月，明武宗朱厚照去世，嘉靖帝即位。在這個全新的政治環境中，王守仁又召集他的學生們在白鹿洞書院進行了多次講學。王守仁本以為到了嘉靖朝，他在政治上也可以重整旗鼓，有一番新的作為。但是，當時掌權的大學士楊廷和與王瓊不和，因此對於王守仁，也心存幾分不喜。而大臣們對於有功之臣，也多有忌恨。於是，王守仁在政治上仍然是鬱鬱不得志。直到嘉靖六年（一五二七），「思恩、田州土酋盧蘇、王受反」，總督姚鏌一籌莫展，這才又召回了在平定叛亂方面素有經驗的王守仁。動亂平定一年後，一代心學宗師便黯然離世了。

終其一生，王陽明的政治功勞都在不停地被別人強奪。也正是因為政治上的失落，造就了他在哲學上的偉大。王守仁死後，「軍民無不縞素哭送者」，「弟子盈天下」。而他的思想，也流傳各地，為世界各國人所知、所敬。

【知識鏈結】

冀元亨（一四八二—一五二一），字惟乾，常德府武陵縣（今湖南省常德市）人。正德十一年（一五〇六），鄉試中舉後一直跟隨王守仁學習。朱宸濠事敗後被張忠逮捕，經嚴刑拷打始終不承認與朱私通。後逮捕入京師下詔獄。明世宗即位後，言官均稱其冤，出獄後五日內去世。

第十二章：嘉靖和他的台前小丑

對於嘉靖皇帝來說，當皇帝似乎就是命中註定的。有些人爭了一輩子的位置，一下子砸到他這個「外人」頭上。說起來也可惜，他的智商在明朝皇帝中算是很高的，但是卻不務正業，一輩子迷信道教到無可救藥的地步。可是，他又不是一個昏庸的人，朝廷中的真真假假他看得一清二楚，該出手時就出手。

搬起石頭，砸了自己的腳

正德十六年（一五二一）四月，「壯志」未酬的明武宗朱厚照駕崩。武宗皇帝自己痛痛快快地玩了一輩子，絲毫不為後來的人著想，連一個男丁都沒留下。

皇帝無子，而國不可一日無君。內閣首輔楊廷和已經代理了一個多月的皇位，他雖然還沒過夠癮，但是也不能太過分了。他想，以前的王朝遇到類似情況不都是「兄終弟及」嗎？既然皇帝無子，應找皇帝的同父弟弟即位，可武宗的兄弟早就不在人世；再追溯到武宗的父輩，去找孝宗皇帝的兄弟來即位，不巧的是孝宗的兄弟們也都死絕了。在這山窮水盡的情形下，楊廷和想起了一個人，孝宗的四弟興獻王朱祐杬留下了一個兒子！從血統上講，這個孩子算是很純正的了，而且恰好才十幾歲，也好控制。於是皇帝的寶座就這麼「順理成章」地落到了朱祐杬的兒子——朱厚熜的頭上。

這年三月十五日，內閣派了幾個重量級的官員前往湖廣安陸（今湖北鍾祥）迎接朱厚熜來北京當皇帝。朱厚熜清清楚楚地聽到了遺詔中的這四個字：兄終弟及。這時候，朱厚熜的父親已經死了，母親還活著。他拜別父親的陵墓，辭別母親後便啟程了。

走了二十多天，終於到北京郊外了。可是，這時候朱厚熜突然不走了。按理說，朱厚熜這次能當皇帝真的是天上掉餡餅的美事，可是他竟然很冷靜。

因為他突然接到通知，要他從東安門進，然後住到文華殿裡等待登基。朱厚熜聽到後一下子把臉拉得老長，他雖然才十五歲，可是他的智商已經遠遠超過這個年齡了，他知道這是皇太子即位的儀式。武宗皇帝本來是他堂哥，這下子突然變成了他爹！

換作一般人，撿了這麼大一個便宜，裝孫子都行，何況當人兒子。可是，朱厚熜就是過不去這道坎。更何況，楊廷和這老賊當初說得好好的，兄終弟及，現在臨時變卦明擺著就是看自己年紀小，又沒勢力，給自己一個下馬威。朱厚熜想，還沒當上皇帝，他們倆的較量就開始了。很好，我不走了！朱厚熜擺出一副誓不妥協的樣子。

雙方陷入僵局的時候，太后沉不住氣了，天平一下子倒向了朱厚熜，最終他如願從大明門進了宮。楊廷和沒有想到，他苦心選擇的黃口小兒竟然不是一個省油的燈。不過更令他沒有想到的是，這一切只是開始而已。

經過一系列繁瑣的勸進、告祭禮儀後，首輔楊廷和送上了即位詔書給朱厚熜。這本是一道程序性的事情，隨便簽個同意之類的就完事了，可沒想到朱厚熜卻在思考了很久之後答覆他們，他的年號不要用詔書上擬定的「紹治」，要用自己定的「嘉靖」。

「紹治」的意思是讓新皇帝繼承弘治皇帝的正統，放棄自己本來興獻王後嗣的背景，而弘治皇帝正是朱厚熜堂兄武宗正德皇帝的父親。字面的意思不難理解，新皇帝首先是作為弘治皇帝的後嗣來治理國家的，可能內閣朝臣考慮了新皇帝既然不願意當已故皇帝的太子，那就順應「天意」當已故皇帝父親的兒子吧！但這在朱厚熜看來無疑是對皇帝權威的極大冒犯。既然內閣想要他吃啞巴虧，他就改年號，不讓他們得逞。

幾天之後，衝突終於爆發了。楊廷和根據前代外藩王入繼大統的事例，認為嘉靖皇帝應以明武宗為皇兄，以明武宗之父明孝宗（嘉靖的伯父）為皇考。這樣一來，就只能讓新帝以其生父生母為皇叔父、皇叔母。此外，為了彌補興獻王的損失，楊廷和決定讓益王的兒子崇仁王朱厚炫過繼過去。為了向嘉靖施壓，楊廷和還聯合了一百九十多個大臣先後抗旨上奏，要求嘉靖皇帝接受他的安排，朝廷裡呈現出一面倒的局面。

這時，嘉靖轉變了策略，他開始用優渥的待遇拉攏領頭的幾個大臣。首先是楊廷和，嘉靖派人送去楊廷和愛吃卻很難吃到的荔枝，不料這位楊大人只收禮不辦事，原則問題絲毫沒得商量。接著嘉靖又讓太監送去黃金給禮部尚書毛澄，這位毛大人更狠，擺出一副臭臉連收都不收。嘉靖這時候肯定覺得自己這個皇帝當得真「窩囊」。

這時，禮部有個叫張璁的小官跳出來幫了嘉靖一把。他提醒嘉靖作為一個皇帝應該乾綱獨斷，否則天下人會批評他為了利益連父母都不認。嘉靖一下子覺得豁然開朗。對啊，自己是皇帝，跟那些大臣沒什麼好商量的，想怎麼做就怎麼做吧！

果然，不久之後，他不顧楊廷和等人的強烈反對，聲稱要封親生父親興獻王為興獻帝，生母為興獻后。楊廷和把滿腔的憤怒一下子發洩到張璁的身上，把他外放到南京去了。可是，嘉靖皇帝還是不甘心，他又想為父親加稱一個「皇」字，這下楊廷和徹底怒了，使出了最厲害的一招——「自請罷黜」。此招一出，一時上疏請楊廷和留下的人竟然多達一百多人，打得嘉靖只有妥協的份。

恰巧嘉靖元年（一五二二）正月，清寧宮發生火災，楊廷和等人認為這是上天對嘉靖發出的警告。嘉靖本人也是迷信之人，也就信了。不久，嘉靖終於聲明，他以孝宗為「皇考」，慈聖皇太后（孝宗皇后）為「聖母」。

楊廷和看似勝利了，但嘉靖從此恨他恨得牙癢癢。只不過，這時嘉靖還沒有支持者，他在等待時機尋求報復。

不久之後，禮部尚書毛澄因重病辭官，刑、戶、兵三部的尚書也相繼因為各種原因致仕，皇帝順利調整了諸多人馬。

身在南京的張璁也一直沒有放棄對皇帝的支持。他聯合一大批官員向內閣發難，再次要求討論皇帝歸宗的大禮，重申「繼統不繼嗣」的主張。這時，朝堂上也開始不斷出現彈劾楊廷和的奏疏。楊廷和一時又處在輿論的風口浪尖。這個皇帝還真是沒完沒了了。

可能是因為人老了就想安享晚年，這時的楊廷和突然沒了鬥志，他決定辭職了。嘉靖正巴不得再也不要看到他，於是欣然批准。

【知識鏈結】

興獻王（一四七六—一五一九），名朱祐杬，為明世宗朱厚熜生父，經過「大禮議」之爭，被世宗追謚為知天守道洪德淵仁寬穆純聖恭儉敬文獻皇帝，廟號睿宗。是明憲宗第四子，成化二十三年（一四八七）受封興王。弘治七年（一四九四），就藩於湖廣安陸州（今鐘祥市）。正德十四年（一五一九）薨，享年四十四歲，因謚號獻，故又稱興獻王。

胳膊擰不過大腿

楊廷和走了，但以禮部尚書汪俊為代表的二百五十多名官員照樣還是持反對意見。這時，楚王朱榮誠及錦衣衛千戶聶能遷等人想藉由支持皇帝討個官做。他們抓住皇帝迫切想要追認親生父親的躁動心理，上書附和張璁。嘉靖帝感覺到了這股「支持」力量似乎可以指望，下詔調桂萼、張璁二人由南京來北京。

皇帝還是想透過一場集體辯論的形式來確立自己父母親及自己的權威。尚書汪俊明顯感到了事態的嚴重性。張璁、桂萼準備數年的理論功底只怕無人能敵，於是想以退為進，連忙召集群臣於內閣，同意嘉靖之前的想法，在前面加「本生」二字，稱之為「本生皇考恭穆獻皇帝」及「本生聖母章聖皇太后」，之後詔令張璁、桂萼等不必來京。

由南京而來的張璁、桂萼二人行至半途，見到詔書後，又起新點子。認為詔書內有「本生」的字眼是禮部官員陰謀，佯為親尊，實則疏遠，應該直接稱嘉靖帝生父為「皇考」，前面不宜帶「本生」二字。之前的「帝」、「皇」都是為了這個「考」字設下的前提，如果不能成考，即便是前面有再多的稱謂，也不能讓自己的父親成為真正的父親。這一下子又提醒了嘉靖。

很多懷念孝宗的臣子等於已經被逼到了底線。他們又拿出了「殺手鐧」，提出總辭職，嘉靖在這個時候表現出了前所未有的強硬姿態，他將反對的奏疏置之不理，即便是全國的官員因為指責自己統統要求辭職，也堅持要把自己的這道旨意貫徹下去。

都說君子動口不動手，但是此時已經無計可施的官員決定，他們不得不採用一個一勞永逸的辦法，就是打死張璁和桂萼。因為他們覺得都是這兩個人從中作怪，皇上才會得寸進尺下去。不過這個計畫只能在他們經過左順門時執行。

但是張璁二人早就得知了這個計畫，二人便沒有同時進京。張璁先到，他悄悄進京，暗自先躲了好幾天，然後伺機入宮。桂萼到得稍晚，被幾位大臣逮著，幾乎陷入了重圍，幸虧自己跑得比較快，又有人臨時指點，讓他逃入武定侯郭勳的府中，躲藏了幾天，終於得以平安見了嘉靖。

打人不成，卻惹惱了皇帝。嘉靖認為這些號稱要動手的大臣都是沖著他來的，更加痛恨反對派。

沒能成功在肉體上消滅對手的大臣又紛紛上言，乾脆直接要求皇帝罷免張璁、桂萼二人以平息「邪說」。結果，有性格的皇帝反其道而行之，趁機替張璁等人升官，任張、桂二人為翰林學士，切責上書言事的官員。

嘉靖三年（一五二四）七月。某天一大早，嘉靖皇帝決定不再猶豫，聽從張璁的建議強制推行自己的意見。他在左順門接見各位大臣，當眾宣布手敕，決定為自己的親生父母的尊號去掉「本生」二字。這個消息來得極其突然，猶如一顆巨大的炸彈爆炸在大殿上。大臣們事先都沒聽說，第一時間只能面面相覷。就在這時，張璁、桂萼等胸有成竹地站出來支持皇帝的決定，並且羅列禮官欺君罔上的罪名，指責朝臣為了一己私利不顧皇帝感情、結黨營私。

這齣皇帝與張璁連袂演出的戲讓群臣激憤難當。

六部九卿及其他諸官都先後遞交疏章進行抗辯，皇帝理都不理。大臣們疑慮難消，早朝後久久不肯離去。他們聚集在一起分析形勢，不約而同地想到了一直不希望發生的最壞事情：怕是皇帝要稱呼孝宗為「皇伯考」了吧！這個頭頂上的陰雲讓眾人不寒而慄，吏部侍郎何孟春首先提出讓大家一同起來抗爭。楊廷和的兒子、翰林院修撰楊慎這時候站了出來，要做領頭羊。他們決定集體反映，數百名朝廷官員一齊跪在左順門，開始集體大哭，語聲嘈雜，喧雜訊直傳入嘉靖所處的文華殿。

嘉靖皇帝最初頗為吃驚，拿著茶杯的手也在發抖。嘉靖大概從來沒見過這等場面，一時沒了主意，只能不斷地讓身邊的太監去當說客，希望大臣能集體賣皇帝一個面子，給個台階讓大家都好下台。可是大臣們表現得很強硬，絲毫不買皇帝的帳。

皇帝的耐性畢竟有限。時間不覺已經過午，放下皇帝架子不斷服軟的皇帝終於決定不再隱忍。本來法不責眾，受威脅的皇帝可能也只有答應的份，但是他們顯然忘記了自己面對的是一個有著怎樣強烈原則性的皇帝。嘉靖派錦衣衛逮捕了一些職位高的，勒令他們等候判決。

幾天後，皇帝下達了最終的處理意見，楊慎等人皆戍邊，四品以上的有關官員均奪去俸祿，五品以下官吏一百八十人處以杖刑，其中王相等十餘人受刑太重被活活打死。

九月十五日，嘉靖正式昭告天下，稱孝宗為「皇伯考」，父親興獻皇帝為「皇考」，母親為「聖母」，不滿二十歲的皇帝終於實現了他為之奮鬥了數年的心願。

嘉靖還準備把父親興獻帝的靈寢遷入北京。有官員勸說「帝魄不可輕動」，才沒有搬動死人入京。

嘉靖元年到嘉靖三年（一五二二—一五二四）發生，針對嘉靖皇帝親生父母親尊號的一系列事件，歷史上將其統稱為「大禮議」。

事件過程給人的整體感覺是，明代似乎形成了大臣對皇帝的一種較好的監督機制，皇帝不能為所欲為，至少要在精神上承受一定的壓力。嘉靖皇帝對宦官的厭惡使得內閣頻頻出現把持朝政的大臣，造成了嘉靖朝權臣多的情形。但是作為一位情商很高、政治手腕早熟的帝王，他的用人之道、治國之法深得帝王之道的精髓。對於不肯放鬆的事情，絲毫不放鬆，皇權始終是凌駕於內閣之上的，即便是臣子們集體相要脅，終究不能避免「衣冠喪氣」的下場，畢竟胳膊擰不過大腿，此言不虛。

嘉靖皇帝可以說是這些事件中最大的贏家。作為最高權力的所有者，他換來了最高的爭鬥利益。不僅成功地為親生父母正名，還用政治手腕坐穩了皇帝的寶座，更換了武宗朝的大部分官吏，可謂是全方位地加強了自己的權力。

【知識鏈結】

左順門，建於明永樂十八年（一四二〇），右有右順門，東與東華門相望，即今天北京故宮的協和門。正統十四年（一四四九）爆發左順門事件，王振的黨人馬順等三人在左順門附近被活活打死，打人者並沒有受到處分。後來朝臣多用此辦法在左順門打死奸佞小人。

奸相成長史

嚴嵩這個人，出身一般，既不是窮得掉渣，也不是富得流油。因此，要想出人頭地，只能參加科舉考試。幸好，他很聰明。

據說，嚴嵩小小年紀就博覽群書，作文吟詩，深得鄉里的讚歎，博得了「神童」的美名。在父母的辛苦栽培和本人的勤奮用功之下，嚴嵩小小年紀就進入縣學，跟著一群叔伯級別的人一起學習，準備迎接考試。

可就在嚴嵩躊躇滿志、收拾行李準備去參加鄉試時，他的父親去世了。按照明朝的規定，父親去世兒子必須守孝三年，這三年裡很多事情都不許做，包括參加科舉。這對他來說，算是一個打擊，但他並沒有放棄考取功名的願望。三年守制一滿，立刻奔赴省裡參加鄉試，順利通過。弘治十八年（一五〇五），嚴嵩終於金榜題名，進入了翰林院，成為一名編修。

看樣子，嚴嵩的好日子就要開始了。雖然翰林院編修並不是什麼大官，但畢竟是在皇帝身邊。單憑這一點，就能讓多少人羨慕得直流口水。可是，屁股還沒坐熱，嚴嵩的母親又去世了。按照規定，嚴嵩又要回鄉丁憂三年，這對於一個剛剛開始政治生涯的人來說，實在是天大的不順。

可是，丁憂期滿，嚴嵩覺得現在朝中並不清明，他不願與奸人為伍，因此絲毫沒有想要回京的跡象，反而稱病請假，來到自己家鄉的鈐山，開始了十年的讀書生涯。

三年過去了，一般人早就飛回京城，趕緊疏通瀕臨斷絕的人際關係。嚴嵩又不傻，怎麼會不懂得這個道理？最主要的原因是，此時的嚴嵩還不是大奸大惡之人，他身上還有些正氣。

但作為一個讀了一輩子書的知識份子，不做官總覺得人生的目標沒達到。所以，嚴嵩後來還是回到了朝廷當官。這次，他運氣出奇地好。幾年之內，他連升數級。在嘉靖籌畫著讓自己親爹進入太廟的時候，嚴嵩迎來了他的人生轉折，這時候他任禮部尚書，處在輿論的風口浪尖上。

只可惜，為了迎合嘉靖，嚴嵩放棄了自己的原則，不但不反對，還寫了兩篇讚美的文章，一下子獲得了嘉靖的賞識。

終於，五十九歲的嚴嵩，進入皇帝的視野，開始了他興風作浪的政治人生。

得到了皇帝寵信的嚴嵩似乎可以為所欲為了。可實際上，他並不敢太過張狂，因為受皇上賞識的還有一個叫夏言的，他得罪不起。

事實上，對於嚴嵩，夏言的態度只有兩個字：不齒。性情剛烈的夏言，根本看不慣嚴嵩上下打點、左右逢源的嘴臉。雖然嚴嵩對他尊敬有加，並且面對自己的冷臉，不但絲毫不退卻，反而鼓著勁地向前示好。夏言冷眼看著嚴嵩的表演，更加鄙視這個小人。

嚴嵩對夏言耍的是人前奉承、背後捅刀子的伎倆。嘉靖因為崇信道教，就連上朝也把自己打扮成一個道士模樣，不戴皇冠，戴道士的香葉冠。他自己喜歡這樣也就罷了，還分別賞給嚴嵩、夏言一頂，讓他們上朝的時候都戴上。嚴嵩當然樂意戴著，夏言卻就是不戴。

看著夏言在皇上心目中的地位一天天下降，嚴嵩終於等到了機會。一天，他在皇上面前污蔑夏言，說朝中的言官都不聽皇上的，就聽夏言一個人的。因為這時嘉靖已經好久沒上朝了，夏言也好久沒有跟皇帝聊軍國大事。嘉靖一想，嚴嵩說得對，這麼長時間來，自己被架空了，朝政都被夏言把持了。於是嘉靖一怒之下讓夏言一邊待著去了。

夏言一走，嚴嵩沒了競爭對手。但嚴嵩很清楚，這並不代表萬事大吉了。嘉靖皇帝看起來不務正業，心裡卻比誰都清楚，自己要想得到他完全的信任，並不是一件容易的事。於是，嚴嵩工作更為「勤勉」，天天在皇帝跟前值班。果然，他的辛苦得到了嘉靖的認可，嘉靖不僅贈他「忠勤敏達」四個大字，還給了他太子太傅的官職。

但嚴嵩並沒有停下他的腳步，緊接著，他把朝中反對自己的幾個重量級官員趕走後，又假惺惺地跑到皇帝面前說要廣招人才。可實際上，大權都落到了他一個人的手中。

但他沒有看透，嘉靖皇帝雖然疏於朝政，卻從未挪開眼睛，所有的事情他都清楚得很，嚴嵩那點小伎倆，根本瞞不過他。他明白，是該找個人鎮鎮嚴嵩了。

一天，皇帝把嚴嵩叫到跟前，指著一個人跟他說：從今天起，這個人就是你的上司。嚴嵩一看，傻眼了，這不是夏言嗎？

重回內閣的夏言這次終於擦亮了雙眼，認識到嚴嵩是個不易對付的小人。可是，夏言的性格就是自身的致命弱點。他為人高傲，甚至有些不近人情，難免遭人嫉恨。錦衣衛首領陸炳本來和他關係不錯，因為回扣拿多了，就被他告發到皇上那裡。這一切，都被嚴嵩的兒子嚴世蕃看在眼裡，他立刻建議嚴嵩把陸炳拉攏過來。讓夏言沒有想到的是，自己最後就是敗在陸炳等人的陷害下。

嘉靖二十五年（一五四六），兵部侍郎兼總督三邊軍務曾銑上疏嘉靖，要求收復河套地區。看到這個奏摺的夏言，著實激動了一番，他想都不想，就跑去找皇帝商量出兵的事情。還是嚴嵩瞭解嘉靖，他怎麼可能真的下定決心去收復河套。雖然貴為一國之主，但他早已失去了重振河山的心氣。只要皇位還在，沒人干涉他修道煉丹，蒙古人想搶點東西就讓他們搶啊，只要不搶到京城來，就不勞自己費心。可是，夏言還在那裡滔滔不絕地說著出兵的必要性，絲毫沒發現嘉靖的臉已經越拉越長了。

嚴嵩站起來，只問了一個問題，就問到嘉靖的心坎裡了。他說：兵敗後怎麼收場？坐在那裡一直不說話的嘉靖終於發話了，他怒斥夏言「強君脅眾」。

夏言一下子發現，他已經失去了嘉靖的信任。所以，這件事情以後，夏言決定辭官回鄉。

可是，即使這樣，嚴嵩還是不肯放過他。嚴世蕃和陸炳密謀製造了夏言「交結近侍」的罪名。面對這沉重的一擊，夏言徹底敗下陣來，不久就死了。

宰輔夏言死了，嚴嵩終於可以獨攬朝政、覆雨翻雲了。

【知識鏈結】

丁憂是源於漢代的一種祖制。指的是朝廷官員的父母親如若死去，無論此人任何官何職，從得知喪事的那一天起，必須回到祖籍守制二十七個月，方可回到朝廷重新任職。原則上丁憂的人不准為官，如無特殊原因，朝廷也不可以強招丁憂的人為官。

小丑的下場

此時的嚴嵩，終於體驗到了什麼叫做呼風喚雨。那個日日坐在煉丹房中的皇帝，對嚴嵩來說，只是一個帝國的擺設。

只可惜，嚴嵩錯了。嘉靖其實是一個很複雜的人。他的行為和他的心智完全不對等，看起來只知道修道的嘉靖，卻並不是個木偶，而是心機極為深沉、頭腦極其聰明的統治者。他只是太懶，懶得為那些軍政大事操心，但誰也不能取代他，更不能輕視他；而嚴嵩，也並不是沒有對手，他的對手一直在暗處觀察著他，時刻等待著反擊的機會。

一直以來，嚴嵩能夠在朝中如魚得水，對皇帝的心思領悟得如此準確，有一個人功不可沒，那就是他的兒子嚴世蕃。這個獨眼的瘸子有著一個聰明絕頂的腦袋，無論是皇帝的詔書，還是青詞的撰寫，他都是手到擒來。也正因為如此，嚴嵩對這個兒子的依賴程度與日俱增，以至到了後來，幾乎所有的決定，嚴嵩都要和這個兒子商討一番，再作定論。

不過很可惜，沒過多久，嚴世蕃就不能堂而皇之地幫著自己的老爹研究皇帝了，因為，嚴嵩的妻子、嚴世蕃的母親去世了。

按照明朝的規定，父母去世，子女要回鄉守制三年，稱為丁憂。但對於嚴嵩來說，他一天都離不開自己的兒子。因此，嚴嵩連忙上疏皇帝，說自己沒有別的兒子，讓嚴世蕃留了下來。

只是，他再也不能進入嚴嵩的值房、第一時間幫助嚴嵩處理政務了。因此，嚴嵩只能不斷派人去向兒子請教。誰知道這個敗家子不上班以後，經常在家裡花天酒地，根本就沒有心思回覆老爹。無奈之下，嚴嵩只好自己揣測聖意，可他哪有他兒子的本事，常常是驢唇不對馬嘴。再加上嚴世蕃還有另外一個特長是嚴嵩所不具備的，那就是寫青詞。這次嚴世蕃指望不了，自己寫的青詞又對不上皇帝的口味，可以說，沒有了嚴世蕃的幫助，嚴嵩那兩把刷子，實在不足以應對嘉靖交給他的任務。

眼看著親近的大臣處理政務的水準不同往日，交上來的青詞又沒有了往日的文采，皇帝自然不大高興。再加上聽說嚴世蕃平日的表現驕奢淫逸，漸漸地皇帝對嚴嵩父子，也就更沒有什麼好感了。

這時候，嚴嵩又做了一件讓嘉靖不高興的事情。

嘉靖四十年（一五六一）十一月，宮裡著火，燒的恰好是皇帝的寢宮萬壽宮。沒辦法，皇帝只得移駕玉熙宮。可是這也不是長久之計，於是嘉靖召來大臣，商量重建寢宮的事宜。當問到嚴嵩的時候，不知道這個老頭當時腦子裡想的是什麼，竟然一改往日迎合皇帝的思路，不假思索地否定了重建的想法。並且還提議，讓皇帝搬到南宮居住。南宮是當年明英宗朱祁鎮被自己的弟弟軟禁的地方。

自此以後，嘉靖就有些冷落嚴嵩了。

世人都知道嘉靖迷信道士，他遇到不能解決的問題時，也會請道士算上一卦。有一天，他請了一個叫藍道行的道士，讓他替自己作個法，問老天爺一個問題：今天下何以不治？藍道行一看，這問題，太好回答了。於是，儀式開始，一番裝神弄鬼之後，藍道行給出了答案，他說是因為賢臣得不到重用，而奸臣卻囂張跋扈。嘉靖緊接著問他誰是賢臣，誰是奸臣。他又說：前者有徐階、楊博，後者是嚴嵩。

按照常理，皇帝會聽從神仙的指示，嚴懲嚴嵩。但嘉靖不是一般人，雖然他信神仙，但神仙知道的太多也會讓人懷疑。事實上，這個道士就是徐階的人。不過，這些話畢竟在嘉靖的心裡埋下了一顆種子，只需要徐階再給它澆澆水，施施肥，很快就會破土而出了。

嚴嵩做夢也沒有想到，就憑著幾句狗屁不通的神仙指示，皇帝竟然就對自己有了嫌隙。其實誰都知道，什麼神諭，全都是那個道士編出來的，可是皇帝信，誰也沒辦法。嚴嵩本以為，過幾天，皇帝忘了，還是會照樣恩寵自己，重用自己的。

只可惜，這樣千載難逢的機會，徐階是不會放過的。當年夏言沒有痛打落水狗，給了嚴嵩反敗為勝的機會。今天，徐階是無論如何也不會再犯同樣的錯誤。

不久，有人彈劾嚴世蕃，把他當官以來的種種惡行都數了一遍。看到奏摺的嘉靖很生氣，本來他就不喜歡嚴世蕃。再加上，聰明人看聰明人，沒一個順眼的。

於是，皇帝立刻下了命令，把嚴世蕃投入監獄，等候審理。

可是，徐階沒有放鬆警惕。果然，嚴世蕃雖然入獄了，但經過一番審理，竟然就給了他個貪汙八百兩，充軍雷州的判決。徐階明白，負責審理的，大部分是嚴黨的人，想要保住嚴世蕃，對他們來說不是難事。

沒想到，就連發配充軍，嚴世蕃也要打折執行。走到半路上，他就逃到了江西。逃就逃了吧，他卻一點都不低調。在江西開始大興土木，修建豪宅，還網羅了很多市井流氓，江洋大盜，推測是用作護院。後來，嚴世蕃就被人告發到皇帝那裡，說他在江西大興土木、招兵買馬、豢養強盜，末了還不忘意味深長地給了皇帝一句提醒：嚴世蕃現在應該在雷州啊，怎麼會在江西呢？這說明他是半路逃走了啊，並沒有按照您的旨意發配充軍啊！

果然，嘉靖大怒，立刻派人趕到江西捉拿嚴世蕃。徐階知道消息後，連夜派人提前將嚴世蕃緝拿。這樣一來，就算嚴黨打算救嚴世蕃也晚了一步。他們連嚴世蕃的影子都沒看到，救援也就無從談起了。

皇帝震怒，嚴世蕃再次下獄。徐階這次再也不給他翻身的機會。他親自草擬了彈劾奏章，將他違背聖旨私自跑到江西，並在江西為非作歹的事情大書特書。一下子斷絕了嚴世蕃的希望。

嘉靖四十四年（一五六五）三月辛酉，嚴世蕃被押赴刑場，在眾多京城百姓的注視下，執行斬刑。

這下，嚴嵩的智囊死了，還連累得他也被削去所有官職，貶為庶民，所有家產盡被抄入國庫。嚴嵩絕望地感到，一切都完了。

據史料記載，在查抄嚴嵩的家時，抄出白銀二百零五萬五千餘兩，各類奇珍異寶不計其數，有的連皇家都沒有。

家也抄了，官也沒了。下一步，所有的人都在等著徐階再上一道摺子，求皇帝殺了嚴嵩，盛怒之下的皇帝一定會准了這個請求的。

可是徐階並沒有這樣做，他覺得不能就這麼便宜了嚴嵩。

失去了一切的嚴嵩被趕回了老家，迎接他的是所有人的唾罵，這個八十多歲的老人得不到一絲的憐憫。飽讀詩書幾十年，本來想做個忠臣，可命運終究和他開了個玩笑，一步錯，步步錯。怪誰呢，只能怪自己的血管裡，流淌的本就不是清正無私的血。

現在後悔，著實晚矣。無力生活而沿街乞討的嚴嵩，最終在貧寒交加中了結了一生。

【知識鏈結】

青詞，亦作「青辭」，又稱綠章，是道教舉行儀式時獻給上天的奏章祝文。一般為駢儷體，形式工整，文字華麗，而無實在內容。要求用紅色顏料寫在青藤紙上。由於嘉靖帝愛好青詞，善於寫青詞的人就能夠得到重用。

第十三章：文武相濟的時代

說多了明朝的極品人物，就會對人產生誤導。每個時代都有壞人，明朝尤其多，但也不能說明明朝就沒有令人敬仰的人物出現。大名鼎鼎的海瑞，抗倭名將戚繼光，都是明朝的棟梁。他們的事蹟值得單獨說一說，不僅能夠改變明朝在人們心目中的形象，還能告訴我們很多人生的道理，讓好人更好。

海瑞：一個古怪的清官

嘉靖四十五年（一五六六）二月的一天，西苑外，有一個人在靜靜地等待著什麼。這時，一個公公走出，他疾步上前，行了個禮，向公公詢問世宗皇帝今天可要上朝。公公一看，此人正是六品戶部雲南主事——海瑞。他為政清廉，潔身自愛，正直剛毅，敢於蔑視權貴，抑制豪強，安撫窮困百姓，打擊奸臣汙吏。在做福建南平縣教諭時，公然不向巡撫跪拜。在淳安縣當知縣時，將胡作非為的胡宗憲之子扣押。諸如此類的事蹟已經被廣為傳頌。他是位百姓愛戴擁護、貪官汙吏痛恨懼怕的好官。

公公告訴海瑞皇帝今天要繼續去煉丹房，仍然不上朝，也不接見任何人。

海瑞心中實感憤然，現今聖上仍然沉溺於長生不老的美夢之中，把至為重要的國家朝政，統統拋諸腦後。戶部掌握的天下銀兩，大多都被用作了修觀建壇，令清廉成性的海瑞憤怒不已。海瑞那憂國憂民的心已經無法忍受下去，於是他用了一個多月的時間，寫成一篇近四千字的奏疏，勸誡世宗皇帝，革除仙術弊端，以國為重，以天下蒼生為本。海瑞拿出厚厚的奏摺，鄭重其事地請公公直接呈於皇帝。

公公不忍拒絕，答應幫忙。

海瑞道了謝，轉身離去，背影卻是如此孤單。面對敢於上諫之人，世宗會毫不留情地給予砍頭待遇，因此許多人再也不敢說話了。海瑞雖也是個上有老、下有小的人，但他卻在「忠孝難以兩全」的矛盾中，選擇了「忠」。因為他對國家愛得深沉，他的責任感和道德觀使他無法沉默。因此即使「諫官」陣營中只有他一個，他也毫不畏懼。

嘉靖看了奏疏果然大怒。他把奏疏摔到地上，命人去捉拿海瑞，別讓海瑞跑了。旁邊的宦官黃錦對嘉靖說：這個人本來就是個癡人，上疏之前早就為自己買好了棺材，他是肯定不會跑的。

聽了黃錦的話，嘉靖皇帝的怒氣消了不少。他對於海瑞大無畏的勇敢精神倒是給予了一些肯定。嘉靖把海瑞的奏疏又讀了兩遍，覺得說得還是有道理的，不過作為帝王，一顆高傲的心仍然讓他無法忍下這口氣。於是次日，他還是下令，派錦衣衛把海瑞抓起來，關進錦衣衛特設的監獄。

戶部有個司務叫何以尚，極佩服海瑞，便呈上奏疏，請求釋放海瑞。嘉靖看到還有人敢幫助海瑞，這挑戰了他的自尊心。於是很生氣，當即令錦衣衛將何以尚廷杖四十，也關進監獄。後來過了不久，嘉靖因吃丹藥，中毒很深，漸漸臥床不起，不久駕崩。

新帝穆宗繼位，宣布大赦，把海瑞、何以尚等人釋放出獄，官復原職。這裡還有一件小趣事。就是在臨釋放前，由於嘉靖皇帝駕崩尚未發喪，獄中的海瑞並不知曉，而看守監牢的官員早就聽到一些風聲，認為海瑞被釋放後還會被任用。於是為了向海瑞、何以尚表示慰問，在獄中擺了一桌酒席。海瑞以為這是上刑場前的送行酒，與何以尚恣情大吃一頓。酒足飯飽之後，提牢主事悄悄告訴海瑞，嘉靖已駕崩，他將重被重用。海瑞不敢相信，隨即激動不已，悲痛大哭起來，倒是把旁邊和他吃飯的獄卒都嚇了一跳，趕緊躲到了旁邊。

海瑞終於得以重見天日。所謂大難不死，必有後福。他不僅名聲更響了，在仕途上也步步高升。

隆慶三年（一五六九），海瑞升任右僉都御史，巡撫最富庶的應天府。海瑞上任後，還是用其「鐵腕」的手段，一如既往地懲治貪官，打擊豪強；並且疏浚河道，修築水利工程，解決了當地的水患問題；還推行了一條鞭法，強令貪官汙吏退田還民。

不到半年，穆宗又改任海瑞為督南京糧儲。由於高拱從中破壞，海瑞只好稱病辭官，返歸故里。後來又因得罪了內閣首輔張居正，革職閒居十六年之久。

海瑞這十六年的生活看起來是寵辱不驚的，但實際上他那老風骨的氣節讓他始終無法釋懷。他認為仕途是士人實現人生價值的唯一途徑，如果不能為世所用，那麼人生就沒有了意義，他還是期待著有復出的一日。

然而現實的殘酷使他慢慢意識到，因為他不能「通達」，不肯向這個世界妥協，所以沒有人敢用他，即使有著一身忠誠傲骨又如何，還是不為當時社會主流所容納。於是他的生活漸漸暗淡下來。

然而，上天與他開了個玩笑，機遇卻再次降臨。張居正死後，萬曆皇帝親政。萬曆十三年（一五八五）冬，海瑞重被起用，被提升為南京右僉都御史，為正四品官員。「天意憐幽草，人間重晚晴」，七十多歲的老人，本應安享晚年，可朝廷的一紙詔書，讓海瑞再一次踏上了險灘重重的仕途。

此時年逾古稀的海瑞，雖雄心猶在，卻已無力回天。加之生活困苦，憂思多慮，很快就患病臥床不起了。再偉大的人在歲月面前也會十分渺小和脆弱，任何人都脫離不了生老病死的自然規律。萬曆十五年（一五八七）十月十三日，在一個風雨交加的深夜，七十四歲的海瑞辭世，天地為之泣血，眾官跪送，百姓哭迎。朝廷追贈海瑞為「太子太保」，諡號「忠介」。

海瑞為官幾十載，用他的廉正和剛毅，為百姓謀福祉，為國家謀福利。海瑞的一生幾番沉浮，但始終個性依舊。他的剛強正直，他的錚錚鐵骨，就像一輪明月，照亮了明代黑暗的官場，贏得了百姓的愛戴和擁護，正所謂「了卻君王天下事，贏得生前身後名」。

【知識鏈結】

大赦是赦免犯罪之人的一種方式。適用範圍較為廣泛，不以特定的人為限，而且效力大，經過大赦之人，不再負任何刑事責任。中國古代帝王在皇帝登基、更換年號、立皇后、立太子等情況下，常以施恩為名赦免犯人。

高拱：性格決定命運

隆慶六年（一五七二）初夏六月，皇宮上下籠罩在穆宗去世的悲哀中。十六日，高拱急匆匆地趕往會極門，和文武百官一起等候聖旨，心想這次一定要將馮保這個心術不正的太監逐出宮外才肯甘休。

可是他等來的卻是對自己的宣判：「回籍閒住，不許停留！」這八個字震撼了在場的所有人。高拱一時呆若木雞，旋即「伏地不能起」，悲痛欲絕。同樣是明朝首輔，位居極品，前任徐階、李春芳皆是「乞休」歸田，安享晚年，為什麼高拱淪落到如此下場呢？

所謂性格決定命運，高拱人生的不如意多源於他的個性——他恃才傲物、狂妄自大，更要命的是他性子急，眼睛裡容不得沙子，又沒有忍耐力。一旦有人觸犯了他，他就對人又是擺臉色，又是惡語相加，身邊的人勸都勸不來。顯然，這樣的性格對於他混跡官場是極為不利的，盛氣凌人的同時也讓他漸漸失去了為權者最寶貴的東西——人心，以致他一生「志不盡舒，才不盡酬」，鬱鬱而終。

要說高拱從政的三十餘年裡，共提職十四次，其才幹是不容置疑的。從他留給後世的《問辨錄》、《春秋正旨》等作品就可見一斑。此外，高拱的思想不但深刻，也很有創新性，這些都是他在政務上取得成績的根源。

但高拱沒有認識到，要將滿腹經綸付諸國計民生的實事上，必須先保住自己的金飯碗。因此每當遇到人際關係問題，高拱那絲毫不退讓、不妥協、不隱忍的強硬姿態就一而再、再而三地成了人生路上的絆腳石。

嘉靖二十年（一五四一），年近三十的高拱登上辛丑科殿試的金榜，可謂大器晚成。次年，授翰林院編修。九年後，他的才學終於得到賞識，與陳以勤一起為開邸受經的裕王侍講。裕王很器重他，並賜給他「懷賢忠貞」四字以示激勸，二人也從此結下了深厚的師生情誼。由此也可見他對工作是兢兢業業、認真負責的。

當時，嚴嵩、徐階輪流當國，裕王認為高拱日後值得倚重，便把他推薦給了世宗。因為這層關係，世宗很看重他，其他同僚也不敢輕易得罪他。從嘉靖三十一年（一五五二）到嘉靖四十年（一五六一）的九年時間裡，高拱從一個默默無聞的侍講學士升遷為太常寺卿。

離開王府後，裕王仍很信任和依賴他，府中大小事，裕王還都向他諮詢。此後，高拱的官運更為亨通。嘉靖四十一年（一五六二），他升為禮部的左侍郎，次年又調往吏部兼學士掌管詹事府事，不久晉升禮部尚書，召入直廬。直廬，即直宿之廬，是舊時侍臣值夜班的地方。因為世宗久居西苑，大臣們都以能入直廬為榮。

世宗因為閣事處理得不周到，想派一個人去接管。但首輔徐階和大學士袁煒都不肯去，心直口快的高拱便對徐階說：您是元老，可以長期擔任，而他與其他幾人願意輪值。他毛遂自薦，這對徐階來講本是件好事，怪只怪高拱太不懂得說話的技巧，一個「元老」就把徐階得罪了。

此時，高拱年過半百而無子，心急如焚，就把家搬到直廬附近，並不時偷偷溜到家裡住。這雖然情有可原，卻違反直廬的規章制度，給有心之人留下把柄。再加上高拱此時因為地位驟升而有些頭腦發昏，不把徐階放在眼裡。徐階的同鄉彈劾他時，他懷疑這是徐階指使的，便把一腔怒火燒向了徐階。

以上種種，使高拱與徐階嫌隙漸生，心結越來越深。

嘉靖四十五年（一五六六）十二月世宗死，徐階草擬遺囑時只提到門生張居正，高拱知道後非常不滿；穆宗登基後，徐階又以首輔元老自居，積極引薦張居正，高拱的心情更是不能平靜。後來因為高拱執意把胡應嘉貶出朝廷，引起群臣不滿上奏彈劾他，高拱請徐階擬旨懲罰奏劾者，徐階未辦，高拱這下更生氣了。然而，徐階權勢正盛，高拱拿他也沒有辦法，一氣之下稱病辭官，回老家去了。

沒過多久，徐階也請辭，穆宗讓李春芳接替首輔。次年，在張居正與宦官李芳的努力下，高拱再度復出。

隆慶三年（一五六九），高拱以大學士兼掌吏部重新回到朝思暮想的京城，這讓先前與他為敵的人惶惶不可終日。這次，他卻聰明地放過了這些敵人，於是再度復出的高拱沒有針鋒相對的死對頭，可以將更多的精力放在朝政上。

這段時間，高拱在吏治、籌邊、行政方面多有建樹，又提出人才儲備之說，以便需要用時隨意取之；他還十分體察下情，改革馬政、鹽政；俺答汗的孫子來降，高拱與張居正力排眾議，促成封貢；又嚴格整頓邊疆，在幾個月裡就穩定了局面。諸如此類的業績數不勝數，可謂政績斐然。穆宗對高拱的各項改革也是無所不從，即使明裡暗裡打高拱小報告的人不在少數，又有傳言說高拱的門生、親屬收受賄賂，穆宗依然寵信他，升他為柱國、中極殿大學士，及至李春芳乞休歸田，高拱順理成章地位居首輔，專擅國柄，日益專橫跋扈，這又使他得罪了一個不該得罪的人——司禮監秉筆太監馮保。

隆慶六年（一五七二）的春天，穆宗因病去世，臨終時其本意是讓閣臣代權，但是馮保篡改了皇帝的意思，要與內閣共同掌權。高拱不能容濁，又發揮了他直性子的特點，要求罷免司禮監的權力。而張居正與馮保交情不淺，將此事私下告訴了馮保。馮保則惡人先告狀，在太后面前添油加醋地誹謗高拱，以致高拱被驅逐。

【知識鏈結】

中極殿大學士，明代文官職位，即華蓋殿大學士。洪武十五年（一三八二），朱元璋仿照宋朝制度，置華蓋殿、武英殿、文華殿、文淵閣、東閣大學士，來輔太子，並作為顧問。明世宗時改為中極殿。

戚繼光：掃除倭患，鎮撫邊疆

明朝著名抗倭將領戚繼光，一生與一個「武」字難解難分。他不僅出身於武將世家，戎馬一生，死後還被追加謚號為「武毅」。他一生最大功績便是帶領戚家軍掃除倭患，鎮撫邊疆，使明王朝在虎狼環繞中依然穩若泰山。

因為戚繼光前無古人後無來者的輝煌戰績和卓越的軍事貢獻，人們美其名曰「戰神」。他自幼生長在將門，祖輩均係明代將領。戚繼光從小就被父親嚴加管教、勤練武藝，還有一位良師梁玠不為名利親自上門為其授課，教他讀了很多經史書籍。受到良好家庭教育和軍事生活的薰染，戚繼光很早就懷有保家衛國的遠大理想。

嘉靖二十三年（一五四四），年僅十七歲的戚繼光一面遭受著喪父之痛，一面承襲了登州衛（今山東蓬萊）指揮僉事的職位。這雖是他的第一份差事，年紀輕輕的戚繼光卻沒有初入職場的青澀，在管理屯田事務上他敢作敢為、大刀闊斧地革除弊病，贏得了士兵們的擁護。

每日操勞工作之餘，戚繼光仍苦學不輟。初出茅廬，他便顯露出強烈的愛國情感和將相之才的雄心抱負。然而，承襲來的官位沒有羈絆住這位有志之士前進的腳步，不久戚繼光決定去參加科舉考試。

古代的科舉考試分為兩種，一種是文科舉，另一種是武科舉。戚繼光要去參加的自然是武科舉。他毫無懸念地中了「武舉人」。第二年恰逢會試，於是戚繼光赴京應試，但是歷史上卻沒有記載他的這次考試成績，科舉之路就這樣莫名其妙地中斷了，這是為什麼呢？

答案只需一個詞——「巧合」。

當時，明王朝的邊防岌岌可危，北有虜，南有倭，坐在紫禁城裡的嘉靖皇帝最害怕的就是頻頻來擾的蒙古大軍。結合時政國情，戚繼光準備擬寫一篇《備俺答策》來應試。就在他揮毫潑墨之際，韃靼首領俺答汗竟然直搗京師、焚掠三日，製造駭人聽聞的「庚戌之變」！火燒眉毛的嘉靖將此時來京趕考的武舉人全部動員起來，參與城防工作，戚繼光的《備俺答策》正好是一杯解燃眉之急的清泉。所以，在大家都沒有成績的時候，戚繼光被任命為總旗牌，奉命戍守九門，這在當年參加武舉的考生中是絕無僅有的。

從嘉靖二十九年（一五五〇）「庚戌之變」算起，到嘉靖三十一年這三年時間裡，戚繼光都在邊境作戰。此後他便開始了守北防、抗南倭，由北到南、再由南到北的征戰生涯。

由於嘉靖初年明王朝在西草灣大敗葡萄牙的遠東艦隊後執行嚴格的海禁政策，加上漢奸汪直、陳東、徐海、麻葉等人勾結倭寇，大肆劫掠江浙百姓，到了嘉靖三十二年（一五五三），東南沿海多年沉積下來的倭寇之亂終於呈現出規模化爆發的趨勢。戚繼光在此時被升為署都指揮僉事，派回老家掌管山東的海上禦倭事宜。

由此，戚繼光與抗倭結下了不解之緣。

要說倭患最嚴重的地方，當屬江浙沿海。在胡宗憲剛剛接位浙江巡撫後，戚繼光就被調任浙江都司僉書，繼而兩人分別擢升浙直福建總督和寧紹台參將。在戚繼光二十九歲這一年裡，他打響了人生中剿倭除寇的第一槍，首戰龍山所即擊敗八百敵人。但是他也發現明朝軍紀廢弛，將士難以調度，各級將領為吃空餉，編造士兵名額是普遍的現象。於是他上書提出練兵的請求，胡宗憲調了三千人給他訓練。練兵，是戚繼光最為重視的事情之一，因此才有了名垂青史、使倭寇聞風喪膽的戚家軍。

嘉靖三十六年（一五五七），胡宗憲用誘敵深入之計，抓了汪直。汪直的乾兒子毛海峰帶著數千倭寇退回了浙江的大本營岑港，負隅頑抗。岑港地形三面環山，一面朝海，居高臨下，易守難攻。

明軍主帥俞大猷圍困半年久攻不下，嘉靖大為惱怒，頒下聖旨，限俞大猷一月之內必取岑港，自俞總兵以下，各級將軍、參將一律革職，成則戴罪立功、敗則免職下獄。在危急關頭，戚繼光毛遂自薦，率眾捨身忘死，奮勇衝殺，駐守岑港的倭寇終於抵擋不住，放火燒寨，狼狽逃竄。至此，汪直勢力的重要基地被摧毀，海盜們的走私貿易港不復存在，大大打擊了東亞的海上走私貿易。

此後，戚繼光愈戰愈勇，大小戰役鮮有敗績。台州之役，他十三戰十三捷，斬殺真倭三千餘人；福建之役，斬真倭五千餘人；莆田之役，斬真倭兩萬餘人，另外剿滅勾結倭寇的吳平軍隊，斬從倭三萬餘人，吳平逃亡海上。同時他還創造了冷兵器時代敵我傷亡比的奇蹟，以平均每二十二人傷亡就可斬殺敵軍千人。

身經百戰又百戰百勝的戚繼光，顯然是明朝上下找不出第二個的實力幹將。嘉靖封他做總兵官，鎮守福、興、漳、泉、延、建、邵武、福寧、金、溫九郡一州。倭寇背地裡叫他「戚老虎」，在他眼皮底下都不敢輕舉妄動，東南沿海一下子太平了許多。可嘉靖沒享受幾天太平日子就撒手人寰了。皇帝的死訊傳來，戚繼光奉命北上，協助戎政，調到神機營當副將。

不過北方還不安寧，蒙古的韃靼從來就沒停止過對明朝的騷擾。戚繼光又被任命為都督同知，總理薊州、昌平、保定的練兵事務。

這回戚繼光掛帥親征的機會不如以前多了，但他絲毫不懈怠——積極練兵，修築邊牆和空心敵台，建輜重營；教授將領禦敵方略，設立武學，培養將官；主持軍事演習，著兵書；製輕戰車、鐵狼筅等器械，製自犯鋼輪火等火器。這一系列工作的軍事價值不遜色於他的赫赫戰功，他的《紀效新書》、《練兵實紀》等書是軍事著作中的經典教材，歷經百年仍閃爍著思想創新的光輝。

戚繼光一生為國為民，鮮有污點，唯一讓人詬病的是他與首輔張居正交往甚密，給人依附權勢的印象。所以，張居正死後第二年，五十六歲的戚繼光由京師降調外任，派往廣東。兵科給事張希皋仍然不甘休，繼續彈劾直到戚繼光被罷去總兵官之職，五十八歲的白髮老人提前退休，回到故鄉蓬萊，三年後病逝。

【知識鏈結】

戚家軍，明朝抗倭名將戚繼光於嘉靖三十八年（一五五九）在浙江義烏建成，總兵力達四千人，主力是義烏東陽的農民和礦工。戚家軍賴以成名的是嚴明的軍紀、職業化的訓練水準、當時東亞最先進的裝備、百戰百勝的戰績和高達十餘萬級的斬級紀錄。

張居正：小荷才露尖尖角

「綠遍瀟湘外，疏林玉露寒。鳳毛叢勁節，只上盡頭竿。」這首五言絕句是明朝首輔大臣張居正十三歲時的即興之作。這位被譽為「中興宰相」的傑出改革家從小就是湖北荊州遠近聞名的神童：兩歲能認字，五歲會作詩，七歲通曉六經，十二歲就在荊州府考取了秀才，可見聰慧絕倫的評價不是溢美之詞。從一介布衣榮升全國首輔，除了他的真才實學，還得益於貴人相助。

在張居正尚且年幼卻鋒芒畢露的少年時代，有幸遇到了兩位有識之士：一個是荊州知府李士翱；另一個是湖廣巡撫顧璘。

嘉靖十五年（一五三六），荊州知府李士翱在翻閱院試卷紙的過程中，對一個叫「張白圭」的人的文章大為讚賞。白圭，白龜也。史載張居正出生前夜，其曾祖父張誠夢到水中有白色龜探出水面，以為祥兆，於是為其取名為張白圭。

到州府點名的那天，李士翱首先叫到張白圭，頗有深意地讓他更名為「居正」，並囑咐他要從小立志，長大後盡忠報國。後來還極力向湖廣提督學政田頊推薦，使其位列榜首。這讓十二歲的張居正很受鼓舞，由此李士翱成了張居正人生中的第一位恩師。

時隔僅一年，嘉靖十六年（一五三七）的中秋八月，恰逢三年一次的鄉試，少年得志的張居正又胸有成竹地去應試了。湖廣巡撫顧璘聽田頊提起去年的頭名秀才是個十二歲的少年，遂調出其試卷仔細品讀，發現果然是篇好文章。於是召見張居正，隨手指向牆邊一縷翠竹要他作詩，於是便有了篇首的五言絕句。其中張居正借「鳳毛」的典故表達了自己要大展才幹、青雲直上的抱負，令顧璘很是欣賞。

但是頗有教育家眼光的顧璘也考慮到，年紀輕輕的張居正如果一夕中舉，可能會驕傲自大，若不能加以理性引導和紮實訓練，難免要流於平庸，如東漢末年的陳韙評價孔融「小時了了，大未必佳」，因此張居正在這輪鄉試中被「設計掉了」。

當時張居正的心情怎樣已不可考，但日後他給友人的書信中提及這件事情時，表現出了難得的深明大義。張居正十六歲考上舉人時，顧璘再次召見他，並送給他一條犀牛角的帶子，還預測這條帶子戴不長久，將來他一定會升官，到時候會用玉來做腰帶的。這樣的禮遇使身為一介布衣的張居正受寵若驚，顧璘「設局」的用心良苦和諄諄教誨讓青年時期的張居正尋到了精神上的導師。

按照明朝的科舉制度，每當鄉試的次年，即丑、辰、未、戌年的春天，由禮部在京師主持會試，稱「春闈」，考中者稱「貢士」。逢國家大典之年，還特別開「恩科」。貢士還要參加皇帝親自主持的「殿試」，考中殿試者稱「進士」，再分授官職。嘉靖二十年（一五四一），歲在辛丑，是朝廷開科取士的年份。十七歲的張居正出於種種考慮未去參加會試，而是潛心修學了三年，於甲辰年間（一五四四）赴京趕考。

出人意料的是，張居正竟然落榜了！是當年的小小神童江郎才盡了？還是某位主考官像當年的顧璘一樣故伎重演？都不是，答案他自己最清楚。原來少年時的張居正受到李士翺、顧璘等有識之士的教導後，同時也是在自己的志向驅使下，開始向「國器」的理想努力，因此便放棄了為科舉考試而做的功利性努力，開始一心在古典知識中尋求真學問。

想要擔起治國安邦的重任，只憑文學才能是遠遠不夠的。孰不見歷朝懷才不遇的文人墨客都只會吟風弄月、舉樽賦文，感嘆生不逢時？即使授以權位，怕也無法運籌帷幄、指點江山。而聰慧絕倫、積極上進的張居正早就認識到這一點。他開始遍覽政書，有意鍛煉自己的政治眼光和思考力，夢想著當伊尹那樣的先賢了，不知不覺忽視了練習科舉考試主要考查的八股文，導致了第二次的名落孫山。

是金子就會發光。張居正吸取失敗的教訓後，沒有錯過下一次打開政壇大門的機會。

嘉靖二十六年（一五四七），時逢丁未，二十三歲的少年才子再次收拾行囊，赴京參加會試。這次他憑著卓異的成績，毫無爭議地得以進士及第。殿試過後，即被選入翰林院為庶吉士。他的二十年寒窗苦讀、發奮努力終於換來了回報。

在翰林院裡，張居正每日關心時政典章，同時受到徐階和嚴嵩這對政治宿敵的器重，被作為將來內閣的後備人才。嘉靖二十八年（一五四九），張居正向嘉靖皇帝進獻了三千言的《論時政疏》，全面分析了國家的弊病，並提出醫治的方法。張居正斟酌再三，還在結尾處寫上了意味深長的話：「**臣聞扁鵲見桓公曰：『君有疾，不治將深。』桓公不悅也。再見又言之，三望之而走矣。入病未深，固宜早治，不然，臣恐扁鵲望而走也。**」借用扁鵲和蔡桓公的典故表明當前弊病不除的危害。

令人遺憾的是，這篇堪稱張居正第一篇著名政論的奏摺，嘉靖看過不感興趣，只是「留中再議」。但不可否認的是，年僅二十五歲的張居正已經深刻地瞭解當時的政治局勢和社會問題，對於如何治理國家「疾患」有自己的見解和主張，實在是難能可貴。自此，張居正在明朝的政壇上開始嶄露頭角。

【知識鏈結】

《論時政疏》是明朝首輔張居正模仿西漢賈誼的《陳政事疏》而寫的政論文。文章列舉了當時政治危機最迫切的五大問題，分別是「宗室」問題、人才問題、官僚問題、軍備問題與財政收入問題，並進行透徹的分析，體現了張居正敏銳的政治眼光。

李時珍：後世醫者無出其右

「李叟維肖直塘樹，便睹仙真跨龍去。卻出青囊肘後書，似求玄晏先生序。華陽真隱臨欲仙，誤注本草遲十年。何如但附賢郎舄，羊角橫摶上九天。」

這首詩是明代文壇「後七子」之一的王世貞給李時珍的「戲詩」，題目為《贈李時珍詩》。萬曆八年（一五八〇），年逾六十的李時珍背著已經定稿的《本草綱目》來到已罷官在家的王世貞寓所，請他作序。王世貞欣然同意，不過直到十年後才付諸筆端，當時只是送了他這首「戲詩」。

詩的大意是：李老頭骨瘦如柴好似直塘的枯樹，眼看著就要成仙去了，卻還模仿當年左思之求玄晏先生皇甫謐為《三都賦》作序一樣，從布囊裡取出所著的書求我作序。華陽真人陶弘景在即將成仙的時刻，因為注《神農本草經》而耽誤了十年的時間。不如把集注本草的重任交給令郎，你則乘著風飛上天做仙人怎麼樣？從詩中不難看出王世貞一心篤信道家的神仙方術，不僅拜了女道士為師，還勸李時珍也求仙問道。不過這不是王世貞一個人的信仰問題，而是整個社會皆籠罩在道家的氛圍下。

從武宗正德十三年（一五一八）到神宗萬曆二十一年（一五九三），李時珍在世共七十五年，這期間正是明朝中衰時期的後半段，經歷了武宗、世宗、穆宗、神宗四個王朝。由於歷代統治者的大肆扶持，早在憲宗時期（一四六五—一四八七），道教就已盛行天下。

李時珍幼年時，世宗（一五二二—一五六六）嘉靖皇帝朱厚熜深深沉迷於仙丹神藥、追求長生不老之術，封道士邵元節為禮部尚書。「世宗有病，陶仲文為之祈禱，病果癒，有功，特授禮部尚書」，後增封為「少師」、「恭誠伯」。上行下效，鄉間野里廣設祭壇，香煙瀰漫。在這樣的社會背景下，求真務實的李時珍時時都要與道教博弈。

幾代君王昏庸享樂，宦官專權，奸臣當道，稅役苛繁，以致民不聊生，農民家破人亡。當時流行的民謠說：「一畝田無七斗收，先將六斗送皇州。止留一斗完婚嫁，愁得人來好白頭。」嘉靖時的奸相嚴嵩一家，在北京附近有一百五十餘所莊田，又在南京、揚州等地廣置良田美宅。皇親國戚、宦官、軍官四處巧取豪奪，對農民的剝削之殘酷無異於燕口奪泥。李時珍很同情這些飽受摧殘的勞苦大眾，經常不收他們的醫藥費。

雖然李家世代為醫，但李時珍也並非一出生就意味著要繼承父輩的衣缽。明代推行的科舉考試將青年人的思想緊緊束縛在儒家經典的牢籠中。

成化年間（一四六五－一四八七）採用八股文的考試形式更是禁錮了人們的創造精神。其實質是強迫學子們走「學而優則仕」的道路，遵從三綱五常，為統治者服務。李時珍三次參加鄉試都沒有中，後來便在家閉門讀書十年，這對他的思想從八股文的藩籬中解脫出來。同時跟隨父親在蘄州的玄妙觀為群眾治病，積累臨床經驗。這樣勤奮地堅持了幾年，李時珍不僅博覽群書，而且還因為善於為人看病，便以醫生自居。這樣，李時珍在主觀和客觀兩方面都走上了救死扶傷的從醫之路，也為當時的百姓和後人帶來了福音。

嘉靖二十四年（一五四五），李時珍二十八歲時，蘄州連發大水，瘟疫肆虐，官府不顧百姓死活。李時珍隨父親李言聞精心地為百姓治病，分文不取，留下了「千里就藥於門，立活不取值」的千古美名。後來他的名聲越傳越遠，每日來求他治病的人絡繹不絕。李時珍三十八歲時，明王朝宗室楚王聘他為奉祠正，兼管良醫所事務。這期間他治癒了楚王長子的暴厥症（即抽風），但仍不為楚王所重用。因楚王也酷愛煉丹求仙，寵信道士。李時珍知道朱砂鉛汞之類於人無益，常與道士爭執，又無法施展精湛的醫術於百姓，遂時常去武昌蛇山觀音閣為群眾義務治病，同時向群眾尋方問藥，繼續研究醫學。

李時珍明白，憑一己之力，不可能治癒全天下的百姓。且自己百年之後，一生所學是一筆巨大的財富，需流傳後世再救蒼生。以當時的技術手段要達成這樣的目標只有一種方法可選——著書。早在李時珍十年不出戶、刻苦鑽研醫學典籍時，他就發現許多本草著作裡謬誤百出，對醫者和患者有很大的誤導性。於是他立下雄心壯志，重修本草，造福於民。

四十一歲時，李時珍經推薦進入北京太醫院，一心鑽研醫藥，經常出入御庫房、壽藥房，積累著書的基礎。但仍與迷戀求仙問道的皇室貴族不相投，僅一年便託病辭職了。回家路上他還不忘向所遇士兵、村婦、農商等人調查藥物，以增添前人未述之物。

辭官回鄉以後，李時珍居家編纂《本草綱目》，醫人醫病自不用說，他還不辭辛苦外出訪藥，親自採摘嘗試、製作標本、解剖動物、繪製藥物圖，踐行著那一句「紙上得來終覺淺，絕知此事要躬行」的古話。

歷時二十七年，被達爾文稱為十六世紀中國百科全書的《本草綱目》終於定稿了。這部書可謂集歷代藥物學之大成，後世無出其右者。

為了能讓這部嘔心瀝血之作儘快產生推動醫學發展的作用，李時珍餘生都在為《本草綱目》的出版發行奔波勞碌，便有了前文所提請王世貞作序而被贈戲詩一事。時乖命蹇，直到李時珍病卒也未能見到刻印版的《本草綱目》，這是一輩子都在為百姓謀福利的醫學巨人畢生最大的遺憾。

【知識鏈結】

後七子，明嘉靖、隆慶年間的文學流派，也稱「嘉靖七子」。成員包括李攀龍、王世貞、謝榛、宗臣、梁有譽、徐中行和吳國倫，其中以李攀龍、王世貞為代表。與「前七子」相互呼應，提倡復古，強調「文必秦漢，詩必盛唐」。

第十四章：世間只有張居正

在明朝的歷史上，張居正是一個常被提起的熱門人物。僅僅就他的好壞來講，就十分難以評判。在他的治理下，明朝有了很多亮點可供人評說。然而，也有很多並不是那麼大奸大惡的人在他的手下喪生。那麼，張居正到底想做什麼，透過他掌權的十年，我們不妨來看一下這個權臣的後半生。

悲劇性的改革

隆慶六年（一五七二）五月二十六日，才當了六年皇帝的穆宗就死了。他本來是一個可以被寄予厚望的皇帝，可是既然死了，也就一了百了。

他的兒子朱翊鈞順理成章登上皇位，是為明神宗萬曆皇帝。

穆宗駕崩之時僅三十六歲，朱翊鈞也僅有十歲，皇帝如此小，自是不能親政。這時候，張居正聯合太監馮保趕走了首輔高拱，一躍成為新一任的內閣掌門人。

萬曆前十年是張居正的天下。名義上，神宗有著至高無上的地位，但畢竟處在貪玩的年紀，對他講朝政之事，無異於對牛彈琴。張居正集首輔與帝師身分於一身，連神宗都要忌憚他幾分。

張居正雖習儒家經典，卻有著天生的法家思想。沒有權勢的時候，他的任何想法都是空想，而一旦掌握了國家大權，張居正就當仁不讓地開始推行他的改革主張。

說張居正大刀闊斧改革，是一點都不誇張。張居正的改革圍繞邊防、吏治、生產、稅制等，可謂囊括了朝政的大部分內容。

張居正的改革，最為人稱道的是推行了「一條鞭」的稅收方法，這也是張居正改革的核心內容。所謂「一條鞭」法，就是將一縣之賦役，悉歸於一條，將丁銀歸入田賦之下，這樣賦和役就合併在一起，統以銀兩來收取。百姓可以用銀兩來抵徭役，履行對國家的義務。從某種程度上來說，徭役被取消了。賦役徵收大大簡化，土地兼併受到打擊，百姓負擔也減輕，可以安心從事生產了。

「一條鞭」法的實行並非張居正心血來潮，而是基於對社會形勢的瞭解。

明中葉以後，商品經濟得到很大的發展，金錢的魅力一覽無餘地展現出來。上至皇室、王公大臣，下至平民百姓，對金錢的追求都到了無以復加的地步。在政府斂財的過程中，皇帝又發揮帶頭作用，各級官吏更是奮勇直追。所謂「羊毛出自羊身上」，在農業社會，財富大都由農業創造。於是，對土地的兼併便不可遏制地嚴重起來，對農民的搜刮便理所當然成為謀財之道。很明顯，這種瘋狂的斂財行為，已經觸動了農民的底線，張居正覺得不能再這樣下去了。

「一條鞭」法終究是實行開來，賦役折變成銀兩，更是規定了定額，這是中國稅制改革的一大轉折。中國的稅制自秦漢以來，一直以徵收實物為主要手段。「一條鞭」法推行以後，便確定了銀兩在賦役制度中不可動搖的地位，並一直延續下去，賦役從實物向貨幣轉換成為不可阻擋的趨勢。

然而，願望是美好的，現實卻很殘酷。由於「一條鞭」法觸動了地主階級的利益，所以註定了它的貫徹實施要大打折扣。在一些已經推行「一條鞭」的地方，官府仍然以各種名義徵收賦稅。更有甚者，還強迫農民從事各種徭役。這大大違背了「一條鞭」法的初衷。

張居正認為，當時國力匱乏和盜賊橫行都是由於吏治不清造成的。官吏貪汙，地主兼併，引起部分人錢包大鼓，公家卻是囊中羞澀；加上皇帝太不像樣，揮霍無度，百姓因此吃不飽睡不好，無奈之下上山當了草寇。張居正很高明地把準了國家的脈象，政不通，社會問題就得不到解決。本來這些年經濟就不好，再加上一群不幹正事、中飽私囊的貪汙蛀蟲，不幫百姓解決問題，還搜刮他們的脂膏，國家能不亂嗎？因此，張居正決定從「官」開始逐步清除王朝的腫瘤。

萬曆元年（一五七三）十一月，張居正上疏對官員實施績效考核，即「考成法」，以便明確職責。針對公文傳遞過程中「上之督之者雖諄諄，而下之聽之者恆藐藐」的弊端，張居正上書皇帝提出公文辦理的改革，以六科控制六部，再以內閣控制六科。朝廷的六部、都察院，其奏疏凡得到皇帝批准的事項，轉行到各衙門，根據事情的輕重緩急、地方的路途遠近，限定辦理期限，每月底清點。事情辦得怎樣，就靠這條線層層監督，一隻眼逐級盯下去，評定官員的一個指標就是辦事的效率和品德。

張居正在施行「考成法」時，還將追收逋賦作為考成的標準。萬曆四年（一五七六）規定，地方官徵賦試行不足九成者，一律處罰。同年十二月，據戶科給事中奏報，地方官因此而受降級處分的，山東有十七名，河南兩名；受革職處分的，山東兩名，河南九名。這使懼於降罰的各級官員不敢懈怠，督責戶主們把當年稅糧完納。由於改變了拖欠稅糧的狀況，使國庫日益充裕。據萬曆五年（一五七七）官方統計全國的錢糧數目，年收入達四百三十五萬餘兩，比之前增長了七四%。財政收支相抵，還結餘八十五萬餘兩，扭轉了長期財政虧虛的狀況。正如張居正自己所說的：「近年來，正賦不虧，府庫充實，皆以考成法行，徵解如期之故。」

績效考核直接和頭頂的烏紗帽結合，捕蟬的螳螂後面有黃雀，官員們都得戰戰兢兢。官場上，什麼都可以放到一邊，但官帽最重，不可懈怠。明朝殘壞的管理系統，好像得到了有效整修，運轉起來快了許多。

然而，對官吏的管理、限制勢必損害官僚豪強的利益，當改革與制度碰撞時，失敗的往往是前者。果不其然，張居正死後的第十四年，神宗就以瘋狂的掠奪，破壞了國家機器的正常運轉，對明朝帶來了一場空前的災難。新政被廢除以後，國家急遽敗落，既有的危機不僅故態復萌，統治機構還出現了自行解體的趨向，各種社會問題環環相扣，交錯而起，一場更為嚴重的危機鋪天蓋地席捲而來。官僚體制被破壞，國家庫藏被耗盡，平民百姓生活在水深火熱中，終於激發民眾起義，此起彼伏多達四十多次，全國各地怨聲載道，社會動盪不安。

這究竟是張居正的悲哀，還是大明王朝的悲哀，尋根究底，是體制的弊端造成了改革的悲劇。

【知識鏈結】

資本主義萌芽是一種社會經濟現象，隨著一種雇傭性質生產關係的出現而出現。因為它指的是一種世代的生產關係，因此不能用一廠一店來舉例說明。它產生於封建社會的晚期，隨著封建制生產關係的鬆動而產生。明末的江南社會，曾出現過資本主義的萌芽。

反對者的下場

張居正執政期間，確實是個多事之秋。新政的實施，因其改革力度甚大，屢次觸犯大地主、大官僚等腐朽勢力的利益，他們手握權力，屢屢以種種理由站出來阻撓。這些人，不是三言兩語、訓斥恐嚇就能夠解決的。

此外，張居正也不是一個完美無瑕之人。他以公濟私、倒行逆施的行為，必然成為反對者攻擊的對象。隨著張居正權勢的無限制擴大，他獨斷專行、剛愎自用的一面也逐漸滋長，再加其生活奢侈，這也授人以柄，引起了同僚的非議與嫉恨。

於是，一場場彈劾張居正的風波讓他應接不暇。張居正本就是一個眼裡容不得沙子之人，一時之間，明爭暗鬥，硝煙四起，朝廷沉浸在一片緊張的氛圍之中。

第一場戰鬥已經悄然拉開帷幕，起因乃是新政。張居正推行了一套嚴格的官吏「考成法」，根據考核後的政績好壞，分成：稱職、平常、不稱職，以此體現賞罰分明，作為升職與罷免的依據。

這套官吏考核方法推行以後，大大提高了明朝各級政府的辦事效率。但是，就是這套「考成法」，成了眾人攻擊的對象。萬曆三年（一五七五），南京戶科給事中余懋學上疏議事，種種言辭都直指張居正，先是批評「考成法」太過苛刻，又非常露骨地譏諷張居正阿諛奉承。

此時的張居正是何等威風，在眾人面前對他評頭論足，那真是膽大妄為。張居正的怒氣直衝頭頂：你一個小小的給事中是向天借了膽，竟然三番兩次不識時務，膽敢在老虎眼皮子底下拔毛？

余懋學批評「考成法」之苛刻，確有其合理之處。因「考成法」要求各個衙門按照衙門事務輕重緩急都要定出一定的期限，然後登記上簿，月終註銷，並送內閣考察。這種考核一月一小考，一年一大考。這確實是一項大工程，這使得那些懶惰官員和無政績官員個個叫苦連天，無不憤恨。

只是，余懋學上疏指責張居正阿諛奉承之說，還要追溯到上一年的歷史。那時候他們兩人就已結下了梁子。萬曆二年（一五七四）初夏的一天，內閣成員聚集議事，發現池中蓮花含苞怒放。從往年情形來看，這蓮花要到仲夏才開放，此事非比尋常，眾人無不驚奇。恰在此時，有人來報，在翰林院發現有白燕，這又是一件稀奇事。

張居正以這兩件事為祥瑞之徵兆呈報給皇帝，小皇帝亦驚喜萬分。只是這個時候另一個掌權人物馮保發話了：皇帝年幼，唯恐以此取悅皇帝，反而讓他玩物喪志。張居正馬屁沒拍成，只好支吾不語。

余懋學聽聞此事，倒是興致大發，他連夜寫成一本奏摺，聲稱張居正阿諛奉承，大失為臣之道。張居正受馮保一番指責，正無處發洩，余懋學一個芝麻小官又來湊熱鬧，惹怒了發威的老虎。

縱使張居正權勢熏天，朝堂之上，這麼多人看著呢，神宗皇帝總要做個樣子。這日，神宗皇帝下詔以此事對張居正予以點名批評。張居正心裡憤恨，但是也不敢有什麼動作，便將這口氣壓下了。

興許是在此次彈劾中嘗到了甜頭。時隔一年，余懋學再次出擊，並且舊事重提。但是這一次，張居正怒了，後果很嚴重。次日，余懋學便被革職，並且是永不敘用。只是給他一個貪汙受賄的罪名卻讓人無法信服。據史書記載，余懋學為官清廉。

余懋學為一時的衝動付出了慘重的代價，「永不敘用」是多麼殘酷的懲罰，多年的苦讀與基業毀於一旦。而更令人嘆息的是，其清廉之高風竟然被莫須有的貪汙受賄所玷污。在這政治爭鬥中，黑與白顛倒的世界裡，唯有權力能說服一切。

張居正處置了余懋學，卻不料點燃了一個導火線，引發了更大的風暴。余懋學含冤而去，御史傅應禎上疏為其喊冤，聲稱余懋學行使言官職責，竟得永不敘用的報復，那以後誰還敢直言。傅應禎所言種種，句句在理，引人深思。可是接下來所說，就是引火上身，自找麻煩了。傅應禎不僅將張居正罵得狗血淋頭，更是連帶著神宗也一併侮辱了，說「張居正誤國，萬曆失德」。把這兩個當朝大人物一併得罪了，傅應禎的好日子也就到頭了。

張居正勃然大怒，當庭失態。不過，還未等他發話，神宗就先下手為強，廷杖伺候了。傅應禎被打成重傷，險些喪命，然後交給錦衣衛鎮撫司處置。鎮撫司奉旨辦案，將其發配邊疆充軍，此事到此告一段落。

張居正的權威無人能撼，這成為朝廷心照不宣的共識。一個被永不敘用，一個被發配邊疆，這兩個人的命運被眾人看得真真切切。張居正滿身刺，誰敢動他，就會被刺傷，重者喪命，輕者趕出朝廷。只是令張居正沒有想到的是，撲火的飛蛾裡面，竟然有一隻是自己的學生劉臺。

劉臺是張居正親點的進士，一直跟隨張居正左右。張居正擔任首輔以後，便提拔他從原來的刑部主事到監察御史巡按遼東，而這距離他考取進士僅僅兩年。劉臺也將滿腔的感激化為死心塌地為張居正效命，可謂知恩圖報。

可是，就在萬曆四年（一五七六），一件事情讓這師徒兩人反目成仇。

這年秋天，是個豐收的季節。遼東總兵李成梁率軍擊退韃靼，取得了遼東大捷的勝利。按照慣例，捷報要由總兵與巡按御史聯合上疏傳達，但是這個劉臺為邀功出眾，便拋開總兵，單獨奏報，有越俎代庖之嫌。

這件事情傳到張居正的耳朵裡，張居正當場發飆。規矩是我定的，你作為我的學生卻不按規矩辦事，出來搗亂，讓我如何向天下人交代？張居正當即寫信給劉臺將其訓斥一番。

這裡面有抓典型、做給旁人看的成分。誰知這劉臺年輕氣盛，哪裡肯服氣，他受不了這小小的挫折，一時怒髮衝冠，竟然上疏彈劾了自己的老師。

學生彈劾老師，這是大明開國以來的首例。劉臺把張居正執政以來的專橫與不檢點之處，如專擅國權、作威作福、私授王爵等，一一抖出。劉臺言辭之犀利，讓人唏噓不已。張居正被震撼了，他憤慨至極，忍不住老淚縱橫，跪求辭職歸田以謝不教之罪。

張居正若是一走，這大明將步伐不穩，甚至墜入深淵。當務之急，是處置劉臺，緩和張居正的怨氣。於是，劉臺被貶為庶民，驅逐出朝廷，後來又被人彈劾貪汙枉法，被發配廣西。

【知識鏈結】

劉臺，字子畏，江西安福人。隆慶五年（一五七一）進士及第後授刑部主事，是張居正一手提拔的門生。萬曆初年，被張居正提拔為御史，巡按遼東。萬曆四年（一五七六）正月，因不滿張居正的專橫跋扈而上疏彈劾張居正，進而與老師反目成仇。後被張居正逐出朝廷發配廣西。

文化專制

書院是中國傳統的教育形式。自從唐宋至明清推行有千年之久，可謂源遠流長，其影響更是不可估量。明朝以後，書院不再單純是聚徒講授、專門研究學問的場所了，還成為政治的戰場，書院的性質也隨之發生了變化。

針對這種情況，張居正當權以後，便下令「毀書院、禁講學」。他本來想遏制異端思想，確立新的價值標準，卻使得書院遭受了一場浩劫。張居正一聲令下，一夜之間，全國有六十四所書院被查封，先生離職，學生歸家。

事情的導火線是常州知府施觀民瘋狂斂財私創書院被張居正知道了，其實張居正毀書院之心久矣。

此時，王陽明的心學思想蔚然成風，書院講心學成為一種風尚。王陽明心學思想偏重於思想的解放，更多時候，批評朝政也成為家常便飯。在其影響下，傳統的儒家經典倫理受到挑戰，開始動搖，統一的社會價值觀開始四分五裂。

思想如此不受控制，必定難以駕馭，統治根基就無法穩定，為江山穩固，這種思想必須禁錮。只是心學時下正在流行，人的思想最難以統治，唯有從根部切除這顆毒瘤，才能重建傳統價值理念，也就是張居正認可的「以足踏實地為功，以崇尚本質為行，以遵守成憲為準，以成心順上為忠」的價值理念。

張居正毀書院如此決絕，還有一方面的原因，就是心學如同蛀蟲，已經入侵朝廷，侵蝕著眾多不安分的心靈。在朝官員受其「蠱惑」，致力於心學研讀和傳習，而拋棄了自己的本職工作，這完全成了本末倒置。

張居正野心勃勃，大權在握，正要大展身手，為大明建立豐功偉績。可是現下，一個個官員都當「學者」去了，沒有了援手，以一己之力，只能一事無成。張居正必須把誤入歧途的同僚拉回來，哪怕是背負千古的罵名。

更有甚者，一些書院，以講學為名，結黨營私，這些都是大明根基穩定的潛在威脅。

當然，這裡面還包含著私人恩怨問題。朝中張居正一人當權，可謂權傾天下。他的獨裁，勢必引起很多人的不滿，對他的辱罵、攻擊也成為書院津津樂道的話題。張居正是個眼裡容不得沙子的人，總要想盡方法給他們一點教訓才肯甘休。

但是，張居正並未毀掉全國所有的書院，這就意味著他並不是反對、禁止所有的講學，而是有針對性。張居正崇尚實學，不喜歡那些虛無縹緲的思想理論。

書院被查封，要指望那些文人能夠忍氣吞聲，隱忍不發，那就大錯特錯了。張居正瞭解這些滿身書生氣的人，他們絕對不會善罷甘休，而張居正也做好了戰鬥的準備，一場殺氣騰騰的戰鬥就要展開了。

張居正的心裡已經有了完備的應對之策，不管他們使出什麼樣的招數，張居正只用一個萬能招數，那就是手中的權力。政治爭鬥中，權力永遠不失效，無論對與錯。雖不能把反對者趕盡殺絕，但必要的時候，可以揪出一個榜樣，殺雞給猴看，便可達到殺一儆百的功用。何心隱，這時候非常不幸地撞到了這個風口浪尖上。

何心隱是王陽明心學的重要信徒之一，而且在政治爭鬥中有實際的經驗。他曾經與徐階結成同盟，彈劾嚴嵩，進而名噪一時。奸臣嚴嵩何等的聰明，竟然栽倒在他的計謀下，可見此人確實不一般。

張居正早就聽聞何心隱的大名，擔任國子監司業之時，張居正曾經在御史耿定向的家裡與他有一面之緣。只是那次的談話兩人都帶著情緒，結局不怎麼愉快，可見兩人對彼此看不順眼已經不是一兩天的事情。

思想觀念的差異是兩人產生衝突的主要原因。所謂道不同不相為謀。隨著張居正手中權勢的增強，何心隱對心學癡迷程度的加深，兩個背道而馳的人，漸行漸遠。

張居正毀書院、禁講學以後，何心隱置若罔聞，仍舊在湖北孝感聚眾講學，猛烈抨擊專制統治，他「無父無君非弒父弒君」的觀點更是與傳統觀點相悖，為常人難以理解。

不只如此，何心隱還撰寫文章《原學原講》來反駁張居正的所作所為，全然不畏懼張居正的權威，公然與張居正相抗衡。結局可以想像，事態正向著張居正期望的方向發展。

張居正的底線一旦被打破，後果很嚴重。

萬曆七年（一五七九），湖北巡撫陳瑞將何心隱逮捕入獄。獄中，何心隱忍受百般凌辱，仍不肯屈服，一心向心學。這年九月，王之垣被調任湖廣巡撫，剛到任的王之垣秉承張居正的旨意，將何心隱活活拷打而死，死狀慘不忍睹。當時著名的思想家李贄，特意寫了文章悼念何心隱，稱讚他「人莫不畏死，公獨不畏」。

何心隱死了，名聲更加響亮起來。張居正殺雞給猴看的把戲取得初步成效，只是野火燒不盡，春風吹又生，反對之聲並沒有斷絕，一有空隙便再次茁壯成長。

張居正死後不久，各地書院如野火一般，又紛紛復燃了。

【知識鏈結】

何心隱（一五一七—一五七九），明代思想家，王陽明「心學」泰州學派的重要弟子。原名梁汝元，字柱乾，號夫山。江西吉安永豐人。早年放棄科舉，致力於社會改革。曾與徐階合作彈劾嚴嵩。後在湖北孝感講學，因反對當權者張居正遭通緝。萬曆七年（一五七九）被捕，死於湖北武昌獄中。

「奪情」之變

非議接踵而來，均被張居正一一化解。權力在手，真是屢試不爽，異己都已經淡出視野。不愉快總算是過去了，張居正的位置穩如磐石，依舊是令出如山，鮮有阻礙。權力是個如此讓人瘋狂，又讓人著迷的東西，它可以讓一切俯首稱臣。

史書記載，經歷了大風大浪的張居正，對於誹謗者和反對者，已經沒有絲毫的忌憚，只想著怎麼運用自己的權威把他們都趕盡殺絕。這巨大的變化，可歸結於張居正的自信，而自信來自於他的權傾天下，障礙被清除之後，他似乎無所畏懼了，好日子正向他招手。只是他沒有預料到，一場更大的、幾乎致命的風浪正氣勢洶洶地向他襲來。

萬曆五年（一五七七）初春，萬物生機盎然。自信滿面的張居正正大步流星走向他的夢想花園，卻傳來父親病重的消息。此時張居正正著手準備神宗皇帝大婚事宜，無暇顧及父親。一念之差，給張居正留下了終生的遺憾，張居正沒有見到父親最後一面，其父就赴黃泉去了。

這年九月，張居正父親去世的噩耗傳來，竟被炒得沸沸揚揚，滿朝轟動。按說此事乃是人家的家務事，見面安慰幾句「節哀順變」、「保重身體」之類就好，為啥還要把死人拿來爆料一番？

其實不然，此事關係重大。按照慣例，張居正死了父親，是要行丁憂大禮的。按照傳統，父母死後，子女從當日起要居喪三年。在這三年之內，不得沾染吉慶之事，婚嫁之事更不得參與。當官者，要離職歸家居喪，喪滿後方可回職。另外還規定，若是官員該丁憂而隱匿不上報，一旦查出，將嚴懲不貸，重者免官為民。

丁憂制度從西漢產生能夠流傳至此，當然有其合理之處。古語講百善孝為先。西漢以孝治天下，常將忠孝相提並論。試想，一個人對親生父母都不能夠盡孝道的話，若要談忠，那簡直就是天方夜譚。

但丁憂之說似乎也有欠妥之處。這官做得如日中天，一下子就要走人，手頭上的事情放下不是，帶著也不是，讓人無所適從。且繼任者善後需要一段時間，這不僅誤事還降低了效率。

此外，忠孝不能兩全之事，也時有發生，處理不好，落個不忠不孝的罪名，授人以柄不說，還留下罵名。張居正披麻戴孝，滿臉倦容，在書房中來回踱步，踟躕猶豫，猶豫踟躕，面臨抉擇的困惑，進退兩難，不知如何是好。

此時的張居正，沉浸在失去父親的悲痛中。但是讓他更加難以抉擇的是，是走還是留的問題。祖制是一道難以逾越的鴻溝，張居正畢竟是受儒家傳統教育出來的儒生，心裡的顧忌自是不用說。但是這一走就是三年，局勢難免生變，一旦無法掌控，這多年創立起來的基業也難免會毀於一旦。況且，新政剛剛起步，本就有萬般阻撓，步履維艱，若是手中無權，新政就難以實施，多年心血就白白浪費掉了。

張居正思前想後，心中已經定下主意。三年不短，人生能有幾個三年，辛苦了這麼多年，不就為了今日，一旦離開，一切歸零。這話，張居正是不能明目張膽說出口的。

所謂見賢思齊，這話張居正是聽說過的，當朝有名的首輔楊廷和就是一個榜樣。他的父親死後，縱使皇帝痛哭流涕地百般請求，仍不能挽回他要離職的心。楊廷和名氣之大，可謂盡人皆知，在其權勢的至高峰，拍拍屁股，甩甩衣袖，不帶走一片雲彩地回家去了。三年以後，歸來的楊廷和依舊滿面春風，勢如當年。

有前例楊廷和，張居正更不敢提留下來的事情。但是張居正的種種表現，都讓人明白了他的想法。既然不想走，那就想辦法留下來，終究要找出個合情合理的理由來。其親信戶部侍郎李幼孜領了一個頭，最先提出了以奪情的名義留下來，此事正合張居正心意，張居正的支持者便圍繞此動起腦筋來。奪情乃是因特殊情況，國家奪去了盡孝之情，特允許，可不離職，而在朝中以素服辦公。但是因奪情有違祖制，明朝明文規定，「內外大小官員丁憂者，不許保奏奪情起復」。

明英宗曾經下令，「凡官吏匿喪者，俱發原籍為民」。那麼，張居正真的敢冒天下之大不韙而提奪情之事嗎？事實證明，張居正是有這個膽量的。

在這個關鍵時刻，張居正的老同盟馮保站了出來，振臂一呼，張居正的支持者都歸於他的指揮下。在其不遺餘力的努力下，朝臣要求張居正奪情。御史曾士楚、吏科給事中陳三謨上疏請留首輔，這兩人開了頭，南北各院部官員不甘落後，紛紛上書，大力挽留，一時奪情之風成為一種不可抵擋的潮流。為順應民意，神宗皇帝一再下旨，不准張居正離職。

可以想像，這種冒天下之大不韙的事情，是不會那麼輕而易舉就能辦成的。朝臣之中，基於此事，分成了兩大陣營：支持者與反對者。當世人評價：卑劣者附和，高尚者抨擊。顯而易見，這個當世者也是個反對派。

有了神宗皇帝的挽留，張居正留下來的事情似乎已經水到渠成，但是總要做個樣子給旁人看看。張居正再次上書請歸守制，其言之悲，讓人幾近淚濕眼眶。但是，神宗卻是鐵了心，再一次下旨挽留。如此三番兩次，不厭其煩來來回回，走了幾遭，張居正便欣然接受了。

消息傳開，在群臣中炸開了鍋。反對派紛紛站出來，走上舞台，準備大展身手。只是，看著同伴一個一個在舞台上被踢出局，要麼遭杖責，要麼被發配邊疆，反對的聲音一浪不如一浪。最後，這些非議，都成雲煙，散在空氣中，爛在肚子裡了。

此番下來，張居正取得大勝利，本是慶功之時，張居正卻眉頭緊鎖，陷入深思之中。所謂居安思危，張居正被此次反對的陣容震撼了。上疏一道道展現在眼前，殺氣騰騰，私下裡的議論更是無法把控。一覽四周，潛伏著數不盡的定時炸彈，危機重重。張居正手有些顫抖，今日之局面都是自己一手造成的，該如何收場？

【知識鏈結】

馮保，明代太監，字永亭，號雙林，深州（今河北深縣）人。嘉靖年間入宮，隆慶初年掌管東廠兼理御馬監，穆宗駕崩時篡改遺詔成為顧命大臣。萬曆時歷任司禮監秉筆太監和司禮監掌印太監，支持張居正改革，遭萬曆忌恨被放逐到南京，因病而死，家產亦被抄沒。

第十五章：世間已無張居正

張居正死了，很多人都鬆了一口氣，還有很多人終於敢出口惡氣了。最恨他的人，就是皇上。神宗皇帝好像一輩子只做了一件事情——清算張居正，做完這件事情以後，他就到一邊歇著去了。可是，他在位的時間又很長，這麼長的皇帝生涯要怎麼度過？國家的問題紛紛開始暴露，周邊的敵人也開始虎視眈眈，國家將何去何從？

死後總清算

張居正光芒萬丈，神宗皇帝雖君臨天下，卻要依賴於張居正羽翼的庇護。張居正把持朝政，功高蓋主，卻也合情合理，只怪神宗年幼，不能親掌朝政。

但是，張居正的忠心卻是毋庸置疑的。帝師，是張居正的另一個身分，他為小皇帝制定了詳細的日程安排，包括早朝與講讀各項事宜。張居正的輔導和關懷，可用無微不至一詞來形容。大到朝廷政事之道，小到宮中細節，張居正無一遺漏，均不厭其煩，一遍一遍細細講說。

自從神宗皇帝即位以來，朝廷之事均不用他插手，張居正像隻勤勞的小蜜蜂，均一一辦理妥當，神宗倒也是樂得自在。

只是隨著小皇帝年紀的增長，其心理上的微妙變化逐漸產生，以至於逐漸滋生仇恨。

對神宗來說，反正閒著也是閒著，不如找點事情做。可也沒什麼正事可做，他便喝起酒來。沒想到，越喝越上癮，他已經漸漸喜歡上這種飄飄欲仙的感覺了。為此，張居正好好地給他上政治課，勸他趕快戒掉。神宗終究是長大了，翅膀硬了，對張居正也敢反抗了。他沒有戒酒，反而愈演愈烈，發展到後來還惹出了事端。萬曆八年（一五七〇）的一天，喝得不省人事的神宗命人痛打了馮保的養子一頓，這已經不是第一次了，此事被馮保告訴了皇太后。

皇太后將神宗與張居正喚來，揚言要張居正學習東漢霍光，為天下人除害，廢掉這不爭氣的皇帝，改立神宗一母同胞的弟弟潞王為帝。神宗被嚇得一把鼻涕一把淚，趕緊磕頭認罪。後來此事以張居正代神宗寫了「罪己詔」收場。經過此事，神宗漸漸成熟的心靈，片刻之間，發生巨變。

日月如梭，眨眼間十年過去了。神宗已長大成人，到了可以親政的年紀。神宗小的時候，自是樂見張居正當政，而今他急於享受手握權力的快感，而張居正卻獨攬大權，這大權本是他神宗所有。神宗的皇權遭遇了張居正的相權，衝突一觸即發。

再者，張居正平日裡對神宗甚是嚴格，神宗越來越反感，這種不滿日益積累，轉化成為仇恨。仇恨的種子一旦種下，沾水跡則生根，得陽光便發芽。這二人面合心離，已經背道而馳，漸行漸遠。當年彼此之間的關懷與敬愛，煙消雲散，再也找不回來了。

張居正的地位正穩如磐石，以神宗之力氣，想扳倒他，那簡直是天方夜譚。恰在此時，張居正卻得痔瘡病倒了，一連在床上躺了三個月，仍不見好轉。

痔瘡，在今日看來，實在不算什麼大病。就算是在當時的醫療條件下，也不足以奪去一個人的生命。但是這個人是張居正，不可一世的張居正，就像他說的，權力在握，一切皆有可能。是的，痔瘡雖小，卻足以致命。這真是一種諷刺，縱使擁有傾國權勢，卻奈何不了一個小小的痔瘡。

張居正在床上躺了三個月。他心急，食不甘，寢不寐，這痔瘡就是越好不了，他越急，如此一個惡性循環。

張居正等不得了，太多事情讓他放心不下。朝中不能沒有他，看看那些蠢蠢欲動、極不安分的反對派，張居正哪裡還在床上躺得下去？

神宗日日酗酒，其鋪張浪費之本性也漸漸顯露。多年的相處讓張居正看透了神宗的本質，沒有張居正的壓制，神宗必定走入極端，張居正再也躺不住了。

更令張居正擔憂的是，十年改革，初見成效，大明王朝正生機盎然，大步走入正軌。可是，潛伏的敵人，時刻伺機行動，想推翻新政。如此一來，一生的心血就會付諸東流，張居正不允許這樣的結局發生。眼下，是做決定的時刻了。

這日，宮中御醫雲集於張居正宅中，個個眉頭緊鎖，打算商量一個好的方案。張居正命令他們為自己做割除痔瘡的手術，以斬草除根，永絕後患。但是，看眾御醫緊鎖的眉頭，我們可以猜測，他們沒有十足的把握。成功與否，取決於天意。

張居正把自己的命運交給了上天，只是上天沒有眷顧張居正。手術使他元氣大傷，張居正再也起不來了，御醫們終究是回天無力。萬曆十年（一五八二）六月二十日，張居正撒手人寰，與世長辭，這年張居正五十八歲。

張居正的死，有人歡喜有人憂。在這個悲喜交加的時刻，表面上的功夫總是要做的，神宗為之輟朝，並賜謚號「文忠」，贈「上柱國」。張居正的葬禮辦得極盡奢華，陰間的他仍然享受著在世間的一切富貴。

只是，在張居正屍骨未寒之時，一場針對他的風暴襲來了。神宗的報復拉開了帷幕，首先遭殃的是張居正的親信。張居正重用的一批官員要麼被削職，要麼被棄市，無一有好下場。

馮保，是個重點清算對象。江西道御史李植上疏彈劾馮保，列舉其十二大罪狀，隨後，查抄馮保家產，並把他發配到南京孝陵種地。馮保的弟弟馮佑、姪子馮邦寧也受到牽連，這二人都是都督，被削職之後又遭逮捕，最終死於獄中。

張居正的家屬當然不能倖免，餓死、自殺、流放、逃亡的皆有，其悲壯無不讓人心生感慨。一國權臣，生前是何等風光，竟然落得如此可悲的下場。如果張居正泉下有知，他該是怎樣的無奈。

張居正的新政，是又一個攻擊的對象。所謂人亡政息，眾多小丑粉墨登場。張居正在萬曆六年（一五七八），以戶部頒布的《清丈條例》為依據，開始對全國的大部分土地進行清丈，至萬曆八年（一五八〇）清丈完畢。這個行為，可謂讓張居正成為眾矢之的。因為此舉清丈出大量皇親貴族和官僚地主隱匿的兼併土地，如此一來，他們要上繳的賦稅便會增加，可以打擊大地主豪強，增加國家的財政收入。毋庸置疑，張居正的敵人陣營正一日日壯大。群起而攻之，是國人的一個嗜好。如今，在這千載難逢的時刻，是落井下石的時候了，有冤的喊冤，有仇的報仇，跟一個已經在黃泉路上的人爭鬥，絕對有贏無輸。

一生為國任勞任怨，竟然換來如此結局！

然而，事情仍舊沒有結束，清算還在繼續進行。這日，已廢遼王的次王妃哭哭啼啼地跑來，控告張居正欺壓陷害王公貴族。不僅如此，遼王府也被張居正佔為己有，這是隆慶二年（一五六八）的事情。

至於張居正到底有沒有侵吞遼王府的事情，史學界眾說紛紜，仍無定論。但是這個遼王妃一提此事，引發了人們對張居正貪汙受賄的關注。剛剛平息的彈劾，再次如潮水一般湧起。張居正的罪名裡，又多了一項貪汙受賄。

世間已無張居正。但是，所謂國難思良臣。熹宗天啟年間，張居正終得沉冤昭雪，其種種名譽也逐漸恢復。

【知識鏈結】

罪己詔，指古代的帝王在朝廷出現問題、國家遭受天災、政權處於危機等重要時刻時，透過自省或檢討自己過失而寫下的一種口諭或文書，意在藉由自責替國家挽回一些損失，使國家向著更好的方向發展。

最無為的皇帝

這是一個「物極必反」的時代。在它的初期，本已露出了國家復興的曙光，然而，卻隨著帝王的沉淪而露出破敗之相。

清算了張居正的「遺風」，神宗萬曆終於長長地呼出一口「惡氣」。他可算是不用受人擺布，樹立了皇帝自己的權威，開始了親政的日子。

對於明朝的皇帝來說，既要親政，大臣們就應當無為；皇帝既要無為，大臣們就更應當謙遜地表示順服。萬曆皇帝是一個權力欲極重的人，但是他在早期也不是個平庸的君主，畢竟在其當政的早期，他搞定了三大征，即東北、西北、西南邊疆幾乎同時展開的三次軍事行動。而且，在戰爭過程中對於前線將領的充分信任，對於指揮失誤的將領的堅決撤換，都顯示了神宗的膽略。

可是，這樣一個本來可以成為好皇帝的人，卻在處理了張居正、平定三方之後，徹徹底底不理朝政了。他整天哼哼唧唧，說自己「一時頭昏眼黑，力乏不興」。不久，神宗又自稱「腰痛腳軟，行立不便」，病情加劇，於是真的不再上朝，總是召首輔沈一貫入宮囑託後事。

他的這些毛病，都來自於他的貪酒、貪色、貪財、貪享樂。

萬曆好酒，一則他自己愛喝，二則明末社會好酒成風。神宗的好酒，只是這種飲酒之風的展現。愛美之心人皆有之，萬曆自己也承認自己很好色。據說他專寵貴妃鄭氏，整天和她待在一起。鄭貴妃朝夕侍奉，皇帝怎能不腎虧？

至於貪財一事，萬曆在明代諸帝中可謂最有名了。他說：「朕為天子，富有四海之內，普天之下，莫非王土，天下之財皆朕之財。」在他親政以後，查抄了馮保、張居正的家產，並讓太監張誠將其全部搬入宮中，供自己支配。為了掠奪錢財，他派出礦監、稅監，到各地四處搜刮，他把錢當成命根，恨不得鑽進金銀堆裡。

關於「氣」，萬曆認為懲治那些不聽他話的大臣，便是一種生氣。然而，這個皇帝「氣」倒是沒有生太多，反正他對朝政愛理不理，但是他好鴉片卻是不爭的事實。

金庸先生說：這個皇帝是明朝諸帝中在位最久的。他死時五十八歲，本來並不算老，可是他卻未老先衰，更抽起了鴉片。鴉片可能沒有縮短他的壽命，卻毒害了他的精神。他的貪婪大概是天生的本性，但匪夷所思的懶惰，一定是出於鴉片的影響。

酒色財氣外加一個鴉片，萬曆的身體能撐到五十八歲，已經是個奇蹟。如此倦怠的脾性，他敢在當政後期近三十年不上朝，也沒什麼稀奇。黃仁宇先生笑稱這萬曆以帝王的身分向臣僚作長期的消極怠工，在歷史上也是一個空前絕後的例子。

確實如此，縱覽明朝的十幾個皇帝中，將先人的統治手段遺傳得最徹底的當屬萬曆帝。他既有祖傳的愚暴，又有鴉片煙癮。從一代名臣張居正去世開始，他就很少和大臣見面，直到萬曆十七年（一五八九）的元旦，那是天經地義必須跟群臣見面的大典，萬曆帝卻下令取消。而且從那一天之後，萬曆帝就像被皇宮吞沒了似的，不再出現。他這一隱就是二十六年，直到萬曆四十三年（一六一五），因「梃擊案事件」發生，他為了向官員保證絕不更換太子，才勉強到金鑾殿上亮了一次相。

這次朝會很有趣，萬曆帝出現時，從來沒有見過皇帝一面的宰相方從哲和吳道南，率領文武百官恭候御駕。然後，萬曆和他的太子開始向大臣們表示彼此關係的親密，以及對太子的信任，並詢問諸大臣有何意見。當時，方從哲除了叩頭以外，不敢說一句話，吳道南則更不敢說話。兩位內閣大臣如此，其他臣僚自沒有一人發言。

御史劉光復大概想打破這個僵局，開口啟奏，可是一句話沒說完，萬曆帝就大喝一聲：「拿下。」幾個宦官立即把劉光復抓住痛打，然後捽下台階，在鮮血淋漓的慘號聲中，他被錦衣衛的衛士綁到監獄。對這個突變，方從哲還可以撐得住，吳道南自從做官以來，從來沒有瞻仰過皇帝儀容，在過度的驚嚇下，他栽倒在地，屎尿一齊排泄而出。

萬曆帝縮回他的深宮後，眾人把吳道南扶出，他已嚇成了一個木偶，兩耳變聾，雙目全盲，幾日之後方才漸漸恢復。

這就是二十六年之後唯一的一次朝會，沒談國家大事，只有皇帝那聲「拿下」，讓大臣們膽顫心驚，而且後果慘重。

從此，又是五年不再出現，五年後，萬曆帝終一命嗚呼。

歷朝歷代，一旦皇帝不願處理政事但又不輕易授權於太監或大臣，整個文官政府的運轉就可能陷於停頓，萬曆皇帝就是如此。由於年輕時受到太監馮保和權臣張居正束縛的影響，他對太監和大臣沒有任何好感，但他又不願意理朝政，竟導致朝內官員空缺的現象超常嚴重。

歷史好像是一個「天理循環，天公地道」的過程。宋朝走向晚期時，官吏過多的現象尤其嚴重，然而之後的明朝，在末年竟出現了缺官的現象，這簡直是歷史的奇妙「循環」。

由於缺少官吏的管理，神宗又不問政事，萬曆後期政府運作的效率極低。官僚隊伍中黨派林立，門戶之爭日盛一日，互相傾軋。東林黨、宣黨、昆黨、齊黨、浙黨，名目眾多。整個政府陷於半癱瘓狀態。正如梁啟超說的那樣，明末的黨爭，就好像兩群冬烘先生打架，打到明朝亡了，便一起拉倒。所以，張廷玉在《明史》中才有對明神宗萬曆帝的蓋棺論定：「明之亡，實亡於神宗。」

【知識鏈結】

梃擊案，明末三大案之一。萬曆四十三年（一六一五）五月初四中午，一名三十多歲的男子手持棗木棍，闖入太子朱常洛居住的慈慶宮，逢人便打，擊傷守門官員多人，一直打到殿前的房檐下，朱常洛未受傷。此人後被抓獲。很多人懷疑這個案件是鄭貴妃指使的。

老好人首輔

申時行在嘉靖年間狀元及第後，被任命為翰林修撰，歷左庶子，掌翰林院事。在職期間無甚作為，及至攀附張居正才嶄露頭角。

萬曆五年（一五七七），申時行為這年會試的主考官。當時，張居正當權，其子張嗣修參加此次科舉。申時行為了迎合張居正，於是將他的兒子內定為榜眼，三年之後，他的另一個兒子以同樣的方法中狀元。當時非常有名望的湯顯祖也參加了此次科舉考試，因為不屑與張居正同流而名落孫山。時人作詩譏諷：

> 狀元榜眼姓俱張，未必文星照楚邦。
> 若是相公堅不去，六郎還作探花郎。

申時行在此更是扮演了一個小丑的角色。此事激怒士人，申時行一時備受議論，名聲掃地。但因其在官場之中將中庸之道貫徹到底，又因跟張居正走得近而得到步步高升。這年主持會試後不久，申時行改任吏部左侍郎。

到了第二年，也就是萬曆六年（一五七八），張居正的父親張文明去世，張居正迫不得已回老家，恰逢內閣缺人，就推薦乖巧、識時務的申時行入閣，任左侍郎兼東閣大學士。

申時行將其委婉與和緩的行事方法一如既往地實行著，他自始至終宛如和風細雨讓人不痛不癢。但是，就是因為其無害性，反而在官場中備受拉攏，其仕途一路無阻。

入閣不久，申時行又升為禮部尚書兼文淵閣大學士。如此一來，便一發不可收拾，後進少傅兼太子太傅、吏部尚書，建極殿大學士。

張居正死後，張四維成為內閣首輔。但是，天眷申時行。張四維這首輔之位剛坐熱，他的父親便歸西了，他不得以丁憂三年。張四維走後，首輔之位空缺，申時行便坐上了這萬人矚目的位子。這年是萬曆十一年（一五八三），距離其入閣有五年。

申時行也是神宗的老師之一。在神宗老師中，他不僅擔任的功課最多，任課時間也最長，這也應該得益於他溫和的性格。因其鮮少勉強人的特質，神宗很喜歡這個老師，跟著他學了知識，也學了不少邪門歪道的偷懶本事。

這日，講課結束，神宗小皇帝突然心血來潮，要書寫大字送給申時行，申時行受寵若驚。神宗皇帝，小小年紀，卻能寫得一手好字，這全仗於慈聖皇太后與馮保身體力行的教育。只見神宗蘸飽墨汁，在紙上揮筆寫下「責難陳善」四個大字。

「責難陳善」四字，意義非凡。神宗意在告誡老師能夠訓誡他的過失，提出好的建議。在旁的張居正與馮保，也無不驚奇。神宗十歲年紀，可以有如此覺悟，真是讓人欣慰，也不枉費他們平日裡的一番心血。

在場的三人，任誰也沒有想到，在他們均沉浸在欣慰之中時，神宗將飽含墨汁的毛筆，向馮保身上甩去，馮保那朱紅的衣服，頓時塗鴉一片。馮保、張居正、申時行震驚了。馮保與張居正的臉色立即變得鐵青，申時行倒是鎮定，神宗一轉身，宛若沒事人一樣，走了。

事出意料，但是從這件事情上，對神宗的喜惡，我們可以略窺一二。十歲的神宗，親申時行而遠張居正與馮保，這似乎已經為他們三人不同的結局埋下了伏筆。

神宗親政以後，仍要不輟學習，聽各個老師講讀經籍。但是，這個時候的神宗，已無旁人壓制，哪裡還肯老老實實讀書。不過，名不正則言不順，總要找個名正言順的理由來推脫。

神宗頭腦一轉，就想到了申時行。申時行是個老狐狸，片刻便來一計，既可讓神宗免去學習之苦，又可讓各個老師高高興興接受。

次日，神宗命各個老師將講義上交，以供御覽，如有不懂之處再請老師講解。這一招真高，它給人的錯覺是神宗可以自學了，眾老師終於可以稍得安慰。但此舉反映了申時行毫無為人師表的風度。神宗年輕氣盛，掌握一國之命運，若是一味縱容，難保不鑄成大錯，那遭殃的可是臣民百姓，一時之偷懶，與遺臭萬年之間咫尺可及。

申時行任首輔以後，承載著各個方面的希冀，只是，他為求自保的心態必定會讓眾人失望。朝廷之中誰最大，當然是神宗皇帝，那麼一切秉承神宗旨意，必定萬無一失。申時行是何等的老奸巨猾，自任首輔一來，他就抓住了這樣一根救命草，壓力再大，也不在乎。

神宗不喜張居正，申時行就將張居正的新政廢弛殆盡。張居正的這個昔日盟友，片刻之間，將張居正十年的心血一舉粉碎，不留痕跡。張居正若是泉下有知，該是怎樣地痛心。

萬曆十四年（一五八六），鄭貴妃為萬曆皇帝生下了第三個兒子。神宗寵愛鄭貴妃，所謂愛屋及烏，自然也喜歡這個兒子。

一年以後，萬曆十五年（一五八七），就是這個剛剛出生的孩子，引發了一連串的問題。神宗已有三個兒子，卻遲遲不立太子。這日，內閣多人聯名上疏請求神宗立太子，申時行作為首輔，自然要身體力行，發揮帶頭作用。申時行看不能推諉，便點頭答應，將他的名字列在了奏摺首位。

事後，思及此事，申時行不免一驚，知道此次定是闖了大禍。神宗遲遲不立太子，這裡面的緣由，申時行自然知道，乃是因為他偏愛三子朱常洵，欲立其為太子。但是按照明朝的祖制，立嫡不立庶，立長不立幼。以此標準，嫡長子朱常洛是不二人選。

違背神宗意願，這是申時行極不情願的。申時行思前想後，沒轍了，非常之時，必用非常之法。在神宗面前，申時行謊稱當時正值生病在家，對於此事毫不知情。

但是，天下沒有不透風的牆，也沒有包得住火的紙，此事終究是傳到了朝臣耳中。申時行裡外不是人，在眾人面前哪裡還抬得起頭。

朝臣對於申時行的膽小怕事、軟弱無能本就有眾多的不滿，此刻又發生了這件事情，不滿情緒大爆發，彈劾他的人也接二連三地站出來，給事中羅大紘一語中的地將申時行的兩面手法揭穿。中書黃正賓也上疏彈劾申時行如此做法，乃是陷害同僚，逃脫其罪行。

申時行在朝中已是樹敵眾多，再也無顏面待下去了。便力請辭官歸田，得神宗批准。此後，他在家閒居二十幾年，吟詠、暢飲、悠遊，又有書法相伴，過著閒雲野鶴一般的生活。萬曆四十二年（一六一四），八十歲的申時行壽終正寢。

神宗追贈申時行為「太師」，謚號「文定」。申時行的一生不求有功，但求無過，在位無所建樹。

【知識鏈結】

湯顯祖（一五五〇——一六一六），明代戲曲家、文學家。江西臨川人。一五八三年中進士後，任太常寺博士、禮部主事。因彈劾申時行被趕出朝廷，後不再做官。代表作有《牡丹亭》、《邯鄲記》、《南柯記》、《紫釵記》，合稱「玉茗堂四夢」。與關漢卿、王實甫齊名，被譽為「中國的莎士比亞」。

女真崛起

嘉靖三十八年（一五五九）的一天清晨，建州左衛正沉浸在一片安寧之中，人們正要從睡夢中醒來，新的一天就要開始。一聲嘹亮的嬰兒啼哭聲打破了這份寧靜，驚醒了沉睡中的萬物。女真貴族塔克世喜得貴子。

這個孩子除聲音洪亮之外，跟普通的孩子無甚差異。但是，你若知道了他的大名，必定驚歎不已。此兒乃是努爾哈赤，大明王朝的掘墓人，未來新朝的奠基者。

努爾哈赤的誕生，帶女真進入了一個不一樣的天地，這還需從李成梁鎮守遼東說起。

張居正擔任首輔以後，任用李成梁鎮守遼東有三十年之久。遼東邊境有蒙古與女真威脅，但是當時主要威脅來自於蒙古，明朝將矛頭全力指向蒙古。加強軍事防禦以外，還用羈縻政策，與蒙古建立封貢關係。

隨著蒙古韃靼部首領俺答汗的歸西，明朝對蒙古的控制就逐漸鬆弛，蒙古各個部落的衝突也逐漸激化，明爭暗鬥，相互傾軋。李成梁利用各部之間的心結各個擊破，屢戰屢勝，蒙古逐步走下坡路。

在打擊蒙古的同時，李成梁也不忘海西女真的威脅。明代女真分裂為建州女真、海西女真、東海女真。當時，真正對明朝構成威脅的是海西女真。海西女真不僅實力最強，而且靠近遼東腹地。李成梁多次對海西用兵，大獲全勝，沉重的打擊使其不敢越邊界一步。

李成梁一手打蒙古，一手攻海西。卻對一個潛在危機的悄然興起而不自知，努爾哈赤領導建州女真乘隙崛起。

李成梁與努爾哈赤的關係可謂五味俱全。這五味俱全關係複雜，不是一句兩句就能說清楚的。年少時，努爾哈赤曾經在李成梁手下供事，而李成梁的兒子娶了舒爾哈齊之女為妾。這舒爾哈齊不是別人，乃是努爾哈赤的親弟弟。

但是，這李成梁卻也是努爾哈赤的殺親大仇人。這件事情，還得從努爾哈赤的外祖父說起。

努爾哈赤的父親塔克世，娶了三個妻子，努爾哈赤的生母喜塔喇氏，乃是建州衛首領王杲的女兒。王杲足智多謀，又驍勇善戰，漢化程度較深，是建州女真部的著名首領。

只是，喜塔喇氏短命，在努爾哈赤十歲的時候就去世了。努爾哈赤的好日子到此為止，繼母對他百般虐待，為生存他只能自求溫飽。

十五歲那年，努爾哈赤不堪繼母虐待，帶領十歲的弟弟舒爾哈齊投奔外祖父王杲去了。

這個王杲，仗著實力雄厚，常常騷擾明朝邊境。萬曆二年（一五七四），王杲以朝廷斷絕貢市、生活物資短缺為由大舉進犯瀋陽。

神宗任命遼東總兵李成梁為總督，剿匪平叛。李成梁率六萬兵力，圍攻王杲營寨。王杲營寨在山上，地勢險要，又有城牆高築，可謂易守難攻。李成梁先以火攻，營寨漫天大火，守軍不攻自破。李成梁「毀其巢穴，斬首一千餘級」。

王杲騎馬逃跑，因其身穿紅袍，甚是好認，追兵窮追不捨，王杲胳膊中箭落馬，與隨從換衣而逃。王杲剛出狼窩又入虎穴，逃出的王杲遭遇海西女真哈達部首領王台。這個王台為邀功，將其捆綁，獻給了朝廷。

王杲被殺，其子阿台僥倖逃脫，其他親屬被流放。投奔外祖父的努爾哈赤兄弟二人也被捕，成為了俘虜。

努爾哈赤跟隨外祖父多年，習得一些漢語，便以漢語對李成梁講了一番恭維之言。好話誰不愛聽，李成梁見其聰明伶俐，便將他們兄弟二人赦免了，還讓其在自己的手下供事。

在鬼門關上走了一趟，努爾哈赤又回來了。李成梁不知道，他這麼做是在放虎歸山，為大明留後患。他當然更不能想像，手下的這個小嘍囉，會是大明王朝的掘墓人，是一朝的開國皇帝。一念之差，李成梁成就了一個人，更成就了一個新的王朝。

努爾哈赤畢竟是馬背上長大的孩子。騎馬、射箭都很精，征戰更是驍勇，可謂有勇有謀，是個將才。李成梁對他非常賞識，讓其跟隨左右。

努爾哈赤對李成梁也是無比恭敬，無限忠誠，但是這種感情並不單純，畢竟是殺親仇人。他始終在報仇與效忠之間猶豫不定，這份徘徊終使他離開李成梁。

這年，努爾哈赤的父親塔克世來信，讓其回家成親，努爾哈赤藉機離開了李成梁。這時他入李成梁麾下有三年之久，努爾哈赤已十九歲。

王杲之子阿台逃出以後，便依山築城，蓄積力量，以伺時機，為父報仇。還未等其準備妥當，李成梁帶兵打來了。

萬曆十一年（一五八三），李成梁說服神宗，再次圍剿阿台。時努爾哈赤的祖父覺昌安、父親塔克世也在城內。

這年，女真部族問題叢生，相互攻訐、互為傾軋之事常常發生。建州女真蘇克蘇滸河部圖倫城的城主尼堪外蘭與阿台素有衝突，為報仇，便自請帶兵攻城。

尼堪外蘭足智多謀，在城外宣揚凡能殺阿台者，便可為此城城主。重利之下必有勇夫，阿台部下信以為真，將阿台殺掉，樹白旗，開城門。

尼堪外蘭所說，根本就是空穴來風。明軍破城而入，大開殺戒，不分男女老少，一時之間，血流成河。努爾哈赤的祖父、父親皆被殺害。

努爾哈赤聽聞親人遇害，悲痛不已，於是單騎入李成梁營帳質問。李成梁無言以對，沉默良久，說他不是有意的。如此便把努爾哈赤打發了，努爾哈赤哪裡肯善罷甘休，下定決心，這不共戴天之仇，終有一日要連本帶利索要回來。

所謂君子報仇，十年不晚，況且如今實力不足，需養精蓄銳，以待時機。努爾哈赤表面上欣然接受，但是仇恨的火苗，已經燃燒成熊熊烈火。努爾哈赤這熊熊烈火將要引燃整個大明，將整個大明葬身火海。

努爾哈赤以父親遺留的十三副鎧甲起兵復仇，第一個目標便是尼堪外蘭，他以百餘人的兵力，將其除掉，這一年努爾哈赤二十五歲。

努爾哈赤下一步的目標便是統一女真八部。這是一個艱難的任務。在統一的過程中，努爾哈赤對明朝的政策也不斷隨著實力的增強而變化。閻崇年將其歸納為兩面政策，即先稱臣，不稱雄；繼而，明稱臣，暗稱雄；進而，邊稱臣，邊稱雄；最後，不稱臣，只稱雄。此種說法，甚是妥當。

皇天不負苦心人，努爾哈赤用時三十六年後，終大功告成，一個強大的女真興起來了。

【知識鏈結】

建州女真：明初，女真分裂為建州女真、海西女真和東海女真三部分。建州女真分布在牡丹江、綏芬河及長白山一帶，後來不斷向東南遷移。明朝在他們的聚居地設置三個地方軍事行政機構，包括建州衛、建州左衛和建州右衛，委任各部首領，依照舊俗，各統其屬。

第十六章：朱常洛的不幸

有時候，一個皇子還不如平民老百姓的兒子過得幸福。哪家的孩子不是父母心頭的寶？可是，朱常洛就很不幸，他父親把他帶到人間，彷彿就是為了和他作對。為了爭奪皇位，皇子之間的不正當競爭在歷史上十分普遍，也都鬧得人盡皆知，可是萬曆朝的三件奇案卻沒有一個人能說得清楚。

不討喜的兒子

在一個炎熱的中午，明神宗突然「神」性大發，獨自在皇宮踱步。此時，他覺得很苦悶，幾年了，他的皇后還沒有為他生一個孩子。走著走著，他累了，就隨便坐下歇歇。

這時，一位姓王的宮女端來茶水時，神宗正怔怔地看著窗外，細想人生。不可否認，神宗是一個多情種子，這從他對鄭貴妃的寵愛可以看出。就在轉頭這個瞬間，神宗突然發現，眼前的宮女有幾分姿色。於是，神宗皇帝就臨幸了她。

萬曆十年（一五八二），這個宮女就生下了一個胖嘟嘟的男孩。

聽了這件事情以後，神宗簡直不相信自己的耳朵。他和皇后生活了幾年，皇后連一個男孩都生不出。可是，一次偶然的臨幸竟然使一個地位卑微的宮女為他生了第一個男孩，真的太意外了。為了保全面子和維持傲慢自負的人格，神宗決定否認此事。可是，此時太后出面干預了，神宗就很委屈地承認了這個事實。但是，他一直耿耿於懷，對這個孩子也沒有給予過絲毫的父愛。

這個可憐的孩子就是朱常洛，他們母子等了四年，都沒有等到神宗冊立長子朱常洛為太子。四年以來，有不少為國家前途擔憂的大臣多次上書，奏請神宗早些冊立朱常洛為太子。可是，神宗對這一切置若罔聞。

沒有等到太子位，卻等來一個競爭對手。萬曆十四年（一五八六），鄭貴妃成功為神宗生了一個兒子，取名朱常洵。

利用神宗的寵愛，野心不小的鄭貴妃天天在神宗耳邊吹風，勸說神宗立朱常洵為太子。這個朱常洵由於處在鄭貴妃和神宗的寵愛之中，整天活蹦亂跳，比一天到晚都悶悶不樂的朱常洛討人喜歡多了。縱觀當時的局勢，大明朝的下一任皇帝，註定要在這兩個同父異母的兄弟中產生。

神宗想廢長立幼，這從他平常的一舉一動中都可以看得出，因為他對待朱常洵母子好得不能再好，對待朱常洛母子卻差得不能再差。然而，如果神宗想廢長立幼，必須先過文武百官，尤其是不怕死的士大夫那一關。這幫士大夫深受長幼尊卑的影響，即使鬼頭刀架在脖子上，他們也不同意廢長立幼。

等了幾年，頭髮都等白了，還不見皇帝冊立長子朱常洛為太子，反而見到神宗廢長立幼的苗頭越來越茁壯，戶部給事中姜應麟第一個向神宗發難。在奏疏裡，他要求神宗早些冊立太子，以安定天下。

這封奏疏就像投向平靜湖面的一塊大石，頓時激起千層浪，整個大明朝廷都受到了影響。因為神宗不理不睬，越來越多的官員便加入響應。從當時的情況看，冊立太子之請已經從個人奮鬥發展到了群情激憤的狀態，更為複雜的是，朝臣內部出現黨派之爭。如果神宗再不採取措施，事態將會越發嚴重，後果不會僅僅影響太子的冊立。

為控制事態，神宗終於以積極鎮壓的方式對這個事態做了消極的回應。那些呼聲最高、號召力最強的官員紛紛被以各種罪名貶斥，大部分人被革職查辦，不少人被發配充軍，有的甚至被問罪入獄。

萬曆十八年（一五九〇），沉寂了四年多的士大夫再次敲響冊立太子的戰鼓，第一個向神宗下挑戰書的是首輔申時行。他猜到神宗會是什麼樣的反應，因此，他改變了策略，稱皇長子已經九歲了，該出閣讀書了。在明朝，如果送皇子出閣讀書，就等於變相承認他是太子。朱常洛已經九歲了，如果拒絕送他出閣讀書，於情理上說不過去；可是如果送朱常洛出閣讀書，就等於承認他是太子，神宗皇帝一時之間難以做出決定。

看著申時行得意的表情，神宗突然想到一個拒絕的好理由。他對申時行說：如果一個人天生聰明，即使沒有老師教育，最終還是一個聰明的人。神宗的言外之意是：朱常洛不太聰明，無論多麼好的老師都教不好，何必浪費大家的精力。

申時行聽了後，不甘示弱，狠狠地還了一擊。他義正詞嚴地說：人的天賦有差異，但環境因素也不可忽略。無論多麼聰明的一個人，如果不跟隨老師學習，最終還是不能成才。這話的言外之意是：既然朱常洛天賦差，就更應該及早跟隨老師學習。只有勤學苦練，朱常洛才能趕得上那些天賦較好的人。

這對君臣你來我往，針鋒相對，彼此都不示弱。爭論到最後，神宗倦怠了，只得告訴申時行早些回家休息。這次爭論，申時行明顯佔了上風。在申時行就要退出的一刹那，一個小太監急忙跑出來。他對申時行說：皇帝召見朱常洛和朱常洵，既然申時行來了，就順便看看這兩兄弟一眼。神宗的意圖很明顯，他讓申時行見朱常洛和朱常洵，只是想告訴申時行，朱常洵確實比朱常洛優秀。

不一小會兒，兩個一高一矮的小孩子並排著走來。高的那個一臉矜持，似乎很害怕見到神宗；小的那個蹦蹦跳跳，一見到神宗就伸手要抱。申時行一看便知誰是誰了。

面對一臉憂慮的申時行，神宗突然說，他已經安排內侍教朱常洛讀書了。

讓內侍教長子讀書，這明擺著就是說，不到最後一刻，神宗絕不屈服。可即使是這樣，神宗還是施展了拖延戰術。

到了月底，朱常洛還沒有被派遣出閣讀書。申時行越等越不耐煩，越等火氣越大。神宗過了大半個月的安靜日子，他認為士大夫們放棄了。但是，他想錯了，士大夫們不但不放棄，進攻的火力反而越發凶猛。

第二個奏請讓朱常洛出閣讀書的是王錫爵，為了打動神宗，他竟然連朱常洵一起拉上。王錫爵的意思很簡單，如果讓朱常洵和朱常洛一起出閣讀書，神宗同意的可能性會更大。神宗似乎看出了王錫爵的陰謀，遲遲不給答覆。神宗不給答覆，士大夫們只能乾等。

到了四月，實在等不下去了，申時行、王錫爵、許國、王家屏先後上奏，以各種理由乞求告老還鄉。看著這幾個重要人物的辭職信，神宗感到不能再拖延冊立太子的事了。

這一次，神宗讓一步，與士大夫們妥協。他召集士大夫們，表示讓朱常洛出閣讀書，並答應在近期內冊立太子。聽了這個激動人心的消息後，士大夫們高興得都瘋了，就像死後重生一樣。但是，他們高興得過早了。後來的事實證明，神宗不僅糊弄了他們，還又一次採用了拖延戰術。

【知識鏈結】

出閣讀書是指太子到達一定年齡後就要接受正規的儒家教育。其他的皇子並沒有這樣一個莊嚴的儀式。所以，每當提到出閣讀書時，默認的就是指太子，其他皇子也可以伴讀。

冊立太子

神宗皇帝沒有大謀略，也沒有大氣魄，可是他的小聰明很多。他嘴上答應送朱常洛出閣讀書，也履行諾言了，可是他的一切安排卻大出眾人的意料。面對這個專門要小聰明的皇帝，士大夫們只能感到哭笑不得。朱常洛出閣讀書的時候，已經十九歲了。這十九年來，他們母子一直生活在神宗的陰影裡，神宗心情好的時候不予理睬，心情差的時候就被當出氣筒。與朱常洛母子相比，朱常洵母子簡直是在天堂裡生活。

士大夫們看著神宗厚此薄彼，無不義憤填膺，爭著搶著為朱常洛母子打抱不平。從人類的憐憫情感的角度分析，士大夫們拚了老命為朱常洛爭奪太子之位，除了深受正統道德觀念的影響外，對他們母子的遭遇的同情也是一個重要原因。

這些年來，朱常洛母子所過的生活，簡直不是正常人過的。如果沒有士大夫們拚死力爭，他們母子可能早就已經到閻王爺那兒報到去了。以朱常洛出閣讀書為例，神宗胡亂為他請了一個老師。更令人感到好笑的是，為了讓這個老師消極怠工，神宗竟然不提供飯菜給他。然而，上天總是眷顧善良人的。這個老師有一身錚錚鐵骨，神宗不提供伙食，他就自帶伙食。這個老師也許沒有教給朱常洛很多知識，但是朱常洛至少從他身上學到什麼是「自食其力」。

在冊立太子一事上，神宗硬生生使這場爭鬥持續了十五年。這十五年來，內閣因此事換了四個首輔，最後沈一貫在萬曆二十九年（一六〇一）成功登上首輔的寶座。

剛剛當上首輔，與前幾任一樣，沈一貫馬上上書，奏請神宗冊立朱常洛為太子。他的理由是，朱常洛已經不小了，到成婚的年齡了。如果神宗冊立朱常洛為太子，他就能馬上結婚。只要太子成婚，神宗就有孫子抱了。

這封奏疏看似簡單，含義卻很深。首先，這個時候的神宗已經有一大把年紀了，他不能指望再讓皇后生一個嫡子。明朝的祖訓是立嫡不立長，可是神宗沒有嫡子，只能冊立長子。神宗也曾想過將朱常洵變為嫡子，可前提條件是鄭貴妃必須被封為皇后。如果鄭貴妃被封為皇后，除非皇后死了或者被廢黜。但是，皇后的身體健康得很，再活幾十年都不會死。再說，皇后一生規規矩矩，堪稱母儀天下，神宗根本找不到廢黜她的理由。

其次，因為爭國本一事（即立太子的事情），神宗已經弄得眾叛親離了，他已經成了一個名副其實的孤家寡人。這十多年來，除四位首輔被逼退外，還有十多位尚書級別的官員主動告老還鄉，中央和地方的官員加起來一共有三百多人受到牽連，其中被罷免、解職、發配的就有一百多位。為了一個太子，這麼多人受到牽連，可以說爭國本是萬曆年間最大的政治運動。更令人想不通的是，爭國本這麼一件純粹的皇權爭奪事件，竟然引發了深受歷史詬病的東林黨。

促使神宗在萬曆二十九年（一六〇一）立朱常洛為太子的另一個原因是，他得罪了一個絕不能得罪的人——身分尊貴的李太后。由於李太后的出身也是一個宮女，她也是在穆宗的一次偶然臨幸下才生下神宗。生活的相似性決定了李太后對朱常洛母子十分偏愛，如果沒有李太后撐腰，神宗根本不會承認朱常洛是他的孩子。

等了十幾年，神宗還不冊立太子，李太后也加入戰鬥的行列。為了幫朱常洛爭取太子的身分，有事沒事，李太后都要去會會神宗。起初，母子相見，自然有許多話說。隨著相見次數的增加，李太后母子的話就越來越少。他們的話很少，談得卻都很關鍵，日子一長，神宗就發現，他母親也贊成立朱常洛為太子。

一天，李太后問神宗，為什麼不立朱常洛為太子。不知道神宗在想什麼，他竟然脫口而說，因為朱常洛是宮女的兒子。神宗還沒反應過來，李太后已經勃然大怒。她鐵青著臉，厲聲對神宗說，他也是宮女的兒子。

俗語言，兒不嫌母醜，狗不厭家貧。神宗說這話的時候也許是無心的，但李太后聽了卻萬分不舒服。神宗這句話，明擺著嫌棄他母親的出身。母親辛辛苦苦養大一個孩子多麼不容易，聽到孩子嫌棄自己的話又會多麼傷心。

看見李太后勃然大怒，神宗才發覺自己犯了一個最不可饒恕的錯誤。

儘管神宗連忙賠不是，可他對李太后的傷害已成事實。行動是最好的道歉，如果神宗立朱常洛為太子，表明他不嫌棄母親是宮女出身。相反，如果神宗不顧眾人的反對，堅決立朱常洵為太子，表明他嫌棄母親是宮女出身。如果他真的立朱常洵為太子，李太后可能到死都不會跟他說一句話。

從上述因素分析，神宗之所以答應沈一貫立朱常洛為太子，完全是局勢使然，而非沈一貫一個人的功勞。經過十五年的爭鬥，神宗終於發現，如果要立朱常洵為太子，他必須擊敗士大夫集團和說服他的老母親。但是，神宗脆弱得很，他根本沒有足夠的毅力和足夠強大的能力擊敗這些對手。

被冊立為太子後，朱常洛第一個想見的人就是他的生母王宮女。這十五年來，不近人情的神宗將朱常洛母子分離，王宮女完全被幽禁起來，她沒有要求見任何人一面的權利。即使朱常洛想見生母一面，也要先獲得神宗的同意。

宮門打開的一剎那，朱常洛發現，他母親已經病入膏肓了。多年以來，他一直想好好地對待自己的母親，可是他連見她一面的自由都沒有。等到他有見母親的自由後，他母親卻沒福享受。兒子看著病入膏肓的母親，母親看著長大成人的孩子，四目相對，久久默然。

多年來，王宮女一直過著孤寂而淒涼的日子。她之所以甘願飽受煎熬，只想看到自己的孩子長大的這一天。

【知識鏈結】

李太后，明朝萬曆皇帝的生母。隆慶皇帝去世後，萬曆當時只有十歲，李太后重用張居正輔政。她參政不亂政，秉國不貪權，是歷史上「母儀天下」的代表。張居正死後，李太后也退出了政壇，在爭國本事件中有著決定性的作用。

鬼神莫測妖書案

萬曆年間，是一個非常混亂的年代。神宗當了幾年的皇帝後，索性閉門不出，不僅不管朝政，甚至連大臣們都懶得見，這就是最典型的例證。細想神宗的一生，他活著並不容易。他的一生有很多理想，可大多數都被明朝這個僵死的政體給扼殺了。面對一個屢屢失敗的人生，即使是鋼筋鐵骨的強人，也不能承受，何況是神宗這種心智脆弱的人。

誠如費正清所言，對神宗的分析應該全面，不應該僅僅責怪他不理朝政。繼位之初，神宗也曾想大展身手，為後世子孫謀幸福。可是，失敗太多了，使得他都不相信自己是一個能夠改變時局的人。

神宗的無力，在萬曆年間的三大奇案（妖書案、紅丸案和梃擊案）上表現最充分，因為沒有任何一案被破解，其中尤以妖書案最能表現皇帝的無力和整個官僚系統的混亂。在萬曆年間，一共出現兩次妖書案。第一次妖書案中的「妖書」指《憂危竑議》，第二次妖書案中的「妖書」指《續憂危竑議》。

萬曆十八年（一五九〇），著名大儒生呂坤擔任山西按察使時，收集了歷史上著名的賢婦烈女的事蹟，編撰成《閨範圖說》一書。鄭貴妃聽說後，命人增補了十二個人，其中一個就是她，她還為該書寫了一篇序文。鄭貴妃的目的很明瞭，借呂坤的這本書提升自己的形象。

八年後，即萬曆二十六年（一五九八），呂坤發揚諫臣的良好風範，上了一道《憂危疏》，奏請朝廷節省開支，停止橫徵暴斂。那個時候明朝遍地是貪官，別人一看呂坤的文章就知道是在說自己。第一個向呂坤發難的是吏科給事中戴士衡。他利用《閨範圖說》大做文章，誣告呂坤逢迎鄭貴妃，居心叵測。發展到後來，甚至有人告呂坤私下進宮，企圖結納宮闈。呂坤知道後，大叫冤屈。神宗沒有閒心理睬這些口水仗，裝聾作啞，置若罔聞。

眼見一切就要結束了，誰知突然冒出一篇《憂危竑議》。這篇文章的大概意思是，呂坤編撰的書以漢明德馬皇后始，以鄭貴妃終，旨在討好鄭貴妃，影射他的兒子福王朱常洵將會被改立為太子。《憂危竑議》雖然自稱是《閨範圖說》的跋文，卻以傳單的形式在北京的大街小巷廣為流傳，這分明就是栽贓陷害呂坤。

因為冊立太子一事，神宗苦戰了十五年，結果以失敗告終。聽說呂坤舊事重提，有意再次擾亂朝廷，神宗再也不能等閒視之了，下令查辦相關人員。戴士衡和樊玉衡受到牽連，被以「結黨造書、妄指宮禁，干擾大典，惑世誣人」的罪名分別被貶到廣東雷州和廉州。

因為神宗的不作為，第一次妖書案沒有查到真正的罪人，只是抓了幾個替罪羊。第二次妖書案發生在萬曆三十一年（一六〇三），情況比第一次更為奇特。一大清早，內閣大學士朱賡就在家門口發現一篇題為《續憂危竑議》的揭帖。這篇帖子以問答形式寫成，直指鄭貴妃意圖不軌，她將廢除朱常洛，扶自己的兒子為太子。連結朱常洛被立為太子兩年以來的實際情況，這次妖書案是爭國本事件的餘波。

因為這篇文章「詞極詭妄」，很快就被傳播開來。一時之間，北京城都在談論太子的廢立問題，弄得人心惶惶。事態非常嚴峻，朝廷不能等閒視之，神宗下令東廠和錦衣衛立刻查辦。

由於《續憂危竑議》一文直接指責朱賡（音耕）和首輔沈一貫是鄭貴妃的幫凶，這兩個人都很害怕。朱賡沒有官場爭鬥經驗，除了上書為自己的清白辯護外，就只會呆呆地坐在家等待朝廷查辦。相比而言，沈一貫的城府和計謀就多了。他利用權力，指使給事中錢夢皋上書，誣陷禮部右侍郎郭正域和與他有仇隙的內閣大學士沈鯉，說這兩個人與妖書案有莫大的關係。

當時的內閣只有三個人，分別是沈一貫、朱賡和沈鯉。沈一貫和朱賡都被牽扯進妖書案中了，如果沈鯉單獨清白在外，即使將來真相大白，他在內閣的位置也會比沈一貫和朱賡高。沈一貫熬了那麼多年，好不容易當上首輔，無論如何都不會輕易放棄權力。只要將沈鯉拉下水，將來真相大白後，沈一貫仍舊能夠保持他的位置。與沈鯉相比，郭正域就是單純的替罪羊。沈一貫等人認為，郭正域是沈鯉的得意門生，如果不連郭正域一起扳倒，將來的事可能不好處理。

巡城御史康丕揚負責抄查沈鯉的家，他發現沈鯉和著名僧人達觀以及著名的醫生沈令譽的關係不錯。為了發掘沈鯉等人的犯罪證據，達觀和沈令譽先後被抓進大牢。他們兩個忠貞不屈，達觀被活活打死。東廠、錦衣衛和三法司為了誣陷沈令譽，竟然找來一個只有十歲的小女孩作證。當被問到印刷妖書的印版有幾塊時，小女孩什麼都不知道，說有滿滿一屋子。如果要印刷《續憂危竑議》一文，印版最多不過兩三塊。這個作證的小女孩說有滿滿的一屋子，明擺著她什麼都不知道。

發展到後來，只要是互相有仇隙的人，紛紛誣告對方與妖書有關。朝廷費盡九牛二虎之力，最後查出來大部分純屬誣告。朱常洛聽說郭正域被捕後，為了營救這位昔日的老師，朱常洛特意囑咐東廠提督陳矩對郭正域手下留情。

東廠、錦衣衛和三法司聯合行動，抓捕行動進行了五天仍舊沒有結果，神宗十分氣憤。皇帝發怒了，為了保住烏紗帽，相關負責人員不得不找一隻替罪羊。幾天後，東廠聲稱抓住了真凶，即皦生彩和皦生光。剛剛被抓住，皦生彩就說這一切都是他哥哥皦生光幹的。

儘管遭遇種種酷刑，皦生光仍舊十分堅強，誓死不將任何人拉下水。刑部沒有其他辦法，只得說一切都是皦生光一個人幹的。可是，連急於結案的沈一貫都認為，皦生光是冤屈的。然而，為了給神宗皇帝一個交代，他們不得不將錯就錯。

妖書案之所以能夠波及那麼多的人，是因為朝廷內部派系林立，各大官員間彼此都有仇隙，誰都想置對方於死地。從本質上分析，妖書案只是引爆官員之間衝突的導火線。在查辦妖書案的進程中，大明朝廷只是扮演了互有仇隙的官員互相陷害的打手。如果沒有神宗的大肆干預，妖書案不會影響到那麼多的人。

【知識鏈結】

三法司是古代三個司法機關的合稱，其體制真正確立於明朝時期，明以前都是有名無實的。明代的三法司包括刑部、都察院、大理寺，每當遇有重大案件時，都由三法司共同審理，稱為「三司會審」。清朝承襲了明代的三法司體制。

智鬥鄭貴妃

萬曆四十八年（一六二〇）八月末，皇宮被陰霾的氣息籠罩著。每個急匆匆行走的宮人的臉上都帶著惶恐，人人自危，彷彿宮中有著風雨欲來之勢。

在這將近一個月的時間裡，宮裡發生了很多變故。先是皇帝朱常洛因為貪戀美色縱欲過度，接著又被崔文生的瀉藥弄得奄奄一息命不久矣。現在宮中謠言四起，所有人都把矛頭指向了鄭貴妃。此時鄭貴妃還霸佔著乾清宮，藉著與光宗愛妃李選侍一同「照管」朱常洛的長子朱由校之名，不肯離去，她的陰謀似乎已顯而易見。大臣們無不憂心忡忡，擔心皇帝一旦駕崩，鄭貴妃會和李選侍控制皇長子，實現垂簾聽政的陰謀。而且乾清宮是皇帝的寢宮，可以監視皇帝的一舉一動，因此朱常洛就處在了一個相當危險的境地。

俗話說：「時勢造英雄。」

在這種危難的時刻，一定會有清流來對抗這股渾水，他就是兵科給事中——楊漣。楊漣對朱常洛可謂忠心耿耿。當年萬曆皇帝已多年不見朝臣。鄭貴妃倚仗著萬曆皇帝的寵愛，壟斷後宮，離間萬曆皇帝與太子朱常洛的骨肉之情，居心叵測。楊漣識破了鄭貴妃的陰謀，深深為太子的前途和命運擔憂。在他看來，太子是一國之本，「國本」動則天下亂。因此他把穩定太子的地位與愛國忠君聯繫在一起，堅決支持太子朱常洛。後來萬曆皇帝病危時，他力主太子進宮服侍皇帝，避免了鄭貴妃從中作亂。最終朱常洛能順利登上皇帝之位，楊漣立下了汗馬功勞。

現在朱常洛登基僅一個月就一病不起，宮中又到處流傳著「崔文生進藥是受鄭貴妃指使，有加害皇上的陰謀」的說法。楊漣聽到這些傳言，覺得情況危急，已經不能再等了，因此他決定要清除鄭貴妃對皇上的威脅。他首先要做的就是把鄭貴妃趕出乾清宮，避免她留在朱常洛身邊謀害他。

然而，逼鄭貴妃搬家談何容易。鄭貴妃在宮裡幾十年了，根基極深，而且她還一手拉著李選侍，一手抓著皇長子，勢力已非常強大。而楊漣的同盟者們，雖然數量多，但是因為很多都是剛被朱常洛提拔起來的，勢力還很弱小。與鄭貴妃鬥，猶如以卵擊石，現實太殘酷！但是楊漣沒有灰心，他知道硬碰硬毫無勝算，只能用智取，那就是想辦法讓鄭貴妃自己主動離開乾清宮。要想打敗一個人，就要去抓他的弱點，楊漣決定利用鄭貴妃的弱點來擊敗她。

鄭貴妃的弱點，就是她的哥哥鄭國泰的兒子鄭養性。鄭國泰死後，鄭養性就成為鄭貴妃在朝廷中的聯絡人，平日因為與鄭貴妃的親戚關係，鄭養性行事十分囂張。但是楊漣透過對他的仔細調查觀察，發現他是一個外強中乾、性格軟弱的人。平時就倚仗著鄭貴妃，自己毫無主心骨。楊漣就決定從他入手，利用他來實現打擊鄭貴妃的目的。

這一天，萬曆四十八年（一六二〇）八月十六日，楊漣和吏部尚書周嘉謨等同盟者，浩浩蕩蕩地往鄭養性的住處去了，聲勢駭人。他們進門以後也不客套，直奔主題。先是給了鄭養性一個下馬威，嚴厲地批評了鄭貴妃的所作所為。說她把持後宮多年，之前爭國本十幾年，把宮裡弄得烏煙瘴氣的，全都是因為她，現在竟然還要做皇太后，賴在乾清宮不走，還給皇上奉送美女，一定心懷鬼胎，有陰謀有企圖。一開始就把鄭貴妃搬出來訓，意思很明顯，連鄭貴妃我們都不怕，你也就沒什麼好倚仗的了，我們都不吃那套，你就老老實實聽著認錯吧！

鄭養性被這架勢嚇蒙了，偶爾回幾句嘴，沒有絲毫的底氣可言。雖然他平時驕縱跋扈，但面對這幫氣勢洶洶、天不怕地不怕的人，鄭養性有點扛不住。接著，楊漣等人又開始來軟的，表示理解鄭貴妃，也就是想圖個富貴，並向鄭養性保證說只要聽他們的，這件事情就包在他們身上。看鄭養性有點動搖，他們又發出最後一擊，威脅他說如果鄭貴妃還是只想著太后之位，就不要怪他們不客氣了。你鄭養性即使說自己沒做什麼，也沒人幫你，要是真沒這想法，就早點避嫌，否則到時候也得當作同謀、共犯一同治罪，別說是富貴了，就是身家性命都難保！

鄭養性徹底崩潰了。或許他以前根本就沒想過這麼深，被楊漣等大臣們一嚇，那軟弱的性格就暴露出來了，早已亂了陣腳，只想著趕緊脫身。楊漣等人一看目的已經達成，心滿意足地離開了，接下來就等著看鄭貴妃的反應了。

鄭養性越想這件事情越嚴重，越想越害怕，於是急匆匆地來找他的姑母鄭貴妃商量對策。鄭貴妃聽完整個事件以後，也慌亂了，朝中大臣們那暴風雨欲來之勢確實嚇壞了她。以前有萬曆皇帝，有她的兒子為她撐腰，可現在，先帝已逝去，兒子又遠在京城之外，現在滿朝文武都直指向她，朱常洛心裡肯定也不喜歡她。

她第一次感到了絕望，就像一棵浮草沒有依靠。她也老了，心有餘而力不足，已沒有辦法再去和皇帝與大臣們鬥智鬥勇，能夠保住身家性命在她看來才是最重要的事情。鄭貴妃權衡再三，終於決定搬出乾清宮，再也不提當皇太后的事兒了。

鄭貴妃費盡心機地折騰了三十多年，卻最終也沒得到她想要的。其實就當時的時局而言，鄭貴妃還是有實力進行一番對抗的，因為她還有同黨，有幫手，如果賴著不走，誰也拿她沒辦法。可是她最終還是退縮了，或許是她愚蠢，被一嚇就亂了思維；也或許是她看不到希望，不想再爭鬥下去了。不管是什麼原因，反正至此，曾經叱吒風雲的鄭貴妃，正式退出歷史舞台。

【知識鏈結】

楊漣（一五七二—一六二五），字文孺，號大洪，湖廣應山（今屬湖北廣水）人。萬曆三十五年（一六〇七）進士。是明代著名諫官。歷任常熟知縣、兵部右給事中、都給事中、副都御史。天啟四年，因聯合上疏彈劾魏忠賢，被誣陷下獄，受酷刑而死。著有《楊大洪集》。

紅丸命案

萬曆四十八年（一六二〇）八月二十九日，晨光熹微，乾清宮。

朱常洛倚坐在龍椅上，面容枯槁，有氣無力。內閣首輔方從哲、給事中楊漣、英國公張惟賢等十三名大臣陳列其下。每個人都靜默著，但是心中都惴惴不安。因為皇上不僅叫來了他們，還命皇長子出見，看皇上的架勢，就好像要臨危託孤一般。

朱常洛的眼光緩慢地掃過了全部人員，最後定格在皇長子身上。他的眼中充滿了對皇長子的希冀以及對眾大臣深深的信任，眾人都不禁點頭應允，承擔下這厚重的責任。朱常洛的臉上不禁露出欣慰的表情。朱常洛突然話鋒一轉，向大臣們問起「壽宮」的事情。輔臣們都驚異了一下，以為朱常洛忽然想起了先帝的安葬事宜，於是告知他：皇考的陵寢工程正在修建中。但是朱常洛馬上糾正說是他自己的壽宮，朱常洛再三強調此事要緊，眾人聽了都傷心不已，紛紛哽咽起來，不敢仰視。

安排好了這一切後，朱常洛似突然想起某件事，於是問道：「有鴻臚寺官進藥，何在？」眾人聽了不禁面面相覷，不知皇帝這話從何說起。這時內閣首輔方從哲站了出來，回答說：「鴻臚寺寺丞李可灼自云仙丹，臣等未敢輕信。」原來這個叫做李可灼的鴻臚寺官員八月二十三日就來到內閣，說有仙丹要進獻給皇上。但是有了崔文生的先例擺在那裡，方從哲實在不敢輕易允許進藥給皇帝，為了謹慎起見，他便命李可灼離去。李可灼沒有就此甘休，二十九日一早，又來送藥。

太監不敢自作主張，就向內閣報告了，方從哲還是沒有答應。但不知怎麼回事，朱常洛竟得知了此事，於是才問起來。他知道方從哲是小心行事，所以也沒有怪罪。朱常洛自知已命不久矣，於是就抱著死馬當活馬醫的態度，命李可灼入宮獻藥。

李可灼奉命急忙趕來，朱常洛摒退了眾人，讓李可灼為他診視。經過了一番診斷後，李可灼竟然很自信地說找到了病源，並且知道治法。朱常洛聽了不禁大喜，彷彿看到了希望，再一次激發了他對生的渴望，於是他急不可耐地命李可灼速速進藥。

到了這個時候，方從哲還是不放心，令李可灼與御醫商榷以後再決定。這時，在場的一個閣臣劉一璟說，他認識的兩個人同時吃過這種藥，但是反應大大相反，因此藥效還有待考察。

到了中午，李可灼調製好了紅色的藥丸，送到了皇帝的御榻前，諸臣也都一起進來了。朱常洛拿著李可灼的紅色藥丸，猶如抓住了一棵救命稻草，眼中都重新煥發了光彩。雖然他已經交代了後事，但畢竟心有不甘，還是希望能出現奇蹟。他迫不及待地吃了下去，先飲湯，還氣直喘。待藥入，即不喘了。於是不斷高興地對李可灼說：「忠臣，忠臣。」一看得出來，朱常洛對李可灼的紅丸寄予了厚望。

朱常洛吃了紅丸後，最初感覺良好，還要內侍給等候在宮門外不安的大臣們報平安，眾大臣聽了都感到很欣慰，不覺放下心來。然而到了日晡之時（申時，下午三至五時），李可灼出宮找到方從哲，說藥效過了，皇上還想再吃一丸。在旁的御醫都認為不宜再服，然而皇上催促得緊，眾御醫沒有辦法，只好遵命讓朱常洛又服了一丸。見到李可灼，大臣們都關切地詢問皇帝狀況如何。李可灼仍然自信地說皇上安適如前。

然而次日，即九月初一的凌晨，情況急轉直下。朱常洛服用了兩顆紅色藥丸以後，五更時分病情突然惡化。大臣們聽到太監的緊急召見，都連忙趕往宮中，但是還沒能見到皇帝的最後一面，他竟與世長辭了！

此消息一出，朝野譁然，人們開始質疑起這個「紅丸」。「紅丸」是何物？原來它又稱紅鉛丸，是宮廷中特製的一種春藥，是用紅鉛、秋石、人乳、辰砂調製而成，性熱，因其紅色，故稱「紅丸」。紅鉛是陰中之陽，純火之精，並且正好與當初崔文升所進的大黃藥性相反，朱常洛縱欲過度體，在最後的歲月連遭藥性相反而且猛烈的兩味藥物的折騰，豈能不暴斃而亡！

假如沒有鄭貴妃送來的八名美人，假如沒有崔文升進奉的大黃，假如病急亂求醫的朱常洛沒有食用不具備御醫資格的李可灼進奉的紅丸，那麼朱常洛雖然身體虛弱，但還不至於這麼快就一命嗚呼了。因此眾臣都認為崔文升、李可灼罪責難逃，鄭貴妃別有用心，而方從哲因為予以回護，難免有同黨合謀之嫌疑。一時之間，流言四起，此事鬧得沸沸揚揚，弄得方從哲百口莫辯，氣憤異常。還好後來內閣次輔韓爌給朱常洛的繼承人朱由校上了一個奏疏，裡面詳細地說明了紅丸進呈的全部經過，又有其他當時在場的大臣為方從哲作證，他才洗清了嫌疑，擺脫了困境。但是鄭貴妃在這一系列事件中所扮演的角色，仍然在人們的懷疑中。

從萬曆四十八年（一六二〇）八月初一日正式即位，到九月初一日駕崩，朱常洛為帝僅一月。史書上評價朱常洛，說他雖然久居在東宮，但仍深知民間疾苦，奉先帝遺詔之時，很快地發布了仁德的政策。登基後，勵精圖治，國泰民安，並且還愛護臣子，經常召見，相處得像一家人一樣。後來因為疾病纏身，又誤食藥物，不幸駕崩。但至今仍應稱其為一個月的天子，萬年的聖人。可見對朱常洛的評價之高。然而朱常洛去世後，黨派相爭的混亂局面更加惡劣，又是大明的不幸了。

朱常洛三十九年的生命歷程中，前二十年是備受冷落的皇子，在委屈、不甘以及擔驚受怕中度過；

後十九年是戰戰兢兢的皇太子，始終行走在儒家士人的正義感與萬曆皇帝的私情之間的鋼絲繩上；終於登上夢寐已久的皇帝位後，又僅一個月便一命嗚呼了，還遺留下疑雲重重的「紅丸案」。可以說朱常洛的一生是坎坷的，其情可憫。

【知識鏈結】

鴻臚寺，官署名。秦朝時稱作典客，漢朝改為大行令，武帝時又改名大鴻臚。鴻臚，本意是大聲傳贊，引導儀節之意。北齊時開始稱鴻臚寺，從此名稱就定了下來。南宋、金、元不設此機構，明朝建立後又設。掌管者為鴻臚寺卿，主要負責朝會的禮儀行為，清末被廢。

第十七章：最後一個太監

明朝的太監果然是無孔不鑽，一有機會就興風作浪，皇帝不在的時候他們就是皇帝。魏忠賢是明朝太監的壓軸角色，他創造了很多殘酷和可笑的第一，也讓後人明白，一個人的臉皮有多厚，他就能走多遠，只是終究還是逃不過命運的安排，一旦碰到自己的剋星，用不了多久就會乖乖繳械投降。

貧困的選擇

魏忠賢出生的河北肅寧縣，是個窮鄉僻壤。俗話說：「窮山惡水出刁民。」魏忠賢就是這裡出的一個大大的刁民。

魏忠賢的爹媽是純樸的農民，起先自己家有一小塊地，生活還算過得去。魏忠賢七歲時，上過兩天學，可他胸無大志，不好好學習，整日偷雞摸狗、打架鬥毆，是個頑劣少年。學坊的先生拿他沒轍，堅決不再教這個少年，他爹媽只好讓他休學回家。終日無所事事的魏忠賢更是放肆不堪，每天不務正業，四處遊蕩。他的爹媽可真是犯了愁，又管束不了他，最後就決定把他送到在肅寧縣城一家飯館當大廚的叔叔那裡學手藝。魏忠賢倒還真是用心學起做廚師來，不久也學得有模有樣了。

然而，好景不長，魏忠賢逐漸喜歡上賭博嫖娼，每天沉迷其中，屢教不改。叔叔沒轍，就打發他回家了。在家裡混到十七歲，爹媽為了拴住他，讓他走上人生正道，就給他娶了親。成家後，他還是一樣遊手好閒，老婆孩子一概不管。只要有了點兒錢，就去賭。賭桌上，他又狠又狡詐，總想佔人家便宜。一旦贏了錢，就接著去吃喝嫖娼。後來輸錢越來越多，他就把自家的地拿去賣。家裡慢慢生計無著，爹被他氣死了，娘和老婆沒辦法都只好改嫁，女兒被他賣給了別人當童養媳，他自己還欠了一屁股的債，每天被人追著羞辱。好好的一個家就被他這麼毀了。就是因為他的濫賭，搞得家破人亡，自己還苦不堪言，真是活該！

欠了一屁股賭債的魏忠賢，如果在老家按照正常的人生軌跡走下去，他不可能發達，將永遠沉淪在最底層。而魏忠賢沒有屈從於命運，經過深思熟慮，覺得當個農民沒什麼前途，於是他把利刃對準了自己，自宮做了太監。

中國哲學有個「否極泰來」定律。果然，來到京城後沒有多久，魏忠賢就被一位官員看中，讓他到衙門裡去當聽差。在這裡，他的天資聰明，機警狡詐，能言善辯發揮了作用。因為做事俐落，得到上級的器重，魏忠賢巨大的人生轉機就此到來。這官員看他做事穩當，便推薦他進宮。

可是不要以為進了宮就能夠當上有權有勢的大太監。太監這一行講究的也是拚資歷，熬年頭。雖然魏忠賢進宮時年齡已經很大了，但在那些前輩面前，依然是個新手，可以呼來喝去。

對這一切，魏忠賢並沒有表現出任何的不甘願。他最初進宮時，是在一個叫做甲字形檔的地方，做些低階太監都不願意做的工作。每天無非就是打掃宮院、挑水看門之類的苦活，和他以前在老東家做的活差不了多少，甚至會更勞累。但是魏忠賢絲毫沒有抱怨，就連很多年齡比他小的太監指使他做這做那，他也一概欣然接受，半點猶豫都沒有。時間久了，大家都覺得魏忠賢是個什麼都不懂的傻子，可以任由人欺負。所以，欺負他的人越來越多，但他的口碑也越來越好。

天下沒有免費的午餐，也沒有不計回報的付出。魏忠賢之所以無條件地付出自己的勞動，只是為了一個願望，那就是，在這個深宮中站穩腳跟，然後找尋一切機會努力地向上爬，得到他想要的一切。

在忍受的同時，魏忠賢也沒少為自己謀劃。他利用一切機會，接近當時一個名叫魏朝的管事大太監。這個人看魏忠賢老實可靠，就為他換了個工作，讓他管理王才人的飲食。而這個王才人，就是後來的熹宗皇帝朱由校的生母。

魏忠賢得到了一個好差事，他沒有忘了魏朝，而是更加盡力地討好這個上級。看起來，魏忠賢似乎是一個知恩圖報的人。而魏朝不知道，魏忠賢的百般奉承，是因為魏朝還有利用的價值，而這個價值，就來自於魏朝身後的王安。

經過一番努力，魏忠賢的名字，終於如他所願傳到了王安的耳朵裡。從此以後，大太監王安知道了有這麼一個人，他勤勞能幹，踏實厚道，算得上是可用之才。

本來魏忠賢很想在典膳這個職位上做出點成績來，好給自己以後的道路打打基礎。可沒想到，努力了沒幾天，他所服侍的主子王才人去世了，他就從原來典膳的位置上退了下來。

而一個人的出現，又把魏忠賢和皇帝二人重新連在了一起。這個人，就是李選侍。

神宗死後，光宗朱常洛即位。念在朱由校小小年紀就失去了母親，朱常洛就把這個兒子交給了當時最得寵的妃子李選侍來養育。這個李選侍，實在不是省油的燈，她對情敵的兒子能好到哪去？

光宗在位僅僅一個月，就龍馭升天了，朱由校成了名正言順的皇位繼承人。這個時候，李選侍牢牢把持著朱由校，不讓任何人靠近他。

同時，因為太子的事情，楊漣上書參奏。奏摺中涉及了魏忠賢，這下可麻煩了。畢竟魏忠賢當時無權無勢，言官的奏摺就是殺人的刀，萬一就這麼死了，豈不是前功盡棄？

在這個節骨眼上，魏忠賢平日裡打下的基礎發揮了作用。他立刻找到魏朝，也不顧什麼臉面了，在人家面前失聲痛哭，求魏朝在王安面前說說好話，救救自己。王安在先帝和太子面前都很有地位，求他幫忙，一定能夠倖免於難。

魏忠賢的算盤沒有打錯，很快，王安就幫他打點好了一切。他將魏忠賢改名換姓，派到了李選侍的身邊，去伺候未來的天子和他的養母。如果能夠討得這兩個人的歡心，一點小罪也是可以忽略的。

來到李選侍身邊，魏忠賢終於展示了他獨到的眼光。他看出，李選侍這個女人，只是一個沒有頭腦、只知道一味爭寵的笨女人。先帝在時，她恃寵而驕；先帝駕崩，她竟然想利用挾持太子來爭取容華富貴。但好在她是個笨女人，不然自己恐怕就永無出頭之日了。

魏忠賢對魏朝很是感激。他回報的方式，就是去安慰因受到魏朝冷落而寂寞的對食客氏。

客氏，魏忠賢生命中最重要的女人。這個女人不僅填補了他感情上的空缺，更重要的，她是太子朱由校的乳母，一個朱由校不能離開的乳母。

就這樣，魏忠賢接觸到了當時最有權力的幾個人。在成為明朝最令人齒冷的閹黨領袖之前，魏忠賢的晉升道路可謂一波三折，有好幾次，他都差點從權力的舞台上被趕下去。而當他在這片土地上札下根來，他就要開始實行他一直以來的計畫和願望。進宮當太監，那是走投無路；而榮華富貴，做人上人，才是這個人最終的目的。

【知識鏈結】

對食指的是宮女與太監結成掛名夫妻。原義為搭夥共食，對食一詞最早出現在漢朝。在皇宮裡，因為太監和宮女很多，彼此因為寂寞而互相安慰，在私底下展開了戀愛，意思是說不能同床，就是一起吃飯，互相安慰孤寂的心靈而已。

恩人變仇人

魏忠賢只是一個年齡很大才進宮、並且沒有什麼背景來歷的人。這樣的人在宮中比比皆是，但卻只有魏忠賢得到了王安和他手下魏朝的青睞。

因為魏忠賢溜鬚拍馬的手段，比所有人的段位都高。他明白，在皇宮這麼一個名利場，像王安、魏朝那樣的人，什麼人沒見過，什麼好話沒聽過。這樣的人，你越是湊到他身邊去，越會引起他的反感。所以，魏忠賢利用自己憨厚樸實的外表，認認真真對待王安的吩咐，沒事的時候就老老實實待在一旁，不聲不響。被煩透了的王安看到這樣的人，自然很是滿意。再加上魏朝不時地在他面前說魏忠賢的好話，王安對魏忠賢，也就另眼相看了。

人和人之間就怕比來比去。魏朝本是跟隨王安多年的人，結果魏忠賢一出現，王安立刻發現這個人更靠譜，於是從內心就開始偏向魏忠賢。

魏朝見客氏在皇帝心中的地位很高，便拉攏過來成為自己的對食，可是一旦成功就把人家冷落在一旁不管不問。正好讓魏忠賢抓住機會，挖了魏朝的牆角，把客氏拉攏到自己身邊。而在這個過程中，王安並沒有幫助自己的老部下魏朝，反而看著魏忠賢把魏朝生生擠走。

魏朝一走，魏忠賢就升官了。按理說他應該滿足了，他當初進宮的初衷也算實現了。可是，魏忠賢並不是這樣想的。他的眼睛，立刻對準了下一個目標——王安。王安並不知道，自己早已成為魏忠賢的敵人。

當時王安任秉筆太監，他的上級就是地位最高的掌印太監。掌印太監的職位空缺後，按照慣例，王安應該順理成章成為掌印太監。但是很奇怪，王安並沒有順利接任。

按照慣例，王安怎麼也得上疏表示一下推辭。這時候皇帝一般就會下旨，堅持讓其上任。可沒想到等來了一道批准的旨意。王安一下懵了，皇帝這明顯不按照規則來啊！王安不知道，問題不出在皇上身上，而是魏忠賢從中作梗。

既然要除掉王安，自然不能讓他到達至高的位置，否則自己怎麼能有機會對他下手。既然你提出辭職，那就讓你走人，沒有暗箱操作，一切都是你情我願。王安這次，叫做啞巴吃黃連，有苦說不出。

說服皇上，魏忠賢自然沒那個本事，但是他手中握著一個重要的籌碼——客氏。她這個日日夜夜陪伴在皇帝身邊的乳母，算是皇帝最親近和信任的人了，她的話皇帝還是很能聽進去的。

光把官丟掉了還不算，王安恐怕連命都保不住了。

失去官職的王安，本來想就此告別官場，回家養老。他一生在宮中打拚，扶持過兩位皇帝，也算功德圓滿，雖然最後沒有達到宦官最高的位置，但是一生如此，也算值了。剩下的時間，就好好地享受一下人生吧！可惜，魏忠賢並不想讓這個老上級的日子過得舒心，他不僅想要他的權力，還想要他的命。

此時的魏忠賢已經不再是當年的那個管伙食的太監，在客氏的幫助和自己的努力下，他早已官居要職，並且培養了一大批心腹隨從。而這些人派上用場的時候到了。

魏忠賢的爪牙裡，有一個叫王體乾的。王安走後，這個人接替了司禮監掌印太監的職位。而一旦這個職位掌握在魏忠賢手裡，那麼他就真的可以要風得風要雨得雨了。

隨後，魏忠賢馬上開始計畫殺掉王安。當時魏忠賢對客氏說，你我比當年的李選侍怎麼樣呢？我們現在是騎虎難下了，如果不做徹底點，後患無窮。

魏忠賢先找了幾個人上書彈劾王安，然後由客氏在皇帝面前敲敲小鼓，吹吹小風，把王安撤職查辦，降為南海淨軍。再派自己的人去做監管南海的人，這樣一來，天時地利人和都有了，王安不想死，已經是不可能的了。

魏忠賢想害王安尚有情可原，可是客氏究竟和王安有什麼仇，她的相好想做高官，她可以透過自己的力量幫助他，不至於非得弄出人命來。其實原因很簡單，客氏也恨王安，也想除之而後快。而正是客氏的意思，加速了王安的死亡。

當初，朱常洛去世時，王安和諸位大臣一併接受了顧命的任務，而他因為看到魏忠賢日益暴露的本性，所以就想懲戒他一下。正好這個時候，御史方震孺上疏請求讓客氏出宮，於是魏忠賢和客氏都受到了不小的懲罰。雖然事後客氏再次入宮，但此時的她，就已對王安懷恨在心了。這也就是為什麼她對整治王安如此積極的原因。

王安最後的結局是被「勒令自裁」。但畢竟王安沒做過什麼傷天害理的事，就算革職，也不一定非要死，所以王安極有可能是被魏忠賢的人加害而亡，然後謊稱自裁。可憐王安一生辛勞，保皇帝坐皇位，卻沒能得到皇帝的絲毫庇護，最終落得個如此悲慘的下場。

王安像極了那個農夫，而魏忠賢就是他揣在懷裡用體溫救活的蛇。當蛇醒了，卻反咬一口，置他於死地。不知道王安臨死前，有沒有後悔過自己當初的付出。

現在，魏忠賢終於除掉了王安，順利地成為整個後宮最有權勢的人。但是，還是有一個巨大的影子籠罩在他飛黃騰達的路上——東林黨，魏忠賢的清理活動，還沒有完成。

【知識鏈結】

王安，明朝宦官中少有的剛直之人，萬曆六年（一五七八）選入內書堂讀書，萬曆二十年（一五九二）經陳矩推薦擔任過明熹宗的伴讀。明代著名宦官如魏忠賢、曹化淳、王裕民、惠進皋、楊公春等皆出自其門下。

一個人和一個黨派的爭鬥

其實一開始，魏忠賢並不想和東林黨為敵，畢竟自己只是個太監，這輩子再怎麼往上爬也不可能當皇上。再說，這幫東林黨人不好惹，軟硬不吃，就憑著個信念橫衝直撞。這樣的人，何必和他們結仇呢？魏忠賢雖然沒讀什麼書，卻是一個很懂得看形勢的人。因此，他百般想和東林黨人結好，可是每次都碰一鼻子灰回來。

既然做不成朋友，那就只能當敵人了。

於是，魏忠賢開始籠絡親信。他逼死了王安，賣官鬻爵，把爪牙充斥整個朝廷。

在其他人看來，東林黨人似乎沒有任何把柄，是鐵板一塊。不過這並沒有難倒魏忠賢，因為他找到了一個很好的突破口——汪文言。

說起這個汪文言，還是東林黨的功臣。當時，能和東林黨相抗衡的，有所謂三黨，即齊、楚、浙三黨，而汪文言利用自己能言善辯的長處，竟然在一番合縱連橫後，將三黨一一瓦解，使東林黨成為最後的贏家。從此，東林黨人開始重新審視這個人，並最終確立了汪文言在東林黨中的智囊位置。

可就是這個智囊，卻成為魏忠賢打擊東林黨人的突破口。事情的起因源於熊廷弼。當初他將大軍悉數撤入山海關，把廣袤的遼東地區拱手送給了後金。熊廷弼知道自己難逃一死，但他卻不想死，於是他向汪文言求救。

汪文言二話不說，立刻著手辦理此事。當時唯一的辦法，就是靠處在內廷的魏忠賢幫忙。魏忠賢很痛快地答應幫忙，但也提出了條件，那就是錢。

據說，當初熊廷弼讓汪文言拿著四萬兩銀子去內廷打點。可不知怎麼回事，魏忠賢並沒有得到這四萬兩銀子，最後事情也就沒有辦成。而魏忠賢是不會看著一筆將要到手的錢白白流走的。當他得知是汪文言在中間調和的時候，這個閹黨首領憤怒了。既然如此，那熊廷弼就不能不死，不光如此，還要帶上整個東林黨為他陪葬。

魏忠賢馬上上疏說熊廷弼損失國土，必須正法。而且，還把熊廷弼想要透過賄賂得以免於死刑的事情公布出來。他的矛頭不僅指向了汪文言，而且他的最終目的，是利用汪文言，達到打倒整個東林黨的目的。

汪文言毫無意外地下獄了。魏忠賢本來以為，這麼一個世故圓滑的人，一定能從他的口中，得到自己想要的證詞。不過，這一次，魏公公的如意算盤打空了。在獄中，汪文言被施以各種酷刑，但就是不開口，最終被拷打致死。

或許汪文言投機取巧，八面玲瓏；或許他的為人並不是那麼磊落，他加入東林黨只是審時度勢的結果，而不是為了天下蒼生。但在人生的最後時刻，並非純正的東林黨人汪文言表現出的，卻是最最純正的東林風骨，這是古往今來的正義之士都擁有的風骨。即使千錘百煉，面對罪惡，也絕不妥協。

汪文言被害，東林黨看似不可戰勝的銅牆鐵壁，終於出現了一絲裂縫。魏忠賢除掉所有東林黨人的日子不遠了。

東林黨中，還有一個人一直沒有停止過和魏忠賢的爭鬥，就是楊漣。

天啟二年（一六二四）六月，時任左副都御史的楊漣上疏彈劾魏忠賢二十四罪。文中歷數魏忠賢自入宮以來的種種不軌：顛倒黑白，濫殺無辜，殘害忠良，欺君罔上，擾亂朝政，貪汙腐敗，濫用酷刑，句句是血，字字是淚。這篇奏摺寫到最後，幾乎是楊漣憤怒的控訴，國家已經到了這個地步，如果皇帝再不殺掉魏忠賢，江山還有什麼指望？

可惜，楊漣沒能將這道摺子遞到皇帝手中，反而讓魏忠賢看到了。面對楊漣的指控，這個橫行霸道的太監害怕了。為了避免楊漣有機會在皇帝面前直接指證自己，魏忠賢竟然想盡方法讓皇帝連續三天沒有上朝。到了實在阻止不了的時候，就派人將皇帝團團圍住，並且看好百官，不許任何人發言。

最終，楊漣失去了在皇帝面前直陳魏忠賢罪行的機會。而這，也是他最後的機會。

這只是魏忠賢的「守」，一旦守住了，他馬上就要進攻了。

從一開始，楊漣就沒有認清形勢，起碼他沒有看到自己力量的薄弱。畢竟魏忠賢身處內廷，在皇帝身邊，對於左右和動搖皇帝的思想，有楊漣等東林黨人所沒有的優勢。況且，魏忠賢還有無數的爪牙充斥朝野。楊漣昔日的戰友已經所剩無幾，他寄予全部希望的皇帝，也沒有表現出對魏忠賢的厭惡，楊漣卻在這樣的情況下貿然發動進攻。他認為打倒魏忠賢是正義，是應該順應的潮流。

可惜，真理雖然站在他這一邊，但是實力卻不是他的盟友。

天啟五年（一六二七），魏忠賢以收受熊廷弼賄賂為名，將楊漣、左光斗等人逮捕入獄。在獄中逼他招認自己貪汙受賄兩萬兩。楊漣自然不會承認這種強加在自己身上的罪名。所以，他也遭受到了和汪文言一樣悲慘的待遇。直到後來，楊漣渾身上下沒有一塊好地方，以至於過堂審問時，站不能站，跪不能跪，只能用枷鎖拷上，將楊漣拖到堂上，躺在地上受審。

即使是這樣，楊漣仍不開口承認一個字。所以，他和汪文言落了個同樣的下場，慘死獄中。

面對正義之路上的孤獨無助，面對挑戰閹黨時的力不從心，面對殘忍的刑罰，無盡的拷打，楊漣這個執拗的讀書人，表現出了最高貴的品德，為了公理，為了天下，即使前面是深淵，是地獄，也步履堅定，不改初衷。

這樣的人，他們或許固執，或許清高，或許酸腐。但他們的身上，有一種品格，而這種品格，是流淌在整個民族體內的精華，是最可寶貴的財富。這樣的品格，能夠持續給予人們力量，讓更多的人義無反顧地踏上天下為公的道路，即使荊棘重重。

當汪文言、楊漣、左光斗等人慘死獄中後，魏忠賢終於掃清了所有的敵人。從現在開始，他是真正的掌權者，而皇帝只知道整天當木匠，絲毫不知道皇帝應該是什麼樣，因此只要讓皇帝有木頭玩，大明朝就是他魏忠賢的。

【知識鏈結】

東林黨是明代晚期以江南士大夫為主的政治集團。一六〇四年，顧憲成等修復了宋代楊時講學的東林書院，與高攀龍等在其中重新講學，形成了廣泛的社會影響，一時之間，江南在朝在野的文人士大夫都聚集在此，因此被時人稱為東林黨。東林黨因遭到魏忠賢的打壓而逐漸衰落。

成為「九千九百歲爺爺」

西湖岸邊，魏忠賢的祠堂傲然挺立。這是一座生祠，魏忠賢此時不但沒有死，還活到人生的巔峰。世上有很多人，做了很多利國利民的好事，都不一定能夠在死後擁有一座祠堂，受人祭拜。能在在世時就被人當作神明一樣供奉起來的，就更是罕見。誰都知道，修建生祠只是一種討好巴結的行為，一座祠堂就好像是一道敲門磚，一張通行證，可以讓官員們和魏公公扯上關係。巴結得好的，沒准能平步青雲；巴結得不夠的，起碼也能因為一座祠堂的鎮守，過上相對平靜的日子。

在大明朝當官，尤其是在現在的大明朝當官，知道皇帝的脾性已經不重要了，最重要的是，一定要知道魏忠賢的愛好和忌諱，免得連拍馬屁都不知道從何下手。金鑾殿上那個萬歲爺已經不可怕了，怕的是站在身邊的九千歲魏忠賢。

九千歲這個稱呼，其實是「九千九百歲爺爺」的簡稱，這個稱呼很有意思。畢竟，皇帝是最大的，稱為萬歲，而後宮的娘娘，各地的王爺，按照禮制，都被稱作千歲，沒有誰會因為排名而被稱作二千歲、三千歲的。但是魏忠賢就不同了，天啟皇帝對他極端寵信，幾乎到了百依百順的地步，這個魏公公的實力，實在不容小覷。

相比那些妃子王爺，魏忠賢可以說得上是手握生殺大權。面對這樣一個如同陰影一般存在的人，自然會有很多期望當官得勢、飛黃騰達的人，急著對他溜鬚拍馬。於是，「九千九百歲爺爺」的稱呼就應運而生了。魏忠賢是太監，怎麼折騰他也不可能當皇帝，自然不能稱他為萬歲。魏忠賢再欺君罔上，這點面子上的東西還是要遵守的。可他本質上早已經和皇帝不相上下了，叫千歲又委屈了他，就有人充分運用了智慧，發揮了天才般的數學才能，尊稱魏忠賢九千九百歲爺爺。

據史料記載，魏忠賢走到哪，都有人跪下來五拜三叩，口稱九千九百歲爺爺，喊得魏忠賢心裡十分愉快。想想自己當年進宮，只是一個端茶倒水、受人指使的下人，誰能想到今天，已經不是凡人。

魏忠賢徹底收拾掉東林黨以後，他欣喜地發現，整個朝廷，再也沒有人和他作對，再也不用擔心有一天某個大臣突然在早朝上呈上一本二十四罪，再也聽不到任何反對的聲音，現在還能夠站在朝堂之上的，要麼是沒什麼膽子的老實人，要麼就是閹黨的成員。在魏忠賢的統治下，朝廷內外，一團和氣。

肅清了朝野，魏忠賢覺得應該再幹點什麼大事。追求榮華富貴早已不是他的目標了，如果說早年剛進宮的魏忠賢只是想找一條吃飯穿衣的生路的話，那現在的魏忠賢已經不把金錢放在眼裡了。錢，他有；官，也做到極致了。魏忠賢開始動了一個所有功成名就的人都會動的心思，著書立說，青史留名。

雖然，他留在青史上的是罵名。

魏忠賢絕對是一個行動派，想到了就馬上著手去做。不過，剛開始他就遇到了困難——他不識字。要求一個地痞流氓有文化實在是為難了魏忠賢，好在雖然沒念過書，手下卻不缺讀書人。魏忠賢組織了一幫人為他編書，沒過多久，書就出來了，叫《三朝要典》。主要內容是重新述說「紅丸」、「梃擊」、「移宮」三案。在這本書裡，對這三件案子的描述和評價，都是超出人想像的胡說。就算三大案是發生在前朝，但時間並不久遠，很多經歷過的人還都在世，這樣胡編亂造，怎麼會有人相信？

魏忠賢根本就不擔心沒人相信，他也不需要有人相信。他編這部書的目的，就在於詆毀汙蔑東林黨。魏忠賢知道，雖然他已經把東林黨從朝廷徹底趕了出去，但東林黨存在時間久遠，而且影響極大，朝廷沒有了東林黨人，但還有不少散落民間。

東林黨是一種信仰，不會因為形式的破滅就消失殆盡。魏忠賢最怕的就是這樣的黨派捲土重來，他要盡所有的可能把汙水往東林黨身上潑，要讓這個黨派真正蒸發，就算瞞不過當代人的眼睛，也要讓後世不能瞭解東林黨究竟是一個怎樣的組織，他們究竟做過些什麼。

魏忠賢想得很美好，可是歷史的記錄從來不會任從某一個人的指使。就算所有記錄真實的文字都被銷毀，歷史也會以它的方式，將真實繼續流傳下去。因為，公道和正義，從來都不是存在於紙上，它們活在人們心裡。

《三朝要典》成書以後，立刻受到了閹黨成員的追捧，幾乎人手一冊。大家看了，紛紛對事件的「真實」表示了極大的憤慨，並且再一次譴責和辱罵東林黨的不軌行為。魏公公看到反響這麼好，非常滿意。

為了能夠讓人們記住當年究竟是誰參加了萬惡的東林黨，魏忠賢趁熱打鐵，又出了一部〈東林點將錄〉。在這份名單中，配合《水滸傳》，魏忠賢將和他作對的東林黨人按一百單八將來了一次大排名。其中，楊漣對應的是大刀關勝，左光斗對應的是豹子頭林沖。

一百單八將，個個是義薄雲天的好漢，東林黨人和他們連結在一起，怎麼看也不像是討伐的做法，反而有些讚頌的意味。真不知道魏忠賢編這份名單對自己有什麼好處，或者他根本就不知道會是這麼一個效果。

既然魏忠賢的心願是青史留名，那手下的人就得滿足上司的願望。眾多青史留名的人，在死後都會被立祠祭祀。不過魏忠賢還沒死，那就為他修建生祠。

最早提出要建立生祠的是浙江巡撫潘汝禎。他不光修好了祠堂，還上疏請皇帝賜匾，奇怪的是皇帝並沒有說什麼。這樣一來，全國各地的官員就如同看見了許可證一樣，有點錢的，都爭先恐後地為魏忠賢修建生祠。

據史料記載，當時全國有蘇州、松江、淮安、揚州、濟寧、河東、河南、大同、登萊、湖廣、四川房山、陝西、徽州等十幾個地區建立了魏忠賢生祠。不光如此，北京城周圍的各個地區也是如此，更過分的是連北京城內都可以看到魏忠賢的祠堂。在皇帝的眼皮底下敬奉一個太監，可見魏忠賢早已不把皇帝放在眼裡。對於他，皇帝只是一個木偶，根本沒有任何的約束力可言。

修建祠堂的勢頭不僅越來越猛，修建的豪華程度也是令人咋舌。生祠的修建，已經到了無以復加的複雜和精巧。能工巧匠的手藝用在給一個禍害修建如此美輪美奐的祠堂上，實在是浪費而可恥。

祠堂是豪華的，修建的代價是極大的。百姓的田地，是他們生活的唯一來源，說佔就佔，沒有商量的餘地。百姓也只能眼睜睜地看著自己的家園被毀，卻不敢抱怨一聲。

不僅百姓如此，修建的工人們也頂著很大的壓力。有一次，一個祠堂裡偶像的頭雕得有些大，不能和頭冠相匹配，工匠害怕上面怪罪下來，只好把頭削小一點，使其配得上頭冠。沒想到魏忠賢的爪牙竟然因此痛哭流涕，責罵工匠，好像他削的不是木頭偶像的頭，而是魏公公的頭。

到了現在，魏忠賢總算可以鬆一口氣了。書也出了，名也留了，每天還有一幫人在自己的雕像面前磕頭跪拜，燒香祈福。人生至此，可以滿足了。

魏忠賢確實很滿足，並且很驕傲。古往今來，做太監做到他這個地步的，恐怕除了他魏忠賢，沒有第二個人了。魏公公覺得，從今以後，可以開開心心地過日子，要風得風，要雨得雨，這個國家，說是朱由校的，不如說是他的。

長久以來的規律告訴我們，人不能作惡，作惡後也不要得意。因為，天欲令其滅亡，必先使其瘋狂。魏忠賢的好日子，恐怕不會很久。

【知識鏈結】

生祠，指為活人修建的祠堂。歷代對於官員立祠都有一定的限制，一般死後才立祠。有時候為了表達對在世好官的尊敬之意，偶有立祠。而在明代，權臣嚴嵩掌權二十多年間，為自己在全國各地建立了無數生祠，卻是遭人唾棄的。

等待機會除奸官

俗話說，皇帝輪流做，明年到我家。一向低調沉悶的朱由檢，此時算是對這句話有了最深刻的體會。當初，自己沒什麼資格和哥哥朱由校爭奪皇位，本來想著就這麼平靜地過一輩子就算了，做個逍遙快活的王爺也不錯。可沒想到命運似乎對自己頗為垂青，兜兜轉轉，皇位竟然落在了自己手裡。朱由檢真是應該感嘆一聲：天不負我！

不過，此時的朱由檢實在沒有那個心思來感謝上天。他獨自坐在空曠的大殿中，警惕地看著四周的一切，每一個地方好像都有魏忠賢的陰影。

朱由檢明白，此時的自己勢單力薄，想要和魏忠賢抗衡還要假以時日。這段時間裡，他只能示弱，只能示好。雖然這樣的招數可能瞞不過魏忠賢這隻老狐狸，但他只有這個辦法，既然拚不過實力，那就拚時間，早晚有一天，他魏忠賢會放下戒心，完全鬆懈，到那時，就是我反擊的日子。在這之前，朱由檢只能忍。

就這樣，朱由檢和魏忠賢拉開了戰幕。

沒過多久，魏忠賢為了試探朱由檢，提出要告老還鄉。他說先帝已經走了，自己年事已高，還留在宮裡也沒什麼用處了。可是沒想到，崇禎並沒有批准。按道理說，這個時候，如果准了魏忠賢的請求，那就真的是不費吹灰之力就除掉了一大隱患。可是事實上，崇禎明白，這是魏忠賢的計謀，是他在試探自己。如果准了，保不准這個老頭會幹出什麼出格的事。閹黨的勢力盤根錯節，就算免了一個魏忠賢又能怎樣。過早地暴露意圖只會招來禍端。所以，崇禎堅決地拒絕了魏忠賢的辭職請求。而且對於給魏忠賢修生祠一事，皇帝也表示並不追究，反而鼓勵他繼續修建下去。看來這個皇帝，並不想和自己作對。

崇禎一邊在麻痹這條狐狸，一邊在等待機會。

看著魏忠賢魚肉百姓，禍亂朝政，一個閹人竟然能把一個帝國玩得團團轉，崇禎皇帝隱忍了很久的怒氣終於要爆發了。於是，一個人的辭職，引起了魏忠賢不小的疑惑。

就在魏忠賢提出辭職後不久，他的對食客氏也上交了辭呈。沒想到，這一次，皇帝竟然批了。魏忠賢十分驚慌，不讓自己走，卻讓自己的相好走了，這是什麼意思？皇帝也很委屈，客氏在宮裡的位置是先皇的奶媽，先皇都不在了，我崇禎也這麼大了，自然是不需要奶媽了，所以她要走，我怎麼好阻攔？

這個理由滴水不漏，魏忠賢也不好說什麼，但他隱約覺得，皇帝是不是要開始動手了？不能著急，再看看，一定要等到確信無疑時再開始回擊。

此時，一道奏摺擺在崇禎面前，國子監的負責人朱之俊彈劾學生陸萬齡。這個陸萬齡，竟然提出要在國子監裡為魏忠賢立生祠。彈劾他一點都不過分，皇帝見到這封奏摺，立刻就批了，定罪，下獄。

魏忠賢慌了，可是還沒等魏忠賢反應過來，皇帝的一系列舉措讓他更加暈頭轉向。

皇帝先是頒發了鐵券給太師寧國公魏良卿、少師安平伯魏鵬翼。有了鐵券，無論你犯了多大的罪都能免死，比什麼都管用。但是，明朝的丹書鐵券有個規定，什麼罪都能免，只有一條罪是不能免的，那就是謀反。

拿到了丹書鐵券的閹黨還沒來得及高興，皇帝又下令遍賞群臣。這個所謂的群臣，其實就是閹黨，把魏忠賢、王體乾、徐應元、崔呈秀這些人賞了個遍。

沒過幾天，御史楊維垣上疏彈劾兵部尚書崔呈秀，說他父母去世不回鄉丁憂。崔呈秀也不傻，馬上上奏摺，請求回鄉丁憂，結果皇帝就是不許。

到了這個時候，魏忠賢算是徹底放心了，看起來皇帝並不想真正對付自己，只是用一些手段提示而已，只要自己不太猖狂，稍微順著皇帝一些，好日子還是可以繼續過下去的。皇帝確實不想讓魏忠賢太過猖狂，但皇帝的真實想法是，只有死人才不會猖狂。魏忠賢甜頭吃夠了就去死吧！

終於有一天，陸澄源的奏摺，吹響了真正的號角。

這個陸澄源，既不是東林黨，也不是閹黨。他的態度一向都很客觀和公正，如果他要動手了，那就證明時機到了。

其實，陸澄源彈劾的內容，明眼人早就看出來了。魏忠賢雖然有功，但那也是伺候先帝的功勞，論功行賞，也有祖宗的法制在，可他現在竟然位極人臣，這到底是什麼道理！

這根本就沒有道理，所以崇禎打算講講這個道理。

接下來，兵部主事錢元慤（音確）也上疏奏事，把魏忠賢和閹黨的罪行又統統數了一遍。他比陸澄源還厲害，把魏忠賢和歷史上的叛國謀逆的王莽、董卓相提並論。

這些人的奏摺，一封比一封厲害，給魏忠賢扣上了謀逆的帽子。說起玩心眼，魏公公可是比不過這些讀書人。

崇禎一看，火候到了，可以動手了。

聽說這些奏摺皇帝都看了，魏忠賢害怕了，他決定採取行動。而他的行動，就是哭。他本來想用眼淚博得皇帝的同情，可皇帝並沒有如他所想的被感動，而是冷冷地看著他，並且叫來一個人把錢嘉徵寫的奏摺讀給魏忠賢聽。這封奏摺裡沒寫別的，就寫了魏忠賢的十大罪，魏忠賢聽了，嚇得魂都沒有了。

魏忠賢終於明白，皇帝並不想和他共用權力，他要的是全部，是為君者應該得到的尊嚴和榮耀。很明顯，魏忠賢存在一天，皇帝就憋屈一天。

魏忠賢靜靜地等待著皇帝的宣判。果然，皇帝開口了，魏忠賢一下子被趕出去南京守陵了。魏忠賢看到大勢已去，就連忙找人幫忙，他找到了當時皇上身邊的太監徐應元，表示自己只想留條後路，徐應元答應了，並且在皇帝面前也替魏忠賢說了好話。可沒想到，這一下，魏忠賢死得更慘。

皇帝沒想到，自己身邊的人竟然會替魏忠賢說話，看來讓魏忠賢去守陵是不夠的，一定要永絕後患。至於這個徐應元，既然你和魏忠賢要好，那你也去守陵吧！

要說這個魏忠賢沒有什麼腦子，都已經倒楣了，還不低調一點，竟然浩浩蕩蕩地帶著大隊人馬前往南京。皇帝看了，心裡很是彆扭，於是馬上下旨兵部，聲稱魏忠賢謀逆，擅竊國柄，誣陷忠良，罪當死。崇禎的意思是：你犯了大罪，我已經從輕發落了，但是魏忠賢不知道反省自己，反而糾結了一批亡命之徒在自己周圍，敢情是要造反不成。皇帝沒想到魏忠賢這麼不知死活，竟然還擺出一副能和我抗衡的姿態。

就在錦衣衛星夜兼程追趕魏忠賢的時候，魏忠賢也得到了皇帝欲除掉自己的消息。大勢已去，任你有通天的本領也難力挽狂瀾。自己這次看來是躲不過去了，既然如此，還不如來個痛快的。

天啟七年（一六二七）十一月六日，魏忠賢自縊而死。

一代巨奸魏忠賢死後，崇禎皇帝立刻開始了剷除閹黨的行動。雖然朱由檢年紀不大，可政治手段堪稱老辣。一番快刀斬亂麻，朝野上下為之清明，閹黨集團可以說是蕩然無存。而後，皇帝又下令恢復那些在與閹黨的爭鬥中失去生命的東林黨人的名譽，並封賞了所有做出貢獻的鬥士們。

【知識鏈結】

陸萬齡，監生出身，依附於閹黨。天啟七年（一六二七）五月，上書建議在國子監裡為魏忠賢建生祠。被魏忠賢看重後，更加肆無忌憚，對有錢的監生進行搜刮，引起眾人抱怨，紛紛告假在家。崇禎時，遭朱三俊彈劾，被處死。

第十八章：力挽狂瀾孫承宗

孫承宗本來是一頭獅子，可是他卻生錯了地方，生在了羊群裡。面對外來的威脅，這群羊對外沒有什麼鬥志，卻在窩裡鬥得厲害。一個人是挽救不了一個世界的。明朝滅亡的跡象已經越來越明顯了，儘管有袁崇煥還在做著最後的掙扎，但事實證明，在那樣的亂世裡，獨善其身都是一件很難辦到的事情。

孫承宗是明末一個近乎於神話的傳奇人物。他的出生地在今天的河北省高陽，他從出生開始就生活在前線。這樣的生活本來是恐怖和痛苦的，因為不知道什麼時候敵人就打過來，整日都提心吊膽。可孫承宗偏偏和別人不一樣，別的小孩能離邊界多遠就離那多遠，他偏不，非要湊上去看看，而且看得興趣盎然。

不過，童年時期的孫承宗看起來就是膽子大一些，其他的也沒什麼特別之處，依舊走的是一條讀書，娶妻，考科舉的道路。在他十六歲的時候，參加科試，得了第一名，同年娶了一個姓王的姑娘為妻。而後，光榮消失，孫承宗頂著個秀才的頭銜，安靜地過了十年。

十年之後，已經二十八歲的孫承宗第一次來到京城。但他不是來參加科舉考試，而是來給一個官員的孩子當家庭教師。

在京城教了一年，孫承宗不安分，又來到易州，給當時的兵備道房守士當家庭教師。這次他雇主的身分，直接影響了孫承宗以後人生的走向。

沒過多久，孫承宗發現，光是教別人讀書，自己這麼多年來也沒有潛心學問，似乎應該充充電了。於是，他在三十一歲的時候，進入國子監讀書。一年後，順利考取了舉人。考取舉人後，竟然又回到雇主家裡繼續教書。唯一不同的，就是以後人們見到這個教書先生，不再叫他孫秀才，而是尊稱一聲孫舉人，僅此而已。

如果孫承宗一生僅限於此，不熱衷功名，不嚮往富貴，就是老老實實地誨人不倦，那麼，明朝的壽命，可能就會短上那麼一大截。好在，明朝暫時命不該絕。因此，孫承宗的生活，也就不能這麼安逸下去了。

萬曆二十七年（一五九九），兵備道房守士被調往山西大同，就任大同巡撫。已經三十七歲的孫承宗帶著妻子跟隨雇主一起就任。看來，孫承宗在教書育人方面確實有一套，以至於這個雇主走到哪都得帶著這位先生。

但就是在大同，孫承宗第一次見識到了真正的戰場。和過去那種手無寸鐵，只能任由異族侵襲的日子不同，這一次，他見到了將領是如何指揮軍隊，如何上陣殺敵的。

在戰場上，沒有眼淚，沒有後悔，有的只有流血和犧牲。滿眼的殺戮，充耳的吼聲，都讓這個讀書人感受到了徹骨的寒冷，而後被激起無邊的熱血。

曾經苦讀的兵書，現在看來似乎並不是萬能的；如神的戰法，在戰場上可能經受不住一秒鐘的考驗。孫承宗終於明白，只有親自來到這片充滿了血腥和暴力的土地，才有可能真正領會到戰爭的真諦。雙手只有沾染上鮮血，才會擁有握起武器、砍殺敵人的力量。這都是真正的戰場教給孫承宗的。而孫承宗，很明顯，是一個非常優秀的學生。

不過，孫承宗的雇主——大同巡撫就沒有他的教書先生這麼興奮了。因為他遇到了一個將領最不想遇到的情況——嘩變。

不知道是什麼原因，可能是跟軍餉有關，古時的人當兵，抱著為國盡忠目的來的人，比較罕見，大部分還是迫於生計，到軍隊討碗飯吃。所以，一旦沒有飯吃，這些當兵的就很容易利用手裡的武器嘩變。當巡撫手下的兵舉著刀劍，將他團團圍住時，這個曾經的兵備道也沒轍了。這個時候，一向沉靜的教書匠孫承宗站了出來，替他解決了這場兵變。

具體是怎麼解決的，無從瞭解。但經由這次事件可以看出，孫承宗早已具備了臨危不懼以及當機立斷的魄力，而對於一個用兵者而言，這兩點是很重要的特質。所以說，應該感謝那個兵備道，是他給了孫承宗實地考察和親身實踐的機會，進而成就了孫承宗超群的能力。

可能是戰場給了孫承宗新的動力，他決定不再流連於這份安逸的生活，重新踏上了科舉的道路。不過這一次，孫承宗認真了，並且很快就看到了結果，很好的結果。

萬曆三十二年（一六〇四）二月，四十二歲的孫承宗赴北京參加會試，成績是第一百一十五名。然後在隨即舉行的殿試上，孫先生大放異彩，一舉奪得了一甲第二名，也就是榜眼。看來有實力的人，終究是會嶄露鋒芒的。

隨後，孫承宗進入翰林院，成為一名翰林院編修。看似飛黃騰達，可實際上，在翰林院，像他這樣的人有很多，要想當大官不是那麼容易的。孫承宗只有等，而這一等，等了十年。

萬曆四十二年（一六一四），已經五十二歲的孫承宗終於升官了。他被任命為詹事府右春坊右中允，不久後遷左春坊左中允。這個官雖然品級不高，但卻是一個很重要的位置，因為這個官，是給皇帝講課的。也就是說，孫承宗從此以後，可以直接面對皇上了。

不過很可惜，他面對的這個皇上，就是那個只當了一個月就薨了的明光宗朱常洛。看起來，孫承宗的大好前程還沒開始，就已經結束了。但就在這短短的一個月時間裡，他已經替自己找好了下一個學生，當時的太子，而後的熹宗朱由校。

光宗死後，熹宗即位。孫承宗升任左春坊左庶子兼翰林院侍講，掌司經局管誥勅撰文，並被任命為熹宗的日講官。據史料記載，熹宗非常喜歡這個老師，一聽孫老師講課，皇帝就覺得有所頓悟。看來，長期教學一線的戰鬥經驗，已經讓孫承宗能夠應對各式各樣的學生了，就連朱由校這樣只愛木匠活不愛江山的呆子，都能開竅，孫老師功力可見一斑。

從此，孫承宗坐穩了兩代帝師的位置。而後的歲月，孫承宗將充分運用皇帝對他的信任，實現自己的抱負。好在，孫先生一生為國，並沒有讓皇帝的信任錯給人。

【知識鏈結】

詹事府，由明太祖朱元璋創立，是管理太子宮中事務的機構。詹事掌統府、坊、局之政事，以輔導太子。存在於明、清兩朝。明中期以後，詹事府成為翰林官遷轉之階，太子出閣的講讀之事都由其他官員充任，名實已不相符了。

兩代帝師心繫邊防

入夜，孫承宗坐在書桌後面，翻開手中的書，對著另外一個坐在高位上的年輕人細細地講解。年輕人自己聆聽，並不時用筆在書上做著記號，還經常停下來向孫承宗問些問題。這些問題大部分是關於如何安民，如何治國的。而孫承宗總是不慌不忙地娓娓道來，彷彿對面坐的不是這個帝國的最高統治者，而是一個再普通不過的學生。帝師，一個多少人想要得到的位置，但孫承宗明白，這個位置不會是他的終點，儘管此時，他已經是五十八歲的老人了。

萬曆四十八年（一六二〇）七月，萬曆皇帝駕崩。孫承宗奉命擬寫遺詔。太子朱常洛終於結束了多災多難的儲君生涯，成為了新一任的皇帝。

這個時候，孫承宗已經是左春坊左諭德兼翰林院侍讀。他日日陪伴皇帝讀書，為皇帝講課，按道理說，在所有的人當中，皇帝是最大的後台，如果能找到皇帝當靠山，那麼就差不多所向無敵了。這個道理孫承宗懂，只可惜他的這個後台只活了短短的一個月，就一命嗚呼了。

不過沒關係，孫承宗很快就找到了另外一個靠山，繼位的皇帝朱由校。他為這個孩子當了整整七年的老師，和他建立了情同父子的深厚情誼。這份情誼，不僅在很多時候保住了孫承宗，而且在一定意義上，也保住了大明朝。

找皇帝當靠山，不僅只有孫承宗一個人想到，魏忠賢也想到了。所以當時就出現了一個很奇怪的現象，孫承宗是大大的忠臣，皇帝寵信他；魏忠賢則是大大的奸臣，皇帝也寵信他。其實，道理很簡單，這個皇帝，除了木匠活，什麼都不會做，也什麼都不懂。他只知道，誰對他好，他就要回報誰。魏忠賢陪他玩，變著花樣讓他開心，所以他要對魏忠賢好。孫承宗關心他，為他講歷史，像父親一樣呵護他，所以他敬重孫先生，離不開孫先生。

不過，不管皇帝對自己的感情如何，孫承宗有了皇帝這個靠山，終於可以做些事情了。

當時，熹宗非常喜歡孫先生講的課，每次都覺得有新的領悟。但好像歷史不想讓孫先生只是成為他的日講官，它需要讓孫承宗去別的地方發揮才幹。

當時，後金已經攻陷了遼陽、瀋陽，舉國上下人心惶惶，時任經略的袁應泰自殺。大臣們都建議皇帝派孫承宗去主持遼東戰事。為什麼？因為大家都知道，這個人懂帶兵打仗之道，並且極有臨危決斷的能力。這樣的人才，怎麼能不放在最重要的位置上呢？

這時的孫承宗，已經從原先的翰林院侍讀升職為經筵講官、兩朝實錄副總裁，再升少詹事兼翰林院侍讀學士。從成為中允那天起，到成為侍讀學士，孫承宗僅僅用了七年時間。特別是在成為帝師後的三年中，升遷速度更是驚人，不得不說，有了一個賞識自己的皇帝坐鎮，孫承宗想不升官都難。

不過，似乎孫先生的課講得實在是太好了，皇帝捨不得孫承宗離開自己，竟然不顧國事，執意將孫承宗留在朝廷。大臣們一再請示，都被駁回。

一邊是捨不得自己的皇帝，一邊是看重自己才能、傾力相助的同僚。孫承宗此時覺得，這實在是一個讓人覺得欣慰的煩惱。

皇帝似乎怕留不住孫承宗，就連忙又給他升官，這次給的官職是禮部右侍郎，協理詹事府。

但是沒過多久，皇帝發現，局勢已經發展到不能由著自己性子來的地步了。

當時，後金的軍隊逼近廣寧，王化貞棄城逃跑，熊廷弼也放棄了關外大片國土，退回關內。而後，竟然再沒有人願意出關主持戰事。兵部尚書張鶴鳴竟然因為害怕，辭職回家了。沒辦法，皇帝只能任命孫承宗為兵部尚書兼東閣大學士，主持政事。而孫承宗僅僅在職三個月，朝風為之一振。

孫承宗終於達到了最高的位置，進入了真正的權力中樞。雖然之前他升官也不慢，但畢竟只是在翰林院裡折騰，升來升去也就是換個頭銜，工作卻一點沒變，就是為皇帝講課。可現在，孫承宗從一個翰林院的講官，成為主管朝政的內閣大學士，可以說，這個升官的速度快得驚人。

坐上了內閣大學士兼兵部尚書的位置後，孫承宗做了他該做的。他向皇帝提出建議，朝廷這些年來疏於練兵，而軍餉的發放經常沒有嚴格的核對，這就造成了將領吃空餉的情況。而武將作戰，卻要聽從文官的安排，用文官牽制武官，容易造成戰鬥力的減弱和戰略計畫的制定錯誤。可見，孫承宗在當老師的歲月中，並沒有忘記關心戰事，在他的心裡，始終有著金戈鐵馬、衝鋒陷陣的激情。這個人，勢必是屬於戰場的。

官升到現在，孫承宗覺得差不多了，他要去前線，去真正需要他的地方。只有在那裡，他才能實現他多年以來的願望，為國殺敵。

【知識鏈結】

熊廷弼（一五六九—一六二五），字飛百，號芝岡，湖廣江夏（今湖北武昌）人。萬曆年間進士，兩次經略遼東。天啟元年（一六二一），建州叛軍攻破遼陽，他再次被任命遼東經略。因與廣寧（今遼寧北鎮）巡撫王化貞不和，導致兵敗潰退，廣寧失守。天啟五年（一六二五）被冤殺。

慧眼識崇煥

一天，在遼東幹得好好的王在晉被人舉報。孫承宗放心不下，他決定親自出關一趟。到了關外，見到了王在晉，他發現這位仁兄還在夜以繼日地修建所謂的新城。孫承宗把他叫到跟前，隨便問了幾個問題，就發現王在晉果然不是塊好料。王在晉別具匠心修建的雙重關卡，在孫承宗眼裡完全不值一提。更讓孫承宗氣憤的是，王在晉竟然在山上建立三個寨子，用來安置潰軍。仗還沒打，這位仁兄就開始計畫失敗以後的事情。

也許孫大人太氣憤了，覺得這個人留在身邊也沒用，於是回京後，一道奏摺就把王在晉發配去了南京。孫承宗主動請纓，要到遼東督師，在八里鋪建新城的計畫自然就不了了之。

臨行前，熹宗皇帝親自送行，並賜尚方寶劍一把，授便宜行事之權。孫承宗終於要在戰場上，鑄就他的光輝偉業了。

雖然榮耀加身，但孫承宗明白，此時的自己，年事已高，即使擁有敏銳的嗅覺，精準的判斷力，但歲月不饒人，他不可能事必躬親。於是，他決定找一個人，把自己畢生所學及心得都傳授給他，讓這個人代替自己去完成收復國土的使命。

這個人，孫承宗早就找好了，就是那個官職卑小、但勇於上疏批判王在晉的袁崇煥。

袁崇煥早就表現出了他的不同凡響。當初，孫承宗組織軍事會議，向在座的將領詢問下一步的計畫，袁崇煥當時就提出來，應該把守衛的重點放在寧遠城上。事實證明，這是一個非常明智的建議，因為孫承宗在實地考察後發現，寧遠處於敵人後方，守衛起來困難重重。但地理位置特殊，它三面環山，一面是海。

孫承宗發現，這是一個很有利的條件，只要讓士兵們守住了城門，到時候各種資源均能從海上直接運到城下。努爾哈赤雖然很厲害，但他耗不起，而且最重要的是他沒有水軍。因此，孫承宗肯定了袁崇煥的建議。他發現，這個年輕人，實在是有勇有謀。所以，孫承宗就把建設城牆的任務交給了這個年輕人，也把殷切的希望一起給了他。

從此，袁崇煥除了修城，幾乎成了孫承宗的跟班，無論是幹什麼，孫承宗總要帶上袁崇煥，讓他在實踐中學習自己的所有。而袁崇煥一點也沒辜負孫大人的期望，短短幾年時間，他就成長為一個可以獨當一面的軍事將領。

孫承宗此時不僅要忙著將畢生所學盡數教給袁崇煥，還要忙著擬訂作戰計畫，訓練軍隊。當時，關上有軍隊七萬人，可這七萬人毫無組織紀律可言，實在是沒有什麼戰鬥力，而且報空頭、領空餉的不在少數。孫承宗雷厲風行，首先淘汰掉逃將數百人，並且將那些老弱病殘者約萬餘人盡數遣返。把兵都送回家了，誰來打仗？孫承宗有辦法，他從收歸的難民中選擇了七千人作為他的前鋒。這些人，家園被敵人毀了，親人也被殺了，他們和後金才算得上是苦大仇深。這樣的人，只要稍加訓練，勢必會擁有驚人的戰鬥力和堅定的戰鬥意志，是那些雇傭兵所不能比擬的。

同時，孫承宗和袁崇煥也發現了一個很嚴重的問題，那就是後金所擁有的騎兵對他們威脅太大。明朝軍隊以步兵為主，到時候被人騎在馬上追得到處跑，這仗還怎麼打？所以，唯一的辦法，就是訓練出一支足以和後金抗衡的騎兵部隊，在馬上和敵人一決高下。

在孫承宗的授意下，袁崇煥從難民中選取了一批身強力壯、膽子也大的人，天天訓練他們騎術和馬上作戰的本領。而這批人進步神速，只等待上戰場的那天了。看起來袁崇煥很得孫承宗的賞識，但不久他闖了一個禍，讓孫承宗發現了他身上一個致命的弱點。

有一天，遼東巡撫閻鳴泰讓袁崇煥去查冒領軍餉的事。袁崇煥到了地方，問清了罪行，犯事的人也坦白了一切，本來袁崇煥就可以回去覆命了。可沒想到，袁大人脾氣上來，竟然直接就把這個主事者給砍了。這一砍不要緊，當時的士兵們見了，抄上傢伙就衝袁崇煥去了，差點引起嘩變。

孫承宗知道後，怒不可遏，把袁崇煥叫來大罵了一通。誰給你的權力可以私斬軍官，還在陣前行刑？這不是擺明了讓士兵們的鬥志動搖嗎？如果因此妨礙了遼東大局，這個罪過你擔得起嗎？

袁崇煥聽了，連忙請罪。孫承宗實在是捨不得這麼個人才就這樣損失了，只好強忍怒氣，把事情按了下來。可是從這件事情上，孫承宗看出，這個學生，驕傲自大，極易目中無人，如果他掌握了大權，不知道還有誰能鎮得住他。

不過，現在局勢危急，孫承宗來不及多做考慮。總之，袁崇煥是個人才，而且，是個他現在極其需要的人才，也是大明朝需要的人才，這就夠了。

為了朱由校能夠坐穩江山，為了大明朝能夠不淪於敵人的鐵蹄之下，孫承宗慧眼識珠，從塵土中找出了埋藏的金子，收下了一個他可以為之驕傲的學生。

【知識鏈結】

寧遠城，在今遼寧省興城市，是明朝末期著名將領袁崇煥在山海關以外修建的一座軍事重鎮。寧遠城修築不久，後金就發動了對寧遠的攻勢，袁崇煥以不滿兩萬的有限兵力，挫敗了後金的進攻，守住了寧遠城。

不倒的關寧防線

孫承宗鎮守關外四年間，邊防事業卓有成效。如果這個老人能夠繼續留在這片土地上，那麼，或許明朝和後金的真正對決就不會來得那麼早。只可惜，縱使有天大才能，也擋不住宵小之輩的無恥攻擊。

孫承宗是東林黨人，雖然他遠在關外，但閹黨對東林黨的迫害依然波及了他。恰好，在當時的遼東戰場上，明軍因為冒進，導致了柳河戰役的失敗。這一下，魏忠賢可算抓住了把柄，他立刻組織那些為閹黨效命的言官，不分晝夜，分次分批地上奏摺彈劾孫承宗。雖然皇帝還沒做出什麼反應，但孫承宗知道，東林黨已經垮了，自己再沒有任何依靠，如果這個時候能夠全身而退，就已經是最大的福氣了。

於是，孫承宗主動提出辭職。獲批後，告老還鄉，離開了他為之苦苦奮鬥的遼東。

孫承宗走了，高興的不只是魏忠賢，還有那個在關外一直虎視眈眈的後金之主努爾哈赤，因為明朝派了一個無用之人高第來接替孫承宗。

百無一用是書生。不僅如此，高第的膽子還奇小。他看到關外茫茫的土地，心裡只有一個問題，就是敵人來了怎麼逃。這個問題困擾了他很久，他決定解決它。而他的解決方法，就是撤退。

天啟五年（一六二五）十一月，高第下達命令，大軍撤回關內。

立刻有人不滿了。袁崇煥上書給高第，說此時萬不可撤退。只可惜高大人不聽，仍然堅持撤退。袁崇煥卻堅決不撤。

很快，努爾哈赤就帶兵來攻。天啟六年（一六二六）正月二十三日，大軍抵達寧遠。開戰前，努爾哈赤讓一個漢人入城充當使者，勸明軍投降。但明軍毫不給努爾哈赤面子，告訴他要打就打，我們是不會投降的。

努爾哈赤憤怒了，這是第一次有人輕視他的戰鬥力，既然這樣，那就打吧！

此時的袁崇煥，召集了所有留下來陪伴他的將領，立刻開始了緊急的部署。首先，他令人將城外的所有房屋一律燒毀，所有防禦設施能搬的搬，不能搬的就地毀了，絕不留給後金任何東西做屏障。這一招，叫做堅壁清野。

而後，他命人在城中清查人口，找出後金的奸細。努爾哈赤很喜歡搞裡應外合的一套，只可惜這一次，他的對手是袁崇煥。袁崇煥早就知道努爾哈赤的做法，所以在開戰前，就將自家門庭清理乾淨，不給努爾哈赤留任何機會。

袁崇煥制定了詳細的作戰方針，命總兵滿桂守城東，副將左輔守城西，參將祖大壽守城南，副總兵朱梅守城北。而袁崇煥則坐鎮於城中，統領全局。

此時，寧遠城中，連守兵帶百姓不到兩萬人，面對城外號稱二十萬的敵人，人心自是不定。為了安定人心，袁崇煥給駐守在前屯的趙率教、山海關的楊麒送去消息，一旦看見從寧遠逃回的人，無論兵將一律斬殺。此舉一出，人人皆知袁大人的決心，人心一下安定。

二十四日，後金大舉進攻。努爾哈赤知道寧遠城不同於一般城池，城牆極高，他命人將一種戰車推上戰場，由這種車擋在前面，掩護士兵朝城上發起攻擊，而不受來自城樓上的弓箭和石頭的傷害。這其實是一套很不錯的作戰計畫，只可惜，袁崇煥有比戰車更加可怕的武器——大炮。

伴隨著一聲聲巨響，後金士兵還沒反應過來，就已經腦袋開花了。炮聲一聲接著一聲，從天而降的炮彈把後金軍隊打得四分五裂，戰車此時早已經被炸成灰燼。

當然了，使用大炮就免不了要填充炮彈，而這個空當，袁崇煥也沒讓敵人歇著，大炮沒有了，還有火槍和火藥罐。總之，凡是能點著的，能爆炸的，一概往城下扔，直打得努爾哈赤叫苦不迭。

後金一看，強攻是沒戲了，乾脆改挖牆腳吧，能把城牆挖破，也是可以進城的。這個想法很好，只不過，沒有作用。在後金軍隊的努力下，城牆確實被挖出了幾個大洞，然而城就是不塌，因為天太冷了，連地基帶土壤都被凍住了，怎麼鑿都不管用。

袁崇煥當然不會眼睜睜看著敵人鑿自己的城牆，不知道是誰發明了一項新式武器，用棉花裹上浸了火油、包了炸藥的稻草，朝城下扔去。大炮畢竟因為射程的原因，有些死角是打不到的，而這個新武器就完全解決了這個問題。

至此，努爾哈赤沒有撈到任何好處，反而死傷無數。這個時候，士氣明顯出現了問題。面對明軍的大炮和未知的武器，後金的士兵們都不願意再賣命了。無奈之下，努爾哈赤只得下令，暫時停止進攻，待明天再來。

次日，後金再一次發動攻擊，明軍還是用大炮對付。只不過，一發炮彈出去後，袁崇煥看到後金軍隊有明顯的退去之勢。原來這一炮，打中了一個重要人物。具體是誰，史書上沒有統一的說法。明朝說打中的是努爾哈赤，但清朝的史書又不承認，誰也沒有親眼見過。所以，姑且認為是一個非常重要的人物，重要到他的受傷，可以讓所有的後金軍隊喪失全部的戰鬥力。

戰鬥就這麼結束了，以後金的慘敗，明軍的勝利告終。寧遠，最終成了努爾哈赤的噩夢。

面對重重包圍，袁崇煥表現出了一個將領應有的勇氣和責任，誓與寧遠共存亡，袁崇煥用行動說明了這不是一句口號，而是一句誓言，一句要用血來鑄就的誓言。作為學生，袁崇煥做到了對老師的承諾。他僅憑一己之力，在既無退路也無援軍的困境中，守住了寧遠，守住了關寧防線。

【知識鏈結】

高第（一五六〇—一六三九），字登之，灤州（今河北省唐山市灤縣）人。萬曆十七年（一五八九）進士。天啟五年（一六二五）升任兵部尚書，經略薊遼。天啟六年（一六二六）三月，寧遠大捷後，因被彈劾而遭免職。

滿門忠烈垂萬世

袁崇煥一直到死都保持著對大明的忠誠，只不過，他並沒有完成光復國土的任務。

關寧防線是堅固的。眾多的戰鬥經驗證明，這是一道不能正面衝破的屏障。於是，皇太極採取了一個迂迴的方法，取道蒙古，直接進逼北京，史稱「己巳之變」。

「己巳之變」造成的後果是十分殘酷的。袁崇煥下獄，滿桂戰死，當年的幾大猛將現今已經所剩寥寥。這時，真正的救世者出現了。

孫承宗回來了。在他已經六十七歲的高齡回來了，皇帝在原來的官職上加任少師兼太子太師、吏部尚書、中極殿大學士兼兵部尚書。給了你官，就是要你辦事的。京城已危難如此，祖大壽因為看到袁崇煥的下場率軍棄京城而去，這些打算怎麼辦？

孫承宗自然有辦法。他立刻寫下一封信，命人交給祖大壽。祖大壽見到當年老上司的信，自然是悉數照辦，馬上上表說明自己退兵的苦衷，然後又表示要立功贖罪，再加上孫承宗在一邊說好話，皇帝竟然沒有追究祖大壽的罪過。

此時的皇太極已經率軍退回了關外，但留下了大量的軍隊駐守灤州、遷安、遵化、永平四個重鎮，這對京城依然是個巨大的威脅。孫承宗自然不會臥榻之旁容他人鼾睡，他帶領著手下的兩支強勁的遼東軍，朝著這四個鎮進軍。此時的孫承宗，已經六十八歲，但皇太極依然沒敢輕看這個老人。他派手下的大將阿敏率領部隊前去應對，可是立刻被孫承宗的大炮給打回來，沒過幾天，這四個鎮全數被孫承宗收回。消息傳回國內，舉國上下一片歡騰。似乎轉機來了，有孫承宗在，勝利的消息就會一直傳回來。然而美好的願望往往會落空，這次也不例外。

孫承宗出關後，立誓重建被高第毀掉的大凌河、右屯二城的城防，鞏固關寧防線。他派祖大壽修築大凌河的城牆，可是在祖大壽奮力修牆的時候，皇太極就來了。

後金部隊將大凌河團團圍住，並且將孫承宗派來的援軍全部擊潰。最後，城裡實在頂不住了，已經到了人吃人的地步，祖大壽在無奈之下，只得開門投降。

大凌河之敗，一直以來的好局勢就此止步。孫承宗再次成了眾矢之的。這就是他所效力的朝廷，他所保衛的人。沒辦法，孫承宗再次上書乞歸，皇帝為了安撫局勢，批准了他的請求。自此，遼東這片土地，和孫承宗的緣分盡了。

崇禎九年（一六三六），皇太極建國號為清。

崇禎十一年（一六三八）十一月九日，大清軍隊到達了一個名叫高陽的小城，令他們震驚的是，這正是孫承宗的故鄉，此時的孫承宗正在城中堅守。

清軍並沒有發動攻擊，而是派出使者，圍著城牆大聲吶喊，內容基本是勸降，因為他們知道城中既無守軍，又無將領。可沒想到，換來的竟然是孫承宗在城牆之上嚴厲的拒絕。

清軍無奈之下發動了攻擊。其實何須猛攻，對於這麼一個彈丸之地，基本上一輪進攻就可看到成效。但別忘了，此時站在城牆之上的，是孫承宗。當看到清軍到來時，孫承宗沒有慌張，他召集全家上下四十餘口，然後找到了所有可以充當武器的用具，帶著家人，上了城牆。

這一次，沒有援軍，沒有神助，只能靠孫承宗自己。當清軍看到出現在城牆上的人時，一時之間還有些驚慌。但仔細一看，才發現人群中，竟然摻雜著老弱婦孺，這座城市，似乎傾巢出動了。這仗怎麼打，局勢很明顯。孫承宗不佔任何優勢，但就是在極端劣勢的情況之下，孫承宗依然守城一天，即使戰鬥到最後一個人，也要把城門牢牢守住。在暴力面前，正義雖然會被打敗，但永遠不會被征服。

第二天，高陽城破，孫承宗被俘，孫氏一家四十餘口，盡數殉國，滿門忠烈。

面對這個風燭殘年的老人，清軍表示出了極大的敬意。雖然他構築的關寧防線把自己的腳步硬生生擋在關外幾十年，雖然他培養的學生讓自己的軍隊鎩羽而歸，但這個人，是個奇蹟，是個如神一般的人物。在他的身上，有一種東西，是他們這些人所不能理解的，這種東西叫做氣節。於是，又是一輪一輪的勸降，但似乎清軍也明白，讓這麼一個人投降，是這個世界上最不可能發生的事情。所以，當孫承宗正如預料的那樣拒絕後，清軍表示理解，並且給了他一個在他們看來極高的待遇——自盡。

孫承宗整頓衣冠，面朝北方行禮，從容就死。時年七十六歲。

孫承宗走了，這個為了大明朝奮鬥半生的老人走了。他為大明朝留下的，不僅僅是一道固若金湯的關寧防線，不僅僅是支撐了遼東戰局的袁崇煥，也不僅僅是那幾本匯聚了心血的兵法戰書。他為大明朝留下的還有一種精神，一種力量。這種力量，在茫茫的黑夜中，如明燈一般為人指路，在淒淒的寒風中讓人取暖；這種力量，可以讓懦弱者變得強大，讓膽怯者變得勇敢，讓人明白生命的意義，也明白究竟應該為什麼活下去。

【知識鏈結】

己巳之變，在崇禎二年（一六二九）十月，皇太極親自率領後金十萬精兵，繞道蒙古，兵臨北京城下。朝廷急忙命令各路勤王軍保衛京師。袁崇煥先於皇太極兩日到達了北京城外，卻聽任後金騎兵劫掠焚燒民舍。

第十九章：大廈傾頹，無力回天

崇禎繼位，大有再造朱明中興的架勢。然而百餘年的積弊又豈是一朝可補？民不聊生的百姓舉起義旗，在闖王李自成和魔王張獻忠的率領下橫掃中原，直撲京師。剛愎自用的崇禎帝誤中反間計，自毀長城，讓一代抗清名將袁崇煥冤死街頭。朱由檢的那一封封罪己詔，不僅沒有感動上蒼，反而成為了他的墓誌銘。

闖王進京，大明王朝的末日

在美國形形色色的教科書中，不約而同地提到三位中國名人：陶淵明、楊玉環，第三位便是大名鼎鼎的「闖王」李自成。

不過，美國人眼裡的李自成與我們所熟知的形象大相徑庭。被引入教科書的布利耶特的《地球和居住其間的人民》中寫道：「李自成的起義軍，成功只是短暫的。明朝將領吳三桂相信，自己很難跟李自成那樣沒有文化卻具有很強暴力傾向的人在一起共事。他就和滿族結成了聯盟。吳還可能因為李搶走了他的愛妾而心懷憤恨。」

這種形象的李自成跟東方人的理解差異很大。一般來說，國人對步步發跡的「草根人物」充滿敬意，人們公認「王侯將相本無種」，西方則不然。儘管西方也有揭竿而起的革命，但是自從中世紀以來，就很少出現以暴力奪取政權的模式。現在就來看看，李自成到底是不是所謂的「暴徒」。

李自成是陝北米脂人，自小就喜歡打拳踢腿，舞刀弄槍。年輕的時候在驛站管理馬匹。不過他運氣不好，這份差事幹了不久，就因為丟失公文，連同飯碗一塊兒丟了。沒有工作，李自成只能閒坐家中，借債度日。債主三天兩頭上門攪擾；妻子又不安於室，在外拈花惹草。李自成得知此事，勃然大怒，索性一刀宰了債主和妻子。為了避免吃官司，李自成逃到了甘肅投軍，不久便因作戰勇猛，被提拔為把總。可很快他又因為欠餉和參將吵了起來，這時候李自成的暴脾氣又發作了，手起刀落，參將和當地縣令雙雙斃命，李自成也扯起了反旗。

帶著一支小隊伍的李自成四處投靠義軍，但很快這些義軍都先後被朝廷招安。李自成不得已，東渡黃河來到山西投奔舅舅——號稱「闖王」的高迎祥，受到重用，被封為「闖將」。

朝廷對於高迎祥等人頗為忌憚，屢派重兵前往圍剿，但李自成一則打仗悍不畏死，二則足智多謀，因此很難對付。中原五省總督陳奇瑜曾經將李自成軍包圍在興安車廂峽中，眼看就要將其全殲，但李自成買通陳奇瑜的幕僚，偽裝投降，獲得了喘息的機會。待一出峽，立刻復叛。後來洪承疇接任五省總督，義軍損失慘重，不得不採取李自成「分兵定向、四路攻戰」的作戰策略，揮兵南下，襲取安徽鳳陽。鳳陽作為明太祖朱元璋的「龍興之地」，落於義軍之手，對明王朝來說是一個沉重的打擊。沒過多久，高迎祥兵敗被殺，李自成接任「闖王」。儘管張獻忠因故出走，但李自成的軍勢並未因此受到影響，而是繼續在四川、甘肅、陝西一帶與明軍周旋。

在幾年的遊擊戰之後，李自成趁明軍與後金軍在山海關長城一線爭奪，中原空虛之際，率領大軍猛撲河南。適逢天災，大量飢民加入義軍，無論是數量還是士氣，明軍都不是對手，只能望風而逃，節節敗退。崇禎十四年（一六四一），李自成攻破洛陽，擒殺福王朱常洵。朱常洵是萬曆皇帝的兒子，由於深得萬曆寵愛，一再受封獲賞，富可敵國。李自成繳獲了福王的財產，軍勢大振，遂興起了攻滅明朝取而代之的想法。

崇禎十七年（一六四四）正月，李自成攻陷西安，改名為西京，建立大順政權。隨即親率百萬大軍東征，目標便是明王朝的首都北京。此時的義軍，早已不是流寇山賊，而是訓練有素、作戰勇猛的正規軍。李自成一方面放榜安民，號召民眾起來反抗明朝統治；另一方面連戰連捷，席捲山西，攻克太原、大同。進兵神速，轉眼之間逼近了京城。

此時的明王朝已經是搖搖欲墜。雖然崇禎急忙組織各地明軍前來抵抗，但大多一觸即潰，各地官吏更是紛紛開城投降。李自成幾乎沒有遇到什麼像樣的抵抗。到三月中旬，義軍已經進抵北京城下。崇禎急得跳腳大罵群臣，但大臣們卻都各懷鬼胎，低頭不語。明王朝真的是日薄西山，快要滅亡了。

據說，在義軍攻打北京前夕，李自成曾經派遣明朝降官祕密進入北京與崇禎談判，要求崇禎裂土封疆換取和平。根據史料記載，李自成要求「割西北一帶分國王並犒賞軍百萬，退守河南……闖既受封，願為朝廷內遏群寇，尤能以勁兵助剿遼藩。但不奉詔與覲耳」。但崇禎帝卻仍然以天子自居，寧可一死，也不同意偏安一隅，苟且偷安。

議和既然不成，李自成只好以武力解決問題。在紅衣大炮震耳欲聾的炮聲中，義軍吶喊著向北京城發起了攻擊。城內守軍毫無還手之力，紛紛四散逃竄。諷刺的是，崇禎的寵臣、守城總管、宦官曹化淳率先打開外城廣寧門投降。第二天，宦官王相堯、兵部尚書張縉彥、朱純臣等人也紛紛打開自己把守的內城城門。大順軍不費一兵一卒，順利佔領了北京城。

【知識鏈結】

李自成（一六〇六—一六四五），崇禎二年（一六二九）起義，後為「闖王」高迎祥部下的「闖將」，勇猛有識略。崇禎十六年（一六四三），在河南汝州殲滅明陝西總督孫傳庭的主力，並乘勝進佔西安。一六四四年正月，建立大順政權，年號永昌。同年三月十八，攻克北京，推翻明王朝。四月，被多爾袞與吳三桂合兵在山海關擊敗。

煤山自縊，無顏可對蒼生淚

崇禎十七年（一六四四）三月十九，闖王李自成攻入京師，崇禎皇帝逃到宮外，自縊謝罪天下。

崇禎皇帝自縊之處，至今尚無定論，是故有樊彬「悲啼不知處」之說。流傳最廣泛的說法就是其自縊於煤山，亦即萬歲山的民間俗稱，也就是今天的景山。之所以被民間稱為煤山，是因為景山下邊堆過煤；又因為傳說該山壓住了元朝的龍脈，而俗稱鎮山。綜合各種史料來分析，雖其中略有差異，但大致上也可以認為是在此處了。

最大的疑問是，崇禎皇帝朱由檢所自縊的那棵樹是什麼樹。流傳最廣的說法是槐樹。而據正史顯示，崇禎皇帝是自縊於壽皇亭中而非樹上。《明實錄・崇禎實錄》卷十七記載：「（崇禎）登萬歲山之壽皇亭。俄而上崩……」《明史・流賊傳》云：「以帛自縊於山亭，帝遂崩。」《明史紀事本末》卷七十九亦說：「逐仍回南宮，登萬歲山之壽皇亭自經。」另有幾部野史也如此記載。但在趙士錦的《甲申紀事》中記載：「得先帝遺弓於煤山松樹下，與內監王承恩對面縊焉。」《明孝北略》卷二十云：「崇禎……自盡於亭下海棠樹下。」《三垣筆記》則曰：「遂同承恩對縊煤山古樹下。」松樹、海棠樹、古樹……總之是沒提到槐樹。事實上，崇禎皇帝應該是自縊於壽皇亭中而非樹上。據《明史》記載，李自成的大順軍是在崇禎自盡之後的第三天才發現了他的屍體。若是自縊於樹上，那麼多的士兵都搜不到，不符合常理。只有崇禎自縊於一個隱蔽之所，才有可能讓李自成軍在三天之後方找到他。

實際上，自縊槐樹一說出自於清軍入關之後。崇禎自縊之後，多爾袞是以剿滅逆賊李自成的名義而入主紫禁城的，並不是後來實際上的「改朝換代」。為了進一步鞏固群眾基礎，籠絡民心，於是對崇禎皇帝的死表示惋惜，特意在景山上找了棵槐樹，並將之稱為「罪槐」。樹身加以鐵索，並立碑供民間悼念。雖然這棵槐樹幾經戰亂、數度毀於戰火，但人們總是在原址處再植新株，而這棵「罪槐」也一直背負著沉重的罪名，直至今天。

二十世紀五〇年代，「罪槐」前曾書有一副對聯。聯曰：「君王有罪無人問，古槐無過受鎖枷。」一此聯可謂恰如其分地指出使明王朝滅亡的罪魁禍首是誰，正是崇禎皇帝、明思宗朱由檢。誠然，自萬曆十五年（一五八七）之後，大明之滅亡已成定局，只是時間問題，但崇禎帝即位後的所作所為，卻加速了本已風雨飄搖的明王朝的滅亡。

明朝崇禎帝即位後，誅滅客氏、魏忠賢，一時頗有重振朝綱、挽救危亡之勢。但是，魏忠賢失敗後，閹黨仍企圖操縱朝政，長期延續的黨爭並沒有消除。加之崇禎專擅自恣，對文臣多有猜疑；對武將任意殺戮，屢斬敗將，臣下為保住腦袋多求避禍，少有諫言。統治集團長期動盪，上下官員貪賄風行，軍兵日益虛潰。朱由檢慣用的伎倆就是用小動作掩人耳目，他最勇敢的事是殺人。他發脾氣時，人性和理性全失。一個城市淪陷，就把守城的將領殺掉。

他對飢餓的武裝群眾也恨入骨髓。有人向他提及飢饉和官員鄉紳貪暴，他就發怒，發怒的原因是他無法解決，所以他不願聽到。不過他卻相信小動作可以幫助他，確信僅虛心假意地表演一下就能掩蓋天下人的耳目，所以他不斷地宣布「避殿」、「減膳」、「撤樂」，不斷地聲言流寇也是他最親愛的赤子，不斷地下令政府官員自我檢討。有一次還把宰相們請到金鑾殿上，向他們作揖行禮，說：「謝謝各位先生幫助我治理國家。」然而不久就大發雷霆，把被他謝過的「各位先生」殺掉了。

朱由檢的急躁性格，使他好大喜功，並且認為重刑是促使他部下創造奇蹟的動力。但有才幹的部下又使他如芒刺在背，他只能用宦官型的恭謹無能之輩，只有在這種人面前，他才心情愉快。朱由檢常嘆息他無緣得到岳飛那樣的將領。其實，恰恰相反，他已得到了一位「岳飛」，那就是袁崇煥，結果卻用冤獄酷刑對待他。

即使他在死之前都不忘記用點小伎倆掩人耳目。他在自縊之前留下這樣一份遺書：

朕涼德藐躬，上干天咎，然皆諸臣誤朕。朕死無面目見祖宗，自去冠冕，以髮覆面。任賊分裂，無傷百姓一人！——《明史・莊烈帝本紀》

意思是說：雖然由於我品德不好，上天才會降下亡國懲罰，但也是群臣誤我。我死無面目見祖宗於地下，所以我脫去了龍袍皇冠，用頭髮擋住臉。任憑逆賊割裂我的屍體，請不要遷怒於百姓，不要枉殺無辜。

這份遺書可能是後人偽造的，也可能是真的，它充分顯示了朱由檢用小動作掩人耳目的伎倆。他把失敗的責任一股腦兒推到別人身上，自己責備自己品德不足，並不是真心地承認錯誤，而只是用以烘托群臣的罪惡。問題是，群臣中沒有一個人出於民選或由老天爺派下來的，全部由朱由檢任用，當時明朝有六千餘萬人口，不知道他為什麼專挑選一些「誤他」的人當他的政府官員？朱由檢要求「逆賊」不要傷害人民，他也知道「逆賊」不會聽他的，這種廉價的文章，不過企圖留下他非常慈悲的印象罷了。看看那些在安塞縣荒郊哭泣和蹲在地上吃糞土的孩子，以及被明政府軍屠殺的難民飢民，恐怕沒人會相信朱由檢有此悲天憫人的胸懷。

崇禎死了，大明王朝不復存在；三尺白綾，懸起漢民族最後一個封建王朝在中原統治的句號。朱由檢為他的剛愎自用埋單，卻用整個帝國來為他陪葬。

【知識鏈結】

朱由檢（一六一〇—一六四四），明朝第十六位皇帝。一六二七—一六四四在位，年號「崇禎」。在位期間大力剷除閹黨，並六下罪己詔，但明朝國力已無法振興。內有人民起義，關外清朝勢大，已處於朝不慮夕的境地。一六四四年，於煤山自縊身亡。

南明，留住朱明的最後希望

崇禎十七年（一六四四），北京城在李自成的大順軍進攻之下陷落，崇禎帝自縊。雖然皇帝身死，但大明名號尚在。四月，福王朱常洵的世子朱由崧在鳳陽總兵馬士英等人的護送下來到南京。五月四日，朱由崧在明太祖朱元璋稱帝處，也是大明王朝的陪都南京稱監國。十一天之後，朱由崧在群臣的擁立下於南京稱帝，年號弘光。次年即弘光元年，設立百官建制，領導人民對抗清朝。這就是由明朝宗室建立起來的第一個反清政權——南明弘光政權。

然而，福王朱由崧的弘光政權並沒有堅持多久的抵抗，南明隆武元年（一六四五）五月，清軍橫渡長江，直逼南京。大兵壓境下，南京城破，弘光帝朱由崧在安徽蕪湖被清軍俘獲，旋即被押至北京問斬。弘光政權最後的一支力量、駐紮於杭州的潞王朱常淓部，因寡不敵眾，叛明降清。至此，弘光政權的抗清爭鬥宣告失敗。

次年，清兵既定三秦，下河南入楚，取荊襄。李自成死後，其姪子李過於湖南平江與大順軍餘部會合，後聯合南明何騰蛟，堵胤錫等抗清。不過，李過的抗爭也沒有持續很長時間，接二連三地戰敗，讓他身心俱疲，沒過多長時間，便病死在安慶。

這段時期，還有一些渾水摸魚之輩假冒明朝宗室，稱王稱帝。史料中記載了這樣一件事：順治三年（一六四六），沅州忽然傳出消息，南明小朝廷的弘光帝忽然駕臨此地，一時之間，不少文武官員連忙接駕相迎，弘光帝也不客氣，佔據了沅州道臺衙門作為行宮，竟然聲勢浩大。這件事情傳到了湖南撫臺那裡，湖南撫臺根本不予采信，便派出手下前往一覷究竟。撫臺派出的人與前來勤王的米壽圖等人會合，假意拜見皇帝，誰料弘光帝竟然做僧道打扮，又像大姑娘一樣不讓他們看到真面目。米壽圖等人當機立斷，將這名所謂的弘光帝一舉拿下。經過審訊，此人交代了事實。原來此人就是沅州本地人，叫查顯仁，因見天下大亂，便想趁亂獲利。最終落了個身首異處的結果。

在西南地區，最主要的南明小朝廷是由兩廣總督丁魁楚與廣西巡撫瞿式耜擁立的永明郡王朱由榔。朱由榔是明神宗之孫，桂王朱常瀛的第五子。在南京弘光小朝廷覆滅以後，他先是於順治三年（一六四六）十月在廣東肇慶稱監國，十一月十八日又稱帝，改元永曆。

永曆政權主要依靠的是起義軍的殘部和前明將領的兵力。永曆帝即位之初，曾經一度將清軍抵擋於雲、貴、桂幾省之外，並且進行了一系列的反擊。在何騰蛟、瞿式耜（音似）等人的努力之下，南明軍隊在湖南取得了一系列的勝利，並帶動廣東、四川等地發動了新一波的抗清高潮，甚至原本已經降清的一些將領也先後重新倒向南明朝廷。

但此時清軍幾乎已經取得了整個中國，偏居一隅的永曆小朝廷根本不是清軍的對手，更何況經過一開始的「蜜月期」之後，朝中不同派系之間的問題逐漸暴露出來，幾方面彼此攻訐不休，內耗嚴重，清軍趁勢捲土重來。

隨著何騰蛟、瞿式耜等人先後在戰鬥中殉國，南明朝廷無人可用，原本收復的湖南、廣西等地再次落於清軍之手。到順治十四年（一六五七）孫可望降清，極大地打擊了永曆小朝廷。果然，第二年清軍在吳三桂的帶領下，兵分三路攻入雲貴，永曆政權土崩瓦解，永曆帝在明將李定國的保護下逃到緬甸。吳三桂隨即與緬方交涉，並帶兵攻入緬甸。在清王朝的強大壓力下，緬甸人不得不屈服，將永曆帝俘虜並送至雲南。永曆帝旋即被吳三桂殺害，其餘宗室大多死在緬甸。南明政權宣告滅亡。

【知識鏈結】

《桃花扇》是清初作家孔尚任經十餘年苦心創作，三易其稿寫出的一部傳奇劇本。全劇共有四十齣，舞台上常有《訪翠》、《寄扇》、《沉江》等。藉由侯方域和李香君的愛情故事反映南明的滅亡。「借離合之情，寫興亡之感，實事實人，有憑有據。」

大順覆滅，九宮山下闖王歸

瀰漫在山海關的硝煙還未散盡，多爾袞以順治皇帝名義下令晉封吳三桂為平西王。經過山海關大戰，跟隨吳三桂多年的關寧將士幾乎全軍覆沒，多爾袞劃撥精兵一萬歸吳三桂指揮，讓他充當先鋒，追擊李自成。孑然一身的吳三桂，只能接受剃髮易服的命運，再也沒有了退路，後來知道家人慘死北京，吳三桂便星夜追擊，誓取李自成的項上人頭祭奠親人。

李自成再也沒有了「闖王」的豪情，他的軍隊也完全失了銳氣。回到北京城，他們就在城內燒殺擄掠，奸盜邪淫，無惡不作。而李自成則忙著稱帝，匆忙在武英殿舉行了「登基禮」，燒了大明紫禁城，殺了吳三桂全家三十多口。從北京到西安一路撤退。為了穩定局面，安撫人心，在退兵的路上他還採取了一系列政治經濟上的改革措施，希望以此能打好政權基礎，以待日後捲土重來。然而此時的大順政權早已失卻人心，李自成的這些舉動已經毫無意義。

五月二日，大清的部隊終於進入了北京城。多爾袞終於實現了從努爾哈赤以來大清國多年的夢想。欣喜若狂的多爾袞急切地進入紫禁城，在武英殿臨朝視事。

和躺在功勞簿上的李自成不同，多爾袞從一開始就意識到得天下容易治天下難的道理。他首先為前朝自縊身死的崇禎皇帝舉行了規模盛大的喪禮，喪禮持續三日。此舉不但迎合了前明官員和百姓的心情，也表示了大清王朝的正統性和合法性。接下來，他又張貼告示，宣布對前明官員一概不問責，只要投降大清，便可官復原職，甚至加官晉爵。對於百姓，多爾袞則要求八旗官兵嚴肅軍紀，不得騷擾。更為可貴的是，原本大清舊例，投降歸順者，必須薙髮。然而多爾袞知道此舉勢必引起官民的反抗，特意頒發詔令暫緩推行薙髮令。這些措施都極大地贏得了民心，為清朝的統治奠定了堅實的基礎。

隨後，吳三桂帶領的清軍尾隨李自成一路南下，很快控制了山西、河南的大部分地區。到第二年正月，鎮守關中門戶潼關的大順將領馬世耀竟然不戰而降，旋即被多爾袞下令殺害。李自成得此噩耗，戰意全消。在此危急存亡關頭，他下令全軍收拾金銀細軟，撤離西安，甚至想再次火燒城池。幸虧李自成部將田見秀陽奉陰違，西安的黎民百姓才免遭火焚。

此時的大順搖搖欲墜，人心皆散。李自成退出西安後，一路向南，經陝南進入湖北。戰略性錯誤使他再次陷入了被動，重新成為明清兩方共同的敵人。當他在湖北盤桓時，清軍也已隨後而至。李自成不得不落荒而逃。最終，在江西九江附近，清軍包圍了李自成的主力部隊，經過一場慘烈的戰鬥，大順軍幾乎全軍覆滅。劉宗敏、宋獻策等許多重要將領或戰死或被擒，李自成僅率領一萬餘人馬西撤到湖北南部山區繼續戰鬥。

後來，李自成率軍到達九宮山一帶，此後便失去了蹤跡。數萬大順軍也像蒸發似的，一下子就沒了。關於李自成最終的結局，後人提出了許多不同的看法：

第一種說法是自縊。據說李自成由於連遭敗績，最終又被武裝鄉民包圍，遂選擇自縊身亡。這個說法是清軍負責追擊李自成的統帥英親王阿濟格給清廷的報告，而且爭議頗大。由於阿濟格並非李自成死亡的見證者，又是在官方的奏報中提及此事，因此可信度未必有多高。

第二種說法是戰死。根據當地地方誌和族譜的記載，確實有當地居民斬殺流寇的記載。例如，《通山縣誌》載「九伯聚眾殺賊首於小源口」；《程氏宗譜》則載「剿闖賊李延於牛跡嶺下」。但這些都不能作為李自成死亡的確切證據。

第三種說法是誤殺。根據清人筆記記載，李自成是在拜謁九宮山上的元帝廟時，被當地鄉民誤以為是土匪流寇的當地鄉民從背後襲擊身亡的。

這個說法雖然過於傳奇，但它卻可能反映了一定的真實情況。因為第三種說法和第二種說法有一定的關係。康熙年間的歷史學者費密所著的《荒書》中對李自成死亡的經過是這樣記載的：

大清追李自成至湖廣。自成尚有賊兵三萬人，令他賊統之，由興國州游屯至江西。自成親隨十八騎由通山縣過九宮山嶺即江西界。山民聞有賊至，群登山擊石，將十八騎打散。自成獨行至小月山牛脊嶺，會大雨，自成拉馬登嶺。山民程九伯者下與自成手搏，遂輾轉泥淖中。自成坐九伯臀下，抽刀欲殺之，刀血漬，又經泥水不可出。九伯呼救甚急，其甥金姓以鏟殺自成，不知其為闖賊也。武昌已系大清總督，自成之親隨十八騎有至武昌出首者，行查到縣，九伯不敢出認。縣官親入山諭以所殺者流賊李自成，獎其有功。九伯始往見總督，委九伯以德安府經歷。

綜上所述，似乎可以斷定，李自成確實死在了九宮山。但無論清朝還是南明，對於李自成的死都表示了極度的懷疑。就是因為無法做到「活要見人，死要見屍」，李自成的生死便成了一樁千古疑案。

正是因為如此，再加上民間傳說和小說家的渲染，廣泛流傳著一種說法，稱李自成雖然兵敗但並未身死，而是隱姓埋名，在湖南石門縣的夾山出家為僧。此說反對者亦大有人在。

整體來說，李自成從一名販夫走卒，能夠成為指揮數十萬兵馬，麾下上將數十員，縱橫天下，還能進京稱帝的人物，已經足夠被稱為英雄豪傑，而被世人所崇拜。無論是對於明還是清，他都是一個可怕的對手。李自成死了，剛剛入主北京的清王朝去除了一個心腹之患。接下來，他們要面對的是怎麼才能不讓「李自成」死而復生的問題。

【知識鏈結】

大西政權，由明末起義領袖張獻忠建立，與明朝和李自成的大順政權並立。一六四三年在武昌初建。一六四四年，張獻忠佔領成都後稱帝，正式建立政權，年號大西。轄有四川省大部。一六四六年清軍攻入四川，張獻忠被肅親王豪格射殺，由其義子孫可望繼統大西軍餘部。大西軍後轄有雲、貴兩省及四川省的一部，其政權組織後一度改稱興朝。採取聯明抗清戰略後，孫可望接受了南明的藩封，同時取消了獨立的國號，大西軍及其政權成為南明王朝的重要組成部分，後更成為南明抗清事業的最後和最重要的實際核心力量。

民族英雄成功至，保衛南明氣節存

民族英雄鄭成功，最為後人津津樂道的有三點：其一是他帶領台灣軍民抗擊荷蘭侵略者的英雄事蹟；其二是他保衛南明的壯舉；其三是他的身世——海盜鄭芝龍與日本女人的混血兒。

南明弘光元年（一六四五），鄭森（鄭成功本名）隨其父鄭芝龍朝見隆武帝，隆武帝見其少年英俊，談吐不凡，立即欽賜鄭森為國姓朱，改名為成功，並封忠孝伯，領御營中軍都督，賜尚方寶劍，儀同駙馬。民間因此稱鄭成功為國姓爺。自此之後，鄭成功碧血丹心，鼎力匡國，走上反清復明道路。

次年，清軍打過錢塘江，滅魯王政權，隨即大舉進攻福建。鄭芝龍本可以依靠福建山區的複雜地形抵抗清軍騎兵，但是關鍵時刻，他的海盜本性發作，為維護家族利益，竟然準備降清。隆武帝只好坐以待斃。在儒家教育下長大的鄭成功對鄭芝龍的所作所為十分氣憤，他晉見隆武帝，遞上破敵條陳，隆武帝轉憂為喜，封其為都督。

永曆政權建立後，鄭成功為「招討大將軍」。年僅二十一歲的鄭成功奮起反抗清王朝的民族壓迫政策，他在南安縣以「招討大將軍」的名義，在安平、浯州一帶誓師抗清，擁戴南明的永曆政權。剛開始的時候，鄭成功兵少糧缺，只遊蕩於廈門海域。隨後，逃散各地的鄭芝龍舊部以及不願歸附鄭芝龍的將士紛紛投來，成為一支聲勢浩大的軍隊。南明永曆四年（一六五〇），鄭成功率師在金門、石井等地與清抗衡。清廷懼怕萬分。千方百計利用鄭芝龍與鄭成功的父子關係，對鄭芝龍進行威懾，企圖使鄭成功投降。然而，鄭成功忠貞不渝，對其父陳詞：「父誤在前，兒豈誤於後？我在本朝，既賜姓矣，稱藩矣，人臣之位已極，此可謂智者道耳。」「吾父見貝勒時，已入彀中，其得全今大幸也，萬一吾父不幸，天也，命也！兒只有縞素復仇，以結忠孝之局耳。」鄭成功忠貞報國的決心甚得永曆帝讚賞。

南明永曆十二年（一六五八），永曆皇帝派人到思明州冊封鄭成功為延平郡王，部將甘輝為崇明伯，萬禮為建安伯等，軍威大振，一領延平郡。鄭成功兵力漸漸強大起來，在廈門建立一支水師。他跟抗清將領張煌言聯合起來，乘海船率領水軍十七萬人於五月開進長江，六月克鎮江等地，七月逼南京。

此時，南京城內清兩江總督郎延佐一面上書朝廷求救，一面聽從部下的緩兵之計，派遣特使以卑辭向鄭成功求情。鄭成功輕信了清軍之言，拒絕部將的勸諫，只等清軍到時投降。清軍乘機調入各州府的兵馬，從南京東南門入城，使清軍在城內的實力大為加強。

七月二十日夜，清將梁化鳳趁鄭軍防備鬆懈，以鄭軍一降兵為嚮導，率五百騎出神策門，突襲鄭軍獅子山營寨。鄭軍官兵尚不及披甲，清軍已衝殺至前。鄭軍無力抵抗，四下潰逃。梁化鳳乘勝追擊，連破兩座營寨，俘虜鄭軍統領余新，殺副將二人。待鄭軍主力聞警趕到，梁化鳳已撤回城內。當晚，鄭成功欲以主力在白土山中設伏待敵，將大本營移到幕府山，準備在此迎接出城清軍。次日清晨，梁化鳳率精銳騎兵，乘鄭軍倉促之時，突然向神策門鄭軍發起攻擊。鄭軍奮力迎戰，終因猝不及防而敗去。

與此同時，清軍江寧總管客客木率一部兵力由儀鳳門繞到幕府山后夾擊鄭成功大本營，鄭軍抵擋不住，鄭成功急駕小船，去調水師增援。恰值江水退落，水兵所乘戰船無法靠岸。鄭成功在江中眼看兩軍相戰，戰局直轉而下，卻無能為力。

自鄭成功離開，鄭軍失去大本營指揮，不知如何行動，只好各自為戰，原地固守。清軍加緊攻擊，各個擊破。鄭成功見敗局已定，只好率船隊撤往鎮江，然後出長江返回廈門。張煌言正在攻打銅陵，忽聞鄭成功敗訊，欲順流與鄭成功合兵，不料清軍水師在南京封鎖了歸路，只好從陸路經浙東轉回舟山，也因孤軍無援，為清軍所敗。

南京之戰可說是鄭成功軍事生涯當中最重要的一役，卻是先盛後衰，以大敗收場，使鄭成功的反清大業受到致命挫折。為了解決大軍的後勤給養，以圖後舉，鄭成功返回廈門，橫渡台灣海峽，順利抵達澎湖，受到當地居民熱烈歡迎，順利登陸。此時的台灣，已被荷蘭殖民統治三十多年。鄭成功初到台灣，便軍民協力施壓於荷蘭人。

鄭成功向荷蘭殖民者長官揆一和普羅民遮城的司令送信勸降。但是驕橫的荷蘭人自以為依靠他們高大的船艦、精良的武器和有戰鬥經驗的殖民軍，完全有把握戰勝只有弓箭和大刀的鄭軍。當天上午，在重新部署後，荷軍開始從水陸兩路向鄭軍反撲。鄭軍將士毫無畏懼，拚死殺敵，鄭成功運用著名的「火船」戰術，打敗了擁有優勢的荷蘭海軍。而後，鄭成功打敗荷蘭陸軍，迫使殖民者敗退熱蘭遮城。

十二月十三日，鄭成功的代表和荷蘭的代表完成了協議的換文。荷蘭人在最後一任長官揆一的帶領下，五六百人分乘八艘艦船退出台灣。至此，荷蘭人在台灣三十八年的殖民統治完全結束。

【知識鏈結】

赤崁樓位於台南市中區赤崁街與民族路交叉口，原為荷蘭人所建。早期的漢人稱荷蘭人為紅毛，所以也把赤崁樓叫做紅毛樓，或稱番仔樓。初建於西元一六五〇年，其建材據說皆由荷蘭人自海外運來，稱為普羅民遮城，係荷蘭人在漢人起義抗荷的郭懷一事件後所興建的。在鄭成功攻佔台灣以後，曾經改普羅民遮城為「東都承天府」，並以赤崁樓作為全島最高的行政機構駐地，隔台江與今安平古堡相對，具有重要的歷史與文化價值。

前朝才子，故國不堪回首月明中

明末清初這個階段，人們不能不聯想到三位文人，他們便是被稱為明末清初三大思想家（或清初三大儒）的黃宗羲、顧炎武和王夫之。他們是十七世紀進步思潮的代表，也是保持民族氣節的仁人志士。

黃宗羲（一六一〇—一六九五），字太沖，號梨洲，又號南雷，人稱梨洲先生。浙江餘姚人。父東林名士，為魏忠賢所害。他受遺命就學於劉宗周，十九歲入都為父訟冤，以鐵椎斃仇人。領導復社成員堅持反宦官權貴抗爭。

黃宗羲一直致力於報效國家，親自參加抗擊清兵的活動。明朝滅亡時，黃宗羲等被捕入獄，直到清軍攻下南京，南明小朝廷崩離，他才得以脫身。不久，餘姚孫嘉績、熊汝霖起兵抗清，黃宗羲組織「世忠營」回應。順治三年（一六四六）六月，清軍佔領紹興，黃宗羲遭到清廷緝拿，避居化安山。順治七年至順治十一年（一六五〇—一六五四），黃宗羲家禍迭起，弟弟被捕，兒媳、孫女病夭，故居失火。

復明失敗後，黃宗羲轉而走向儒林，他著書講學，在多地開設學堂，屢次拒絕清廷徵召，始終以「遺民」身分自居。他學問淵博，研究天文、算術、樂律、經史百家及釋道之書，史學上尤有成就。經濟方面，黃宗羲發現了著名的「黃宗羲定律」；思想上，他表達了對封建君主專制的合法性和君主權力來源的質疑，並主張藉由明辨君臣關係，設置宰相以及開放的學校環境來限制君主的權力。儘管黃宗羲的思想仍屬於治權在君，不是真正意義上的民主，但在當時的時代環境下能夠達到這種程度，已實屬不易。所以，梁啟超評價黃宗羲說：「原來我們國家還有比盧梭早兩百年的這麼先進的思想。」

顧炎武（一六一三—一六八二），初名絳，字寧人，江蘇昆山亭林鎮人。世稱亭林先生。少年時參加復社反宦官權貴抗爭。清兵南下，嗣母王氏殉國。他參加昆山、嘉定一帶的抗清起義。失敗後，十謁明陵，遍遊華北，所至訪問風俗，搜集材料，特別注重對邊防和西北地理的研究。同時墾荒種地，聯絡同道，不忘興復。晚年居住華陰，死於山西曲沃。他學問淵博，對國家典制、郡邑掌故、天文儀象、河漕、兵農以及經史百家、音韻訓詁之學，都很有研究。

他一生的著作很多，主要著作有《日知錄》、《天下郡國利病書》、《音學五書》、《亭林詩文集》等。顧炎武在抗清失敗後，他仍然癡心不改地致力於結納各地的抗清志士，徐圖復明。但是復國之志難酬，為了寄託故國之思，他不止一次地拜謁明孝陵。據記載，顧炎武一共六次從家鄉步行去南京明孝陵憑弔開國皇帝朱元璋，兩次到北京長陵哭弔明成祖朱棣，六次去明思陵哭弔末代皇帝朱由檢，其頑強的精神和不移的忠心可見一斑。

王夫之（一六一九－一六九二），字而農，號薑齋，湖南衡陽人。明亡，他在衡陽起兵抗清，敗後退至廣東肇慶，在南明桂王政府中任職。桂林失陷後，長期隱藏在湘西地區的苗瑤山洞，自稱瑤人。直到康熙八年（一六六九）才在石船山麓定居下來。他刻苦鑽研，勤於著述，著作有一百餘種。主要有《周易外傳》、《張子正蒙注》、《思問錄》、《黃書》、《噩夢》和《通讀鑑論》等。後人集為《船山遺書》。

擁有明朝遺民與啟蒙思想家的雙重身分的王夫之，一生之中只做兩件事——光復明朝與著書立說。明朝滅亡之後，王夫之憑著血氣之勇，在家鄉衡陽組建了一支義軍，抵抗清軍。然而組成這支隊伍的都是未經訓練的普通農民，糧草極度匱乏，孤立無援之下不久就宣告失敗。王夫之也因此成為朝廷的通緝犯，四處流亡。直到清朝大定天下以後，實施懷柔政策，取消對他的通緝，他才得以安心度日。在著書立說這個方面，王夫之的成就是斐然的。王夫之晚年隱居在南嶽衡山之下的石船山，潛心著述，故世人又稱其為「王船山」或「船山先生」。

王夫之一生反對程朱理學，宣傳經世致用的思想，並且身體力行地實踐著自己的理想主張。在王夫之思想的影響下，知識份子從此開始關注社會現實，真正試圖將自己的所學與所行結合起來，做到學以致用，經營社會。他吸取明朝滅亡的教訓，以批判的眼光，深入考察了幾千年的中國歷史和文化，提出了啟蒙性的見解。他始終秉持唯物主義思想，強調事物矛盾導致運動變化的宇宙法則。他在「**存天理，滅人欲**」的時代，大膽提出「**性者，生理也**」的觀點，肯定了人的物質欲求。他的思想，在當時幾乎是瘋人瘋語，異端中的異端。

明末清初三大思想家——「忠臣孤子」黃宗羲、明道救世的顧炎武、經世致用的王夫之，他們在明末清初社會激烈變革之際，提出了許多人本主義論點。他們的思想，在後來君主集權嚴重的清朝並沒有長足發展，但對於中國傳統哲學具有重要意義。

【知識鏈結】

黃宗羲定律：歷史上的稅費改革不止一次，但每次稅費改革後，由於當時社會政治環境的局限性，人民負擔在下降一段時間後，又漲到比改革前更高，黃宗羲稱之為「積累莫返之害」。

汲古閣 20

一讀就停不下來的

大明史

作者	劉觀其
美術構成	騾賴耙工作室
封面設計	九角文化/設計
發行人	羅清維
企劃執行	張緯倫、林義傑
責任行政	陳淑貞
企劃出版	海鴿文化
出版登記	行政院新聞局局版北市業字第780號
發行部	台北市信義區林口街54-4號1樓
電話	02-2727-3008
傳真	02-2727-0603
E-mail	seadove.book@msa.hinet.net
總經銷	知遠文化事業有限公司
地址	新北市深坑區北深路三段155巷25號5樓
電話	02-2664-8800
傳真	02-2664-8801
香港總經銷	和平圖書有限公司
地址	香港柴灣嘉業街12號百樂門大廈17樓
電話	（852）2804-6687
傳真	（852）2804-6409
CVS總代理	美璟文化有限公司
電話	02-2723-9968
E-mail	net@uth.com.tw
出版日期	2023年08月01日　三版一刷
定價	380元
郵政劃撥	18989626　戶名：海鴿文化出版圖書有限公司

國家圖書館出版品預行編目（CIP）資料

一讀就停不下來的大明史 ／ 劉觀其作.
-- 三版. -- 臺北市 ： 海鴿文化，2023.05
面 ； 公分. --（汲古閣；20）
ISBN 978-986-392-488-3（平裝）

1. 明史 2. 通俗史話

626.09　　112003966